스포츠 의·과학
통계분석

| 남상석 지음 |

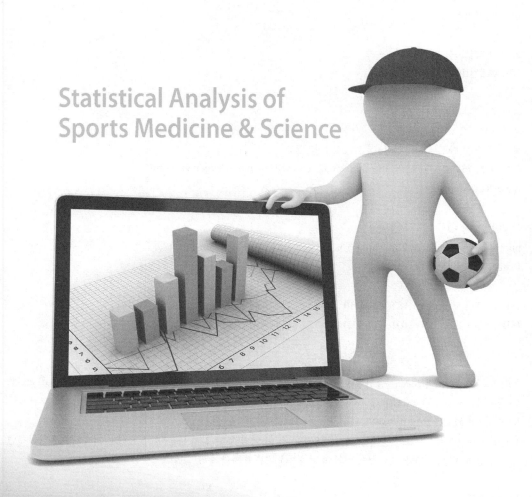

Statistical Analysis of
Sports Medicine & Science

한·나·래
아카데미

스포츠 의·과학 통계분석

지은이 | 남상석
펴낸이 | 한기철

2015년 7월 30일 1판 1쇄 박음
2015년 8월 10일 1판 1쇄 펴냄

펴낸곳 | 한나래출판사
등록 | 1991. 2. 25 제22−80호
주소 | 서울시 마포구 월드컵로3길 39, 2층 (합정동)
전화 | 02−738−5637 · 팩스 | 02−363−5637 · e−mail | hannarae91@naver.com
www.hannarae.net

ⓒ 2015 남상석
published by Hannarae Publishing Co.
Printed in Seoul

ISBN 978−89−5566−183−5 94310
ISBN 978−89−5566−051−7 (세트)

* 이 도서의 국립중앙도서관 출판예정도서목록(CIP)은 서지정보유통지원시스템 홈페이지(http://seoji.nl.go.kr)
와 국가자료공동목록시스템(http://www.nl.go.kr/kolisnet)에서 이용하실 수 있습니다.
(CIP제어번호: CIP2015019994)

필자의 전공은 운동생리학이다. 전공과 더불어 통계분석을 공부하기 시작한 지 15년이 되었다. 석사과정 때 통계분석이 연구의 도구로서 매우 중요한 것 같다는 막연한 생각을 가지고 좌충우돌하면서 공부하던 기억이 생생하다. 다행스러운 일이었는지 아니면 함정이었는지 모르겠지만 필자가 입문할 당시에도 SPSS 프로그램이 있어서 복잡한 계산과정을 모르더라도 연구목적에 맞는 통계분석이 가능했다. 하지만 통계학 비전공자가 쉽게 이해할 수 있도록 친절하게 기술된 도서가 없었고, 또한 통계분석이 어렵다는 인식 때문에 필자를 포함하여 주변에 있던 대부분의 연구생들이 통계분석에 대해 공부하기보다는 SPSS 프로그램 사용법을 익히기에 급급했던 것 같다. 그러다 보니 통계분석이 제대로 이루어졌는지에 대해서 확신을 갖기가 매우 어려웠다.

공부하면서 생긴 궁금증을 하나씩 하나씩 해결하다 보니 오랜 시간이 지나고 나서야 통계분석에 대해서 조금씩 이해가 되었다. 많은 시행착오와 긴 시간을 투자하고 난 후 돌이켜 보니 내게 가르침을 준 많은 책들이 서재를 메우고 있었다. 그래서 조금 더 쉽고 친절하게 설명한 통계분석 도서들이 많았으면 좋겠다는 바람과 후배들이 필자의 시행착오를 되풀이하지 않았으면 좋겠다는 생각에서 부족하지만 용기를 내어 이 책을 집필하게 되었다.

이 책은 총 3부로 구성되었다. 1부에서는 통계분석에 필요한 기본 개념과 용어들을 정리하였다. 필자는 주변의 많은 대학생 및 대학원생들이 통계 공부를 포기하는 가장 큰 이유가 기본 개념과 용어를 충분히 익히지 못했기 때문이라고 판단한다. 따라서 필자의 경험을 바탕으로 연구활동을 위한 통계분석에 꼭 필요한 개념을 중심으로 가능한 쉽게 기술하였다.

2부에서는 실제적인 통계분석을 수행하기 전에 데이터를 준비하고 오류를 확인하는 내용을 설명하였다. 올바른 통계분석을 수행했더라도 엉터리 데이터로는 바른 결과를 기대할 수 없으므로 데이터 준비의 중요성을 강조하였다.

3부에서는 스포츠 의·과학 연구에서 주로 사용하는 다양한 통계분석 방법들을 따라하며 익힐 수 있도록 설명하였다. 특히 본격적인 통계분석에 앞서 데이터의 경향성과 기본가정의 만족 여부를 미리 확인하며 진행할 수 있도록 자세히 기술하였다.

앞으로도 계속 공부하면서 부족한 부분은 지속적으로 보완해 나갈 것이다. 독자 여러분의 소중한 의견을 기대하며, 이 책이 스포츠 의·과학 연구자 및 대학원생들의 연구활동에 조금이나마 보탬이 될 수 있기를 희망한다.

이 책이 완성되기까지 격려를 아끼지 않으신 양가 부모님, 아내와 아들, 동생들, 그리고 선우섭 교수님께 감사함을 전한다. 아울러 집필과정을 친절하게 도와준 한나래출판사 조광재 상무님께도 고마움을 전한다.

2015년 7월
남 상 석

3부   통계분석 따라하기   165

기본 개념 이해하기

1부에서는 통계분석에 필요한 기본 개념을 설명하였다. 실제 통계분석에 필요한 기본 개념들을 쉽고 간결하게 설명하였다. 1장에서는 통계분석의 기초 개념에 대해 기술하였고, 2장에서는 분포에 대해서, 그리고 3장에서는 가설에 대해서 설명하였다.
1부에서 다룬 기본 개념은 2부와 3부를 학습하고 이해하는 데 매우 중요하므로 반복적인 학습을 통해 반드시 숙지하기를 권장한다.

1장

기초 개념

1-1   통계분석의 개념

1) 통계분석이란?

여느 사회현상과 마찬가지로 스포츠 의·과학 연구에서도 다음과 같은 다양한 상황에서 불확실한 현실과 마주하게 된다.

- 전도가 유망한 신인선수를 발굴하고 싶은데 어떤 기준으로 선발해야 할까?
- 기업 입장에서 스포츠마케팅을 위해 큰 성공이 확실시되는 선수에게 스폰서 역할을 하고 싶은데 어떠한 조건을 갖춘 선수가 큰 성공을 거둘 수 있을까?
- 올림픽이나 월드컵과 같은 세계적인 경기에서 우수한 성적을 내고 싶은데 어떤 훈련을 하는 것이 도움이 될까?
- 건강관리를 위해 운동을 하고 싶은데 어떤 운동이 도움이 될까?
- 운동기능을 향상시키기 위해 적용한 새로운 트레이닝 프로그램이 과연 효과를 볼 수 있을까?

위와 같은 불확실한 상황에서는 바람직한 의사결정을 도와주는 논리적이고 객관적인 도구가 필요한데, 수량적 논리를 이용하여 바람직한 의사결정을 도와주는 도구가 바로 통계분석이다.

통계분석은 수량적 방법을 이용하여 특정현상을 관찰·분석·예측하는 방법으로서 다음과 같은 특징을 가진다.

- 결정해야 할 상황에 대한 수량적 예측을 얻을 수 있다.
- 결과를 확률로 제시하여 판단에 도움을 준다.
- 수량적 논리를 제공하여 최종판단에 객관성을 부여함으로써 판단의 오류를 최소화한다.

하지만 통계분석이 만병통치약은 아니므로 목적에 따라 주의 깊게 사용해야 한다.

2) 모집단과 표본

모집단(population)은 말 그대로 모체가 되는 큰 집단으로서 특정한 속성을 지니고 있는 전체 집단을 의미하는데, 모집단 전체를 분석하는 것은 상당히 어려운 일이다. 그래서 모집단을 대체할 수 있는 표본(sample)집단을 활용한다. 모집단의 특성을 가진 작은 규모의 표본집단을 뽑아 분석한 후 이를 이용하여 모집단의 특성을 예측할 수 있다. 모집단에서 표본집단을 추출하는 것을 '표집(sampling)'이라고 한다.

3) 표집분포

어떤 모집단에서 50명의 표본(n=50)을 추출할 때 50명을 '표본의 크기(sample size)'라고 한다. 또한 표본의 크기가 50인 표본집단은 여러 개를 추출할 수 있다(모집단의 크기와 표본추출방법에 따라 다르겠지만). 표집과 표집분포를 다음과 같이 이해할 수 있다.

- 표본집단을 50명씩 5번 추출하면 표본의 크기가 50으로 동일한 5개의 표본집단이 만들어진다.
- 표본집단이 5개가 되면 표본집단의 평균도 5개, 표본집단의 분산도 5개가 된다.
- 여기에서 5를 '표집의 횟수(number of sampling)'라고 한다.
- 동일한 표본 크기로 추출된 5개의 평균(또는 분산)이 모인 분포를 '표집분포(sampling distribution)'라고 한다.

표집을 여러 번 해서 만들어지는 표집분포는 모집단의 특성을 반영한다.
- 표본 평균들의 평균은 '모집단의 평균'이다.
- 표본 평균들의 분산은 '$\dfrac{\text{모집단 분산}}{\text{표본 크기}}$'이다.

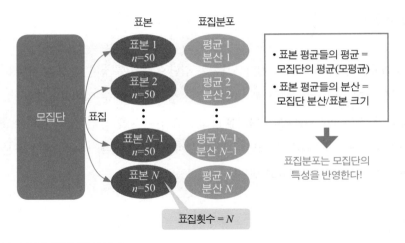

[그림 1-1] 모집단, 표본, 표집분포의 관계

4) 모수와 통계량

모수(parameter)는 모집단의 특성을 나타내는 수치이고, 통계량(statistic)은 표본의 특성을 나타내는 수치다.

- 모수 및 통계량의 대표는 평균과 표준편차이다.
- 모집단의 평균과 표준편차는 '모수'이고, 표본의 평균과 표준편차는 '통계량'이다.
- 모수의 평균은 'μ(뮤)'로 표시하고, 통계량의 평균은 '$\bar{X}$(엑스바)'로 표시한다.
- 모수의 표준편차는 'σ(시그마)'로 표시하고, 통계량의 표준편차는 'S'로 표시한다.

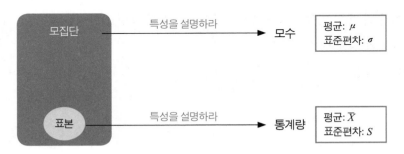

[그림 1-2] 모수와 통계량의 관계

5) 기술통계와 추리통계

통계분석은 집중경향값(대푯값)과 퍼짐 정도(산포도) 등을 계산하는 기술통계(descriptive statistics)와, 표본의 통계량으로 모집단의 모수를 예측하는 추리통계(inferential statistics)로 구분된다.

- 분포의 특성을 설명하는 '통계량'을 산출하는 영역이 기술통계이다.
- 표본의 '통계량'을 이용하여 모집단의 '모수'를 예측하는 영역이 추리통계이다.

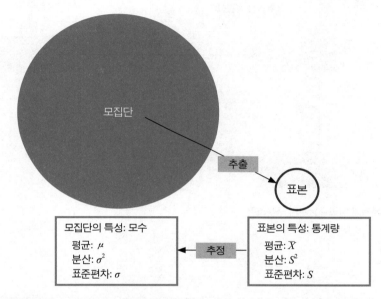

[그림 1-3] 추리통계의 과정

6) 모수통계와 비모수통계

추리통계는 모수통계(parametric statistics)와 비모수통계(non-parametric statistics)로 구분된다.

- 모수통계는 모집단에 대한 전제조건(정규성, 표본추출의 독립성, 연속형 변수 등)이 만족될 경우에 적용할 수 있다.
- 비모수통계는 모집단에 대한 전제조건이 만족되지 않을 경우에 적용할 수 있다.

비모수통계는 모집단에 대한 가정이 필요 없고 분석이 쉽다는 장점이 있지만 대체로 모수통계를 사용한다. 왜냐하면 모수통계는 모집단에 대한 기본가정을 전제로 하기 때문에 표본의 통계량으로 모수를 추정할 때 비모수통계보다 신뢰도가 높다. 하지만 전제조건이 만족되지 않았는데도 불구하고 모수통계를 사용하면 모집단에 대한 설명을 신뢰하기 어려워진다.

따라서 전제조건의 만족 여부에 따라 모수통계와 비모수통계를 구분하여 사용하는 것이 바람직하다.

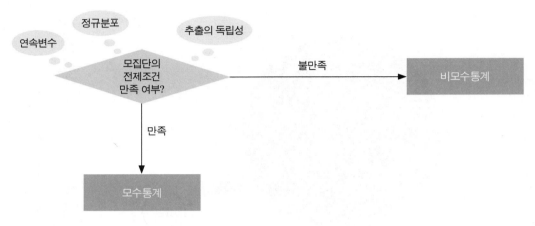

[그림 1-4] 모수통계와 비모수통계의 구분조건

1-2 변수 및 자료

1) 변수와 자료의 개념

변수(variable)란 말 그대로 '가변적인 수'이다. 반대말은 항상 일정한 수인 '상수'이다. 변수는 한 속성 내에서 두 개 이상의 값을 가질 수 있는 것을 말하는데 성별, 만족도, 선호도, 석차, 달리기 등수, 신장, 체중, 연령, 체지방률 등과 같이 관찰의 대상이 되면서 다양한 값을 갖고 있는 것들이다.

자료(data)란 연구나 조사의 재료로서 변수들이 여러 값을 가지며 모여 있는 것을 의미한다. 즉 관찰, 조사, 측정 등의 방법으로 각 변수에 대해 실제적인 값이 수집되어 분석의 재료로 만들어진 것을 말한다.

2) 변수의 분류 및 종류

(1) 양적변수, 질적변수: 수량적 기준에 따른 분류
수량적 기준이란 계산이 가능한지 여부를 말한다.
- 팔굽혀펴기 개수, 턱걸이 개수, 근력, 근지구력, 신장, 체중 등과 같이 그 값을 수치로 환산할 수 있어 서로 계산이 가능한 변수를 양적변수(quantitative variable)라고 한다.
- 성별, 좋아하는 구기 종목, 운동 참가에 대한 선호도, 태권도장의 만족도, 코치에 대한 신뢰도 등과 같이 속성을 수치로 환산할 수 없어(수치로 표현은 가능하지만) 서로 계산이 불가능한 변수를 질적변수(qualitative variable)라고 한다.

질적변수를 표현할 때에 성별의 경우 남자는 '1', 여자는 '2' 등으로 숫자를 이용하는 것은 단지 구분을 위한 표현일 뿐이며 '1'과 '2'가 수치로서의 의미를 갖고 있는 것은 아니다.

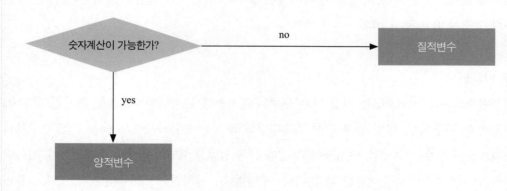

[그림 1-5] 수량적 기준에 따른 변수분류

(2) 이산변수, 연속형 변수: 양적변수의 연속성에 따른 분류

양적변수는 이산변수(discrete variable)와 연속형 변수(continuous variable)로 구분된다.

- 축구 경기의 득점수, 윗몸일으키기 개수 등과 같이 정수 형태의 변수가 이산변수이다.
- 창던지기 거리, 근력, 높이뛰기 기록, 최대산소섭취량 등과 같이 연속적인 모든 실수값을 취할 수 있는 변수가 연속형 변수이다.

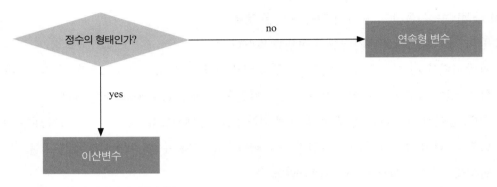

[그림 1-6] 양적변수의 연속성에 따른 분류

(3) 정보의 수준에 따른 분류

변수가 가지고 있는 정보의 수준에 따라 변수를 해석하는 분석방법도 달라진다. 다음은 변수의 수준에 따른 분류이다.

가. 명목변수

명목변수(nominal variable)는 가장 낮은 수준의 정보를 갖는 변수이다. 성별, 포지션, 등번호, 우편번호, 주민번호, 학번 등과 같이 측정대상의 특성을 분류하는 정보만을 가진 변수로서 숫자계산이 불가능하다. 즉, '축구+야구=?'와 같은 엉뚱한 개념이 발생하기 때문이다. 명목변수는 단순히 '대명사'의 역할만 할 뿐이며, '명명변수', '명칭변수', '분류변수' 등으로도 불린다.

나. 서열변수

서열변수(ordinal variable)는 말 그대로 순서의 크기를 알 수 있는 변수이다. 마라톤 등수, 스포츠스타의 선호도, 경기결과의 만족도 등과 같이 측정값 간의 크기에 따라 서열을 부여한 변수로 '순서변수'라고도 한다.

서열변수도 엄밀하게는 특정한 상황에 대해 숫자를 부여한 것이므로 명목변수이다. 하지만 분류의 정보 외에도 크기의 순서라는 정보를 더 갖고 있으므로 그 특징을 반영한 서열변수로 부르는 것이다. 서열변수는 관찰값(또는 측정값)의 크기에 따라 서열은 알 수 있지만 그 크기의 간격이 일정하지 않거나 크기의 정도를 알 수 없다. 따라서 숫자계산이 불가능하다.

예를 들어 3명의 친구들이 어느 마라톤 행사 10 km 부문에 참여하여 모두 완주를 하고 A학생은 15등을, B학생은 16등을, C학생은 17등을 하였다고 가정하자. 참가한 학생들의 등수는 각각 1등차를 보여 서열이 분명하다. 하지만 A·B학생 간 기록 차이가 반드시 B·C학생 간 기록 차이와 같지는 않을 것이다(경우에 따라서 같게 나타날 수도 있다).

다. 등간변수

등간변수(interval variable)는 서열변수보다 높은 수준의 정보를 제공하는 변수로서 측정값 간 크기의 서열을 알 수 있을 뿐만 아니라 크기의 간격까지 일정한 변수이다. 등간변수도 명목변수이며, 서열변수이지만 크기의 간격에 대한 정보까지 제공하므로 그 특성을 반영하여 등간변수라 부른다. 지능지수, 서기연도, 섭씨 및 화씨온도 등이 등간변수에 해당된다.

등간변수는 측정간격이 일정하기 때문에 더하기와 빼기의 계산은 할 수 있지만 절대영점(물리적 특성의 완전한 0점)이 없으므로 비율계산에 관련된 곱하기와 나누기의 계산은 할 수 없다. 등간변수는 절대영점 대신 상대적 위치를 정해주는 임의의 영점을 가진다.

예를 들어 축구시합에서 0점을 기록했다고 가정하자. 득점 자체로 보면 0점은 절대영점이다. 하지만 축구실력을 득점으로 평가한다면 0점은 축구실력이 '완전히 없음'으로 해석할 수 없으므로 절대영점이 아니다. 또한 득점이 4:2인 경우 '4점은 2점의 2배 득점'의 개념은 가능하지만 '축구실력이 2배 더 좋다'의 개념은 성립되지 않는다.

최근 연구 및 조사의 편의성을 볼 때 이러한 등간변수를 가지고도 비율계산을 적용하는 경향이 있다. 이것은 수학적 개념보다는 논리적 개념을 차용하려는 시도로 이해할 수 있다. SPSS 프로그램에서는 등간변수와 비율변수를 '척도'로 통칭하여 엄격히 구분하지 않는다.

라. 비율변수

비율변수(ratio variable)는 등간변수의 특성에 절대영점이 존재한다는 특성이 더해진 최고 수준의 변수이다. 연령, 신장, 체중, 체지방률, 절대온도 등이 비율변수에 해당된다. 비율변수에서의 영점(0)은 완전히 '없다'의 개념이다. 따라서 비율에 대한 계산이 가능해지므로 사칙연산(+, -, ×, ÷)이 모두 가능하다.

[그림 1-7] 정보수준에 따른 변수분류

마. 변수수준의 변환

자료를 분석하는 데 있어 변수의 수준은 정보를 제공하는 수준을 의미한다. 명목, 서열, 등간, 비율 변수의 형태로 수집된 자료는 아래의 기준에 따라 변환·활용할 수 있다.

• 고급변수는 저급변수로 변환이 가능하다. '45세 → 40대'
• 저급변수는 고급변수로 변환이 불가능하다. '40대 ↛ 45세'
• 따라서 자료수집 단계에서 가능하면 고급정보의 형태로 수집하고, 필요에 따라 변환·활용하는 것이 바람직하다.

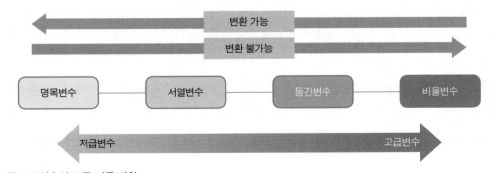

[그림 1-8] 변수의 고급-저급 변환

일반적으로 명목변수와 서열변수를 '범주형 변수'로 분류하고, 등간변수와 비율변수를 '연속형 변수'로 분류한다. 통계분석에서는 사용되는 변수가 연속형 변수인가 또는 범주형 변수인가에 따라 분석방법이 달라진다.

(4) 독립변수, 종속변수: 인과관계에 따른 분류

변수를 인과관계에 따라서 독립변수(independent variable)와 종속변수(dependent variable)로 나눌 수 있다.

- 독립변수는 '선행변수', '예측하는 변수', '원인변수', '처치변수' 등으로 불리며, 인과관계에서 원인이 되는 변수이다.
- 종속변수는 '후행변수', '예측되는 변수', '결과변수', '효과변수' 등으로 불리며, 독립변수에 따라 영향을 받는 변수이다.

예를 들어 '장기간의 유산소성 운동 트레이닝이 체지방률 변화에 미치는 영향'을 조사하는 경우 독립변수와 종속변수는 다음과 같이 구분된다.

- 독립변수(원인): 장기간의 유산소성 운동 트레이닝 여부
- 종속변수(결과): 체지방률의 변화

트레이닝 여부는 '실시 vs. 미실시'의 서로 독립된 개념이므로 독립변수란 표현이 적용된다. 종속변수는 독립변수에 따른 결과를 반영하므로 종속되었다는 개념으로 종속변수란 표현이 적용된다.

한편, 인과관계에 따른 변수의 구분에서는 독립변수와 종속변수 이외에도 매개변수(mediation variable), 가외변수(extraneous variable) 등이 존재한다. 매개변수는 독립변수가 종속변수에 영향을 줄 때 독립변수와 종속변수 '사이에서' 매개 역할을 하는 변수를 의미한다.

- 근력 트레이닝으로 근력 증가 여부를 관찰할 때, 근육량이 증가되어야 근력 증가가 유발된다면 근육량의 변화는 매개변수이다.
- 매개변수는 독립변수의 결과이고, 종속변수의 원인에 해당된다.
- 매개변수의 역할을 파악하여 그 해석에 주의해야 한다.

가외변수는 독립변수와 종속변수의 관계 이외에 종속변수에 영향을 주는 변수들을 의미한다.

- 체지방률 감소에 운동 트레이닝과 별개로 다이어트가 영향을 준다면 다이어트는 가외변수가 된다.
- 가외변수는 외생변수라고도 하는데 가외변수가 많으면 독립변수와 종속변수의 관계를 설명할 때 내적 타당도가 떨어진다.
- 독립변수와 종속변수 간 인과관계를 잘 설명하려면 가외변수를 제거하도록 노력해야 한다.

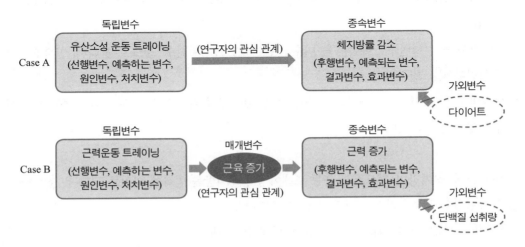

[그림 1-9] 인과관계에 따른 변수분류

2장

분포의 이해

1) 중심의 위치(대푯값) 찾기

자료의 분포에 대한 특징을 설명할 때 제일 먼저 할 일은 분포의 중심 위치를 설명하는 대푯값을 찾는 것이다.

- 분포의 중심 위치를 나타내는 수치를 '집중 경향값'이라고 한다.
- 집중 경향값은 '최빈값', '중앙값', '산술평균' 등이 있다.

(1) 최빈값

최빈값(mode)은 가장 빈도가 높은 수를 의미하며, 분포에서 가장 많이 관찰되는 값을 말한다. 분포에서 특정 수치의 빈도가 가장 높다는 것은 그 수가 분포의 중심일 수 있다는 의미이므로 집중 경향값의 하나로 평가한다.

- 가장 높은 빈도가 여러 개이면 여러 개의 최빈값을 제시하기도 한다.
- 최빈값은 계산에 의해 중심의 위치를 찾은 것이 아니므로 대푯값으로서의 산술적 개념이 약하다.

(2) 중앙값

중앙값(median)은 분포의 숫자들을 크기순(오름차순 또는 내림차순)으로 나열하였을 때 가장 중앙에 위치한 값이다.

- 분포에 포함된 숫자의 개수가 홀수이면 크기순의 가장 중앙에 위치한 수는 하나이므로 그 수가 중앙값이 된다.
- 분포에 포함된 숫자의 개수가 짝수이면 크기순의 가장 중앙에 위치한 수는 둘이 되므로 중앙값은 그 둘의 평균으로 제시한다.
- 중앙값도 계산에 의해 중심의 위치를 찾은 것이 아니므로 대푯값으로서의 산술적 개념이 약하다.
- 중앙값은 이상값이나 극단값의 영향을 받지 않는다는 특징이 있다.

(3) 산술평균

산술평균은 '평균(mean)'으로도 불리는데, 분포 내의 모든 수를 더해서 그 숫자들의 총 개수로 나눈 값이다. 따라서 평균은 다른 집중 경향값에 비해 대푯값으로서의 산술적 개념이 가장 높아 통계분석에서의 사용빈도가 매우 높다. 한편 평균은 분포 내 이상값이나 극단값에 민감하게 영향을 받는다는 단점이 있으므로 계산 전에 이상값과 극단값을 반드시 검토해야 한다.

2) 산포도 분석: 분포의 흩어짐 정도 분석

자료의 분포에 대한 특징을 설명할 때 중심의 위치에 대한 설명 다음으로 분포의 퍼짐 정도를 설명한다. 분포의 퍼짐 정도를 '산포도' 또는 '분산도'라고 부르는데, 산포도는 자료의 대푯값인 평균이 분포를 얼마나 잘 대표하는지를 알려주는 지표이다.

- 산포도가 작은(퍼짐 정도가 작은) 분포는 평균을 중심으로 숫자들이 가까이 모여 있는 것이므로 분포에 대한 평균의 대표성이 높다.
- 산포도가 큰(퍼짐 정도가 큰) 분포는 평균을 중심으로 숫자들이 멀리 떨어져 있는 것이므로 분포에 대한 평균의 대표성이 낮다.

따라서 분포를 이해할 때 단순히 평균만을 보고 판단하는 것은 바람직하지 않으며, 반드시 그 분포의 산포도를 함께 평가해야만 한다. 산포도를 나타내는 값으로는 '범위', '편차', '평균편차', '분산', '표준편차' 등이 있다.

(1) 범위

범위(range)는 분포 내 숫자들 중 가장 큰 값(최대값)과 가장 작은 값(최소값)의 차이로 계산한다.
- 범위는 분포 내 이상값이나 극단값에 민감하게 영향을 받는다.
- 범위는 분포 전체의 규모를 알려주기는 하지만 분포 내 대푯값인 평균을 기준으로 한 산포도의 정보는 제공하지 않는다.

(2) 편차

편차(deviation)는 분포 내 각 숫자들(관찰값)과 평균과의 개별 거리를 의미하는데 각 관찰값에서 평균을 뺀 값이다.

- 평균보다 큰 관찰값은 양수의 편차를 가진다.
- 평균보다 작은 관찰값은 음수의 편차를 가진다.
- 편차는 평균을 중심으로 한 거리이므로 분포의 실제적인 산포도를 산출하는 데 매우 중요한 의미를 가진다.
- 편차는 각 관찰값과 평균의 거리이므로 관찰값의 수만큼 만들어진다. 즉, 편차들로 이루어진 새로운 분포가 만들어진다.

　　분포에 대해 평균으로 대푯값을 삼은 것처럼 편차들의 분포에 대해서도 편차 평균을 산출할 수 있다면 분포의 퍼짐 정도를 대표하는 수를 얻을 수 있다. 하지만 평균은 분포의 산술적 무게중심이기 때문에 편차들의 합이 0이 되어 편차 평균을 간단히 구하지 못한다. 따라서 편차들의 합이 0이 되지 않도록 다음의 방법을 생각해볼 필요가 있다.
- 편차의 절댓값을 활용하는 방법
- 편차의 제곱값을 활용하는 방법

(3) 평균편차
편차의 합이 0이 되지 않도록 하는 방법 중 하나는 편차의 절댓값을 활용하는 방법이다. 절댓값 처리한 편차들을 모두 더해 편차의 개수로 나눈 평균값을 '평균편차(mean deviation)'라고 하며 다음의 특징을 가진다.
- 편차의 합이 0이 되는 것을 막을 수 있다.
- 관찰값과 평균과의 간격에 대한 정보는 그대로 가진다.

　　하지만 절댓값은 계산에 의해 산출된 값이 아니라 인위적으로 부호를 제거한 것이므로 실제 분포의 퍼짐 정도를 반영하는 산포도로서의 대표성이 약하다.

(4) 분산
절댓값이 인위적으로 부호를 제거한 것이어서 산술적 개념이 약하다고 하면, 산술적 개념을 살리면서 편차들의 합이 0이 되지 않도록 하는 다른 방법은 '제곱'을 하는 것이다. 제곱한 편차들을 모두 더해서 편차의 개수로 나눈 평균값을 '분산(variance)'이라고 하며 분산은 다음의 특징을 가진다.

- 편차의 합이 0이 되는 것을 막을 수 있다.
- 분산은 원래 퍼짐 정도의 '제곱분포의 평균'이므로 산술적 개념은 맞는다.

하지만 실제 분포의 제곱분포이므로 산포도로서 대표성이 일치하지 않는다.

(5) 표준편차

분산을 구할 때 원래의 퍼짐 정도를 나타내는 편차를 직접 활용하지 못하고 편차의 제곱값으로 평균을 구하였으므로 분포의 실제적 산포도보다 큰 산포도가 만들어진 셈이다. 따라서 원래의 분포에 대한 산포도로 환원하기 위해서 분산의 제곱근을 구하면 산술적 개념을 만족하는 산포도가 만들어지는데 이를 '표준편차(standard deviation)'라고 한다. 표준편차는 통계 분석에서 대표적인 산포도로 사용한다.

(6) 사분위수와 사분위 범위

사분위수(quartile)는 분포의 모든 관찰값을 크기순으로 나열한 후 4등분하는 3개의 값들을 의미한다. 4등분하는 값들 중 첫 번째 값을 1사분위수(Q_1), 두 번째 값을 2사분위수(Q_2), 세 번째 값을 3사분위수(Q_3)라고 부른다.

사분위 범위(interquartile range)는 사분위수들의 너비로서 '3사분위수–1사분위수'로 계산한다.

2-2   정규분포와 표준정규분포

1) 정규분포

학생 20명에게 농구 자유투 10개를 실시하여 성공하는 개수를 검사한 후 그 결과를 그래프로 만들어 보았다. 학생들의 득점이 7, 8, 9개 쪽으로 치우쳐 있는 것을 보면 검사에 참여한 학생들의 자유투 성공률이 높은 수준임을 알 수 있다.

이렇게 표본의 크기가 작은 경우에는 측정 및 검사결과가 우연에 의해서 어느 한쪽으로 치우쳐서 나타날 수 있다.

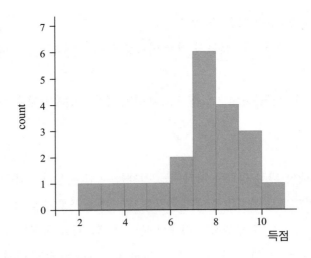

[그림 2-1] 학생 20명의 자유투 성공 개수 분포

　만약 표본의 크기를 늘려 무작위로 학생 50명을 뽑아 검사를 한다면 그래프의 분포는 어떻게 변화하게 될까? 추가로 선발된 학생들 중에는 자유투를 잘 던진 사람도 있을 것이고 못 던진 사람도 있을 것이다. 따라서 아주 잘 던진 사람과 아주 못 던진 학생의 수는 적어지고 중간쯤 되는 학생들의 수가 점차 늘어나게 될 것이다.

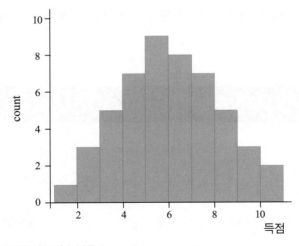

[그림 2-2] 학생 50명의 자유투 성공 개수 분포

　이번에는 표본의 크기를 더욱 크게 증가시키면(무한대로 갈수록) 결과의 분포는 어떻게 될까? 결과의 분포는 점점 가운데를 중심으로 좌우대칭인 종 모양을 이루게 되는데 이러한 분포를 '정규분포(normal distribution)' 또는 '정상분포', '가우스분포'라고 한다. 정규분포는 자연상태(인위적이지 않은 상태)에서 나타나는 모든 종류의 사건에 있어서 이상적인 분포로 제시되고 있다.

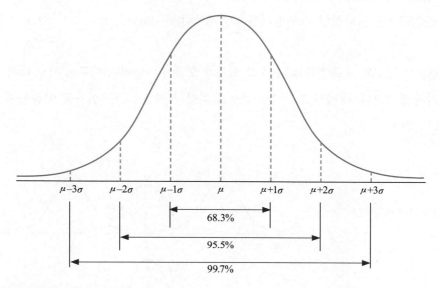

[그림 2-3] 정규분포의 모양과 분포특성

정규분포는 다음과 같은 특성을 갖고 있다.

- 평균(μ, 뮤)을 중심으로 좌우대칭을 이룬다.
- 표준편차(σ, 시그마)에 따라 중심의 높이가 달라진다(퍼짐 정도가 다르다).
- 양과 음의 방향으로 무한대의 분포를 갖지만 X축과는 만나지 않는다.
- 분포의 평균과 표준편차가 어떤 값을 가져도 정규분포곡선과 X축 사이의 전체 면적은 1(100%)이다.
- 평균을 중심으로 표준편차의 1배 좌우 범위에 전체 분포의 68.3%가 포함된다.
- 평균을 중심으로 표준편차의 1.96배 좌우 범위에 전체 분포의 95%가 포함된다.
- 평균을 중심으로 표준편차의 2배 좌우 범위에 전체 분포의 95.5%가 포함된다.
- 평균을 중심으로 표준편차의 2.58배 좌우 범위에 전체 분포의 99%가 포함된다.
- 평균을 중심으로 표준편차의 3배 좌우 범위에 전체 분포의 99.7%가 포함된다.

모수통계에서는 모집단이 정규분포를 이루고 있거나 또는 정규분포를 이룰 것이라는 가정을 전제조건으로 하여 추리통계를 수행한다. 그 이유는 다음과 같다.

- 모집단이 정규분포이면 표본의 크기와 상관없이 표집분포는 정규분포를 이룬다.
- 정규분포는 평균을 중심으로 좌우대칭이고, 분포의 곡선과 X축과의 사이 면적이 1(100%)이므로 정규분포상 다양한 위치에 대한 확률계산이 가능하다.

정규분포는 평균과 표준편차에 따라 그 위치와 모양이 다양하기 때문에 서로 다른 분포를 비교하기에 불편하다. 따라서 모든 정규분포를 각각의 평균과 표준편차를 이용하여 표준화할 필요가 있다.

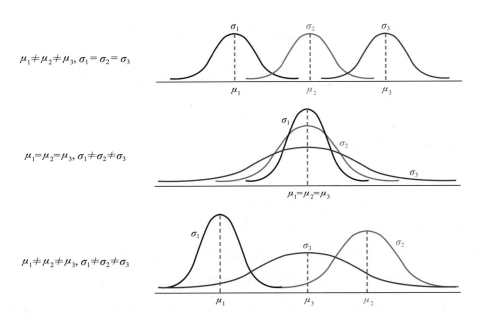

[그림 2-4] 정규분포의 다양한 모양과 위치

2) 표준화

정규분포가 평균과 표준편차에 따라 다양한 모양과 위치를 갖기 때문에 각 분포상에 위치한 특정 값들을 직접 비교하기는 어렵다. 따라서 각 분포상의 특정한 값을 자기 분포의 평균과 표준편차에 맞춰 표준화(standardization)하면 동일 선상에서의 비교와 보편적 사용이 용이하다.

- 표준화란 서로 다른 척도를 사용하고 있어서 직접적인 비교가 어려운 것들을 동일 척도로 바꾸어 상호 비교가 가능하도록 하는 것을 말한다.
- 정규분포에서 표준화는 각 분포의 특징인 평균과 표준편차를 이용한다.

아래의 신장(A), 체중(B) 두 분포가 모두 정규분포를 이룬다고 가정하자. 신장 분포에서의 177 cm와 체중 분포에서의 77 kg 중 어느 것이 더 높은 값인가? 수치상으로는 177이 77보다 크기 때문에 177이 더 크다고 할 수 있을까? 이러한 질문은 두 분포의 척도가 각각 cm와 kg으로 다르기 때문에 직접적인 결론을 낼 수 없다.

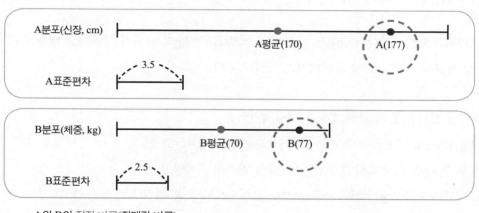

A와 B의 직접 비교(절댓값 비교)
- 177 > 77 = A > B   (○)
- 177 cm > 77 kg   (×)

[그림 2-5] 신장(cm)과 체중(kg)의 직접 비교

따라서 척도가 다른 분포를 직접 비교하기 위해서는 다음과 같이 각 분포의 특성인 평균과 표준편차를 반영해야 한다. 먼저 177 cm와 77 kg이 서로 자기의 분포 평균에서 각각 얼마만큼씩 떨어져 있는가를 확인한다.

- 신장 관찰값의 거리 = 177 cm – 170 cm = 7 cm
- 체중 관찰값의 거리 = 77 kg – 70 kg = 7 kg

그 결과 신장은 +7 cm, 체중은 +7 kg씩 평균에서 떨어져 있음을 확인하였다. 하지만 각각 7씩 떨어져 있다고 두 값이 같다고 할 수는 없다(7 cm ≠ 7 kg). 많이 퍼진 분포에서의 7과 적게 퍼진 분포에서의 7은 분명히 다르기 때문이다. 따라서 떨어져 있는 거리를 서로 비교할 때에는 각 분포가 가지고 있는 퍼짐 정도의 기준인 표준편차를 고려해야 한다. 7 cm와 7 kg을 각각의 표준편차인 3.5 cm와 2.5 kg으로 나누면 다음과 같다.

- 신장 관찰값의 표준화 거리 = $\dfrac{7\ cm}{3.5\ cm}$ = 2배

- 체중 관찰값의 표준화 거리 = $\dfrac{7\ kg}{2.5\ kg}$ = 2.8배

2배와 2.8배는 각각의 단위로 나눈 값이므로 cm와 kg의 단위가 사라지고 비율의 단위인 '배(ratio)'로 통일되므로 상호 비교가 가능하게 된다.

표준화 결과 다음과 같은 결론을 내릴 수 있다.
- 신장 177 cm는 평균에서 표준편차의 2배 거리에 위치하고 있다.
- 체중 77 kg은 평균에서 표준편차의 2.8배 거리에 위치하고 있다.
- 따라서 체중 77 kg이 신장 177 cm보다 상대적으로 높은 위치에 있음을 알 수 있다.

표준화 점수를 구하는 공식은 다음과 같다.

$$표준화\ 점수 = \dfrac{관찰값-평균}{표준편차} = 표준편차에\ 대한\ 비율로\ 환산!$$

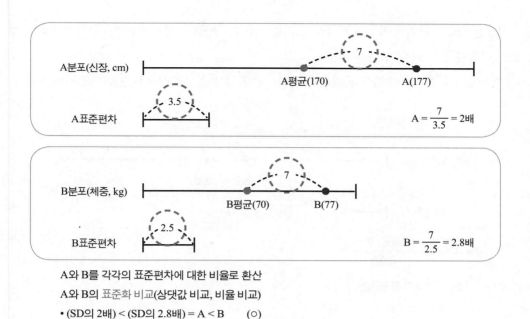

A와 B를 각각의 표준편차에 대한 비율로 환산
A와 B의 표준화 비교(상댓값 비교, 비율 비교)
• (SD의 2배) < (SD의 2.8배) = A < B   (○)

[그림 2-6] 신장(cm)과 체중(kg)의 표준화 결과

3) 표준정규분포

표준정규분포(standard normal distribution)는 정규분포를 표준화하여 동일한 척도상에서 비교·분석하고자 하는 의도로 활용된다. 정규분포는 평균과 표준편차에 따라 다양한 위치와 모양을 나타내는데, 각종 정규분포를 표준화하여 표준정규분포로 만드는 것은 정규분포를 비율에 맞춰 늘리거나 줄이는 것과 흡사하다.

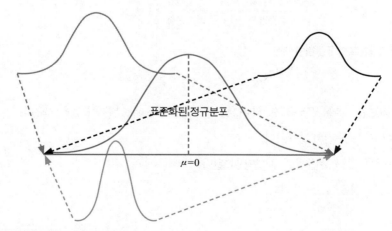

[그림 2-7] 정규분포의 표준정규분포 변환

정규분포를 표준화하여 표준정규분포로 만들면 그 분포는 '평균 = 0', '표준편차 = 1'의 새로운 정규분포로 '통일'된다.

• 평균 자체가 관찰값인 경우 관찰값의 거리는 0이 되므로 표준정규분포의 평균은 0이 된다.

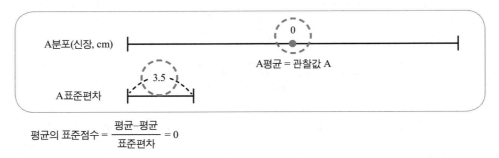

$$\text{평균의 표준점수} = \frac{\text{평균}-\text{평균}}{\text{표준편차}} = 0$$

[그림 2-8] 표준정규분포의 평균 계산

• 표준편차의 거리만큼에 관찰값이 있는 경우 표준화 점수는 $\frac{\text{표준편차}}{\text{표준편차}}$가 되므로 그 값은 1이 된다.

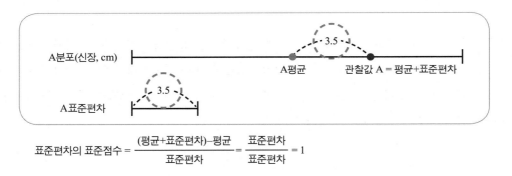

$$\text{표준편차의 표준점수} = \frac{(\text{평균}+\text{표준편차})-\text{평균}}{\text{표준편차}} = \frac{\text{표준편차}}{\text{표준편차}} = 1$$

[그림 2-9] 표준정규분포의 표준편차 계산

표준정규분포는 'Z-분포'라고도 하며, 'Z-분포'는 다음과 같은 특성을 가진다.

• 평균은 0이고, 표준편차는 1이다.
• 평균을 중심으로 좌우대칭인 종모양이 된다.
• 정규분포의 특성을 모두 가진다.

4) 중심극한의 정리

표본을 이용하여 모집단을 추정하는 추리통계에서 표집분포는 모집단의 분포에 의존한다.

- 모집단이 정규분포를 이루고 있으면 표집분포는 표본의 크기와 상관없이 항상 정규분포를 이룬다.
- 모집단이 정규분포를 이루지 못하면 표집분포의 정규분포를 확신하기 어렵다.

이때 표본의 크기가 충분히 크면 표집분포는 모집단이 어떤 분포이건 상관없이 정규분포에 가까워지는데, 이러한 성질을 '중심극한의 정리(central limit theorem)'라고 한다.

일반적으로 중심극한의 정리에 의해 표집분포가 정규분포를 이루게 되는 표본의 크기는 30 이상으로 제시되고 있다. 따라서 표본을 이용하여 모집단을 예측하는 경우 모집단의 정규성 만족 여부는 중심극한의 정리에 의해 다음의 기준에 따라 판단한다.

- 모집단의 분포가 정규분포라는 가정이 불확실할 경우라도 표본의 크기가 30 이상이면 표본에서 얻은 결과를 정규분포의 성격에 따라 분석할 수 있다.
- 표본의 크기가 30을 넘지 않는 경우에는 모수통계 적용 전 반드시 그 분포가 정규분포임을 확인하는 별도의 정규성 검정을 실시한다.
- 표본의 크기가 30 이상이면 정규성 검정을 생략할 수 있다.

특히 실험연구에서는 실험처치를 기준으로 여러 집단을 구성하는 경우가 많으므로 각 집단마다 표본의 크기가 30 이상이 되도록 하거나 별도의 정규성 검정을 실시해야 한다.

3장

가설의 이해

1) 가설의 개념과 종류

가설(hypothesis)은 '가짜 이론'이다. 즉, 아직 입증되지 않은 가정이다. 연구자는 가설을 입증하여 새로운 지식을 얻으려고 노력한다. 통계분석을 이용하는 연구과정에서 가설은 두 가지로 구분된다.

- 영가설(null hypothesis, H_0): 연구가설을 무력화시키는 가설, 통계분석의 기본가설
- 연구가설(research hypothesis, H_1): 연구자가 연구를 통해 밝히고 싶은 가설

2) 가설의 검정절차

가설이 맞는지 틀리는지를 확인하는 절차가 가설의 검정 또는 검증이다.

- 표본의 분석결과를 이용하여 모집단을 예측하는 가설을 설정한다.
- 설정된 가설을 검정하여 가설의 옳고 그름을 판단한다.

통계분석에서는 가설 검정의 기준을 영가설(H_0)에 둔다. 그 이유는 다음과 같다.

- 연구가설(H_1)이 맞는다는 증거가 아직은 없다.
- 연구가설(H_1)이 맞는다는 증거가 나오기 전까지는 아직 영가설(H_0)이 맞다.
- 증거가 없는 상태에서는 새로운 방법과 기존의 방법 중 누가 우세한지를 알 수 없으므로 같다고 보는 것이 합리적이다.

따라서 통계분석에서 영가설(H_0)을 기준으로 연구가설을 검정하는 절차는 다음과 같다.

① 연구가설(H_1)에 대한 영가설(H_0)을 기준으로 설정한다.
② 분석을 진행하여 영가설(H_0)이 맞는가를 검정한다.
③ 분석결과 영가설(H_0)이 맞으면 연구가설(H_1)을 기각한다.
④ 분석결과 영가설(H_0)이 맞지 않으면 영가설(H_0)을 기각하고 연구가설(H_1)을 채택한다.

3) 가설검정의 오류

가설의 검정과정은 표본을 이용하여 모집단을 예측하는 것이므로 오차가 발생하기 마련이다. 이러한 오차가 가설검정의 오류를 만들 수 있다.

가설검정의 오류를 이해하기 위해서는 다음의 네 가지 경우를 생각해보아야 한다.
- 영가설(H_0)이 맞을 확률이 있는 경우
- 연구가설(H_1)이 맞을 확률이 있는 경우
- 연구자가 영가설(H_0)을 채택하는 경우
- 연구자가 연구가설(H_1)을 채택하는 경우

위의 네 가지 경우를 교차표로 만들어보면 다음과 같다.

[표 3-1] 가설의 검정과 오류의 종류

구분		가설의 사실성	
		H_0 사실	H_1 사실
연구자의 선택	H_0 채택	오류 없음 $(1-\alpha)$	β-오류
	H_1 채택	α-오류	오류 없음 $(1-\beta)$

α-오류 = 1종 오류 = TypeⅠ 오류
β-오류 = 2종 오류 = TypeⅡ 오류
$1-\beta$ = 통계적 검정력(power)

가설의 사실성과 연구자의 선택에 따라 오류가 발생한다.
- 영가설(H_0)이 사실일 때 연구자가 영가설(H_0)을 선택하면 오류가 없다.
- 영가설(H_0)이 사실일 때 연구자가 연구가설(H_1)을 선택하면 영가설(H_0)이 사실일 만큼의 오류가 발생한다(α-오류).
- 연구가설(H_1)이 사실일 때 연구자가 연구가설(H_1)을 선택하면 오류가 없다(검정력, $1-\beta$).
- 연구가설(H_1)이 사실일 때 연구자가 영가설(H_0)을 선택하면 연구가설(H_1)이 사실일 만큼의 오류가 발생한다(β-오류).

통계분석에서는 β-오류보다 α-오류를 중요하게 관리한다. 그 이유는 연구자가 많은 시간과 노력을 투자하여 자신이 수립한 새로운 이론인 연구가설(H_1)이 맞는다는 것을 입증하려고 노력하는 경향이 크기 때문이다. 연구자가 연구가설(H_1)이 사실일 때 연구가설(H_1)을 채택하면 가장 이상적이다. 하지만 연구자는 영가설(H_0)이 사실일 때에도 연구가설(H_1)을 채택하려고 하므로 오류(α-오류) 관리가 매우 중요하다.

한편 가설의 사실성에서 영가설(H_0)이나 연구가설(H_1)이 100% 또는 0% 사실일 경우는 매우 드물다. 그 이유는 표집과정, 자료수집 및 측정과정에서 오차가 발생하기 때문이다. 그러므로 가설의 사실성은 '사실 여부'가 아닌 '사실일 확률'로 표현하게 된다.

- 영가설(H_0) 또는 연구가설(H_1)이 사실일 확률이 95%이다.
- 영가설(H_0) 또는 연구가설(H_1)이 사실일 확률이 80%이다.
- 영가설(H_0) 또는 연구가설(H_1)이 사실일 확률이 10%이다.
- 영가설(H_0) 또는 연구가설(H_1)이 사실일 확률이 3%이다.

가설의 사실성이 '사실일 확률'로 표현되도록 분할표를 수정하면 다음과 같다.

[표 3-2] 영가설(H_0)의 사실성 확률과 α-오류의 관계

구분		영가설(H_0)이 사실일 확률						
		100%	95%	90%	70%	5%	4.9%	3%
연구자의 선택	H_0 채택	100% 맞음	95% 맞음	90% 맞음	70% 맞음	5% 맞음	4.9% 맞음	3% 맞음
	H_1 채택	100% 틀림	95% 틀림	90% 틀림	70% 틀림	5% 틀림	4.9% 틀림	3% 틀림
		α-오류						

- 영가설(H_0)이 사실일 확률이 100%인 경우 연구자가 영가설(H_0)을 채택하면 100% 맞지만 연구가설(H_1)을 채택하면 100% 틀린다(α-오류는 100%이다).
- 영가설(H_0)이 사실일 확률이 95%인 경우 연구자가 영가설(H_0)을 채택하면 95% 맞지만 연구가설(H_1)을 채택하면 95% 틀린다(α-오류는 95%이다).
- 영가설(H_0)이 사실일 확률이 90%인 경우 연구자가 영가설(H_0)을 채택하면 90% 맞지만 연구가설(H_1)을 채택하면 90% 틀린다(α-오류는 90%이다).

- 영가설(H_0)이 사실일 확률이 70%인 경우 연구자가 영가설(H_0)을 채택하면 70% 맞지만 연구가설(H_1)을 채택하면 70% 틀린다(α-오류는 70%이다).
- 영가설(H_0)이 사실일 확률이 5%인 경우 연구자가 영가설(H_0)을 채택하면 5% 맞지만 연구가설(H_1)을 채택하면 5% 틀린다(α-오류는 5%이다).
- 영가설(H_0)이 사실일 확률이 4.9%인 경우 연구자가 영가설(H_0)을 채택하면 4.9% 맞지만 연구가설(H_1)을 채택하면 4.9% 틀린다(α-오류는 4.9%이다).
- 영가설(H_0)이 사실일 확률이 3%인 경우 연구자가 영가설(H_0)을 채택하면 3% 맞지만 연구가설(H_1)을 채택하면 3% 틀린다(α-오류는 3%이다).

결론적으로 α-오류는 다음과 같이 다양하게 표현할 수 있다.
- 영가설(H_0)을 기각했을 때 틀릴 확률
- 연구가설(H_1)을 채택하였을 때 틀릴 확률

즉, 수치적으로 'α-오류'와 '영가설(H_0)이 맞을 확률'은 같다.

통계분석의 가설 검정에서는 영가설(H_0)을 기준으로 삼아 검정을 진행하고, 그 결과 영가설(H_0)이 맞을 확률을 제시해준다. 그 확률은 다음과 같이 불린다.
- 유의확률
- Sig.: significant
- p-value: probability

4) 가설검정의 유의수준과 임계값

연구자는 연구가설(H_1)을 채택하려고 노력하지만[영가설(H_0)을 기각하려고 노력하지만] 그때 발생하는 α-오류가 인정하기 어려운 범위라면 결국 연구가설의 채택을 보류해야만 한다. 그렇다면 α-오류는 어느 수준까지 인정할 수 있는가? 통계분석에서는 α-오류를 인정하는 범위를 '유의수준(significance level)'이라고 부른다. 유의수준은 다음과 같은 의미를 가진다.
- α-오류가 발생했어도 유의수준 이내라면 결론적으로 통계적 의미가 있다고 판단하는 범위이다.
- 유의수준은 결론이 틀려도 허용되는 범위이다.

- 일반적으로 통계분석에서는 특별한 지정이 없는 한 5% 미만(.05 미만)의 유의수준을 기준으로 삼는다.

따라서 검정결과 산출된 α-오류가 유의수준 이내에 있는가에 따라 다음과 같이 영가설(H_0)의 기각 여부를 판단한다.

- 유의확률이 5% 미만(5% 미포함)이면 영가설(H_0)을 기각하고 연구가설(H_1)을 채택한다.
- 유의확률이 5% 이상(5% 포함)이면 영가설(H_0)을 기각하지 못하여 연구가설(H_1)의 채택을 보류한다.
- 유의수준이 별도로 지정된 경우(예: 10%, 1% 등)에는 5% 대신 지정된 유의수준을 따른다.

이렇게 영가설(H_0)을 기각할 수 있는[연구가설(H_1)을 채택할 수 있는] 유의수준의 경계를 '임계값(critical value)'이라고 한다. 영가설(H_0)에 대한 검정결과 산출된 검정통계량이 임계값을 넘어가면 영가설(H_0)이 맞을 확률이 5% 미만이 된다. 따라서 영가설(H_0)을 기각해도 5% 미만이 틀리는 것이다.

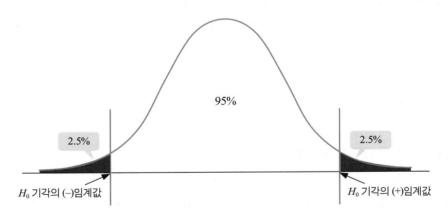

[그림 3-1] 양측검정에서 유의수준과 임계값의 관계

5) 양측검정과 단측검정

검정하고자 하는 영가설(H_0)이 방향성을 갖는지 여부에 따라 가설의 검정이 달라질 수 있다.

• 검정하고자 하는 영가설(H_0)에 방향성이 없으면 양측검정을 적용한다.
• 검정하고자 하는 영가설(H_0)이 양 또는 음의 방향을 포함하면 단측검정을 적용한다.

　양측검정의 적용 예는 다음과 같다.
• H_0: A운동법과 B운동법의 체지방률 감소효과는 같다.
• H_1: A운동법과 B운동법의 체지방률 감소효과는 다르다.
• 효과가 '같다'는 것은 방향성이 없으므로 양측검정을 적용한다.

　단측검정의 적용 예는 다음과 같다.
• H_0: A운동법이 B운동법보다 체지방률 감소효과가 좋지 않다(작거나 같다).
• H_1: A운동법이 B운동법보다 체지방률 감소효과가 좋다.
• 효과가 '좋지 않다'는 것은 음의 방향을 포함하므로 단측검정을 적용한다.
• 단측검정은 영가설(H_0)에 따라 양의 방향과 음의 방향 중 하나가 적용된다.

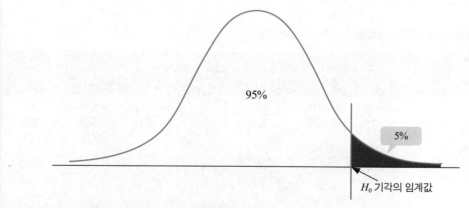

[그림 3-2] 양(+)의 단측검정에서 유의수준과 임계값의 관계

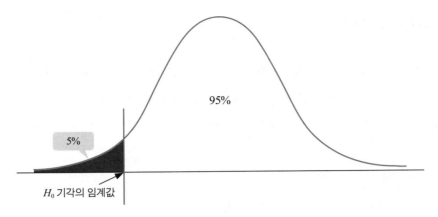

95%

5%

H_0 기각의 임계값

[그림 3-3] 음(−)의 단측검정에서 유의수준과 임계값의 관계

하지만 영가설(H_0)이 방향성을 갖더라도 양측검정을 적용하는 경우가 있다. 이것은 보수적인 가설검정 방법으로서 양측검정이 단측검정보다 영가설(H_0)의 기각이 어렵기 때문에 좀 더 명확한 근거를 가지고 가설을 검정하고자 할 때 적용할 수 있다.

6) 가설의 검정력

영가설(H_0)과 별개로 연구가설(H_1)에서도 맞을 확률이 있다. 이에 대한 분할표는 다음과 같다.

[표 3-3] 연구가설(H_1)의 사실성 확률과 검정력($1-\beta$)의 관계

구분		연구가설(H_1)이 사실일 확률						
		100%	95%	90%	70%	5%	4.9%	3%
연구자의 선택	H_0 채택	100% 틀림	95% 틀림	90% 틀림	70% 틀림	5% 틀림	4.9% 틀림	3% 틀림
		β-오류						
	H_1 채택	100% 맞음	95% 맞음	90% 맞음	70% 맞음	5% 맞음	4.9% 맞음	3% 맞음
		검정력($1-\beta$): 연구가설이 사실일 때 연구가설을 채택할 확률						

- 연구가설(H_1)이 사실일 확률이 100%인 경우 연구자가 영가설(H_0)을 채택하면 100% 틀리지만 연구가설(H_1)을 채택하면 100% 맞는다(검정력, $1-\beta$는 100%이다).

- 연구가설(H_1)이 사실일 확률이 95%인 경우 연구자가 영가설(H_0)을 채택하면 95% 틀리지만 연구가설(H_1)을 채택하면 95% 맞는다(검정력, $1-\beta$는 95%이다).
- 연구가설(H_1)이 사실일 확률이 90%인 경우 연구자가 영가설(H_0)을 채택하면 90% 틀리지만 연구가설(H_1)을 채택하면 90% 맞는다(검정력, $1-\beta$는 90%이다).
- 연구가설(H_1)이 사실일 확률이 70%인 경우 연구자가 영가설(H_0)을 채택하면 70% 틀리지만 연구가설(H_1)을 채택하면 70% 맞는다(검정력, $1-\beta$는 70%이다).
- 연구가설(H_1)이 사실일 확률이 5%인 경우 연구자가 영가설(H_0)을 채택하면 5% 틀리지만 연구가설(H_1)을 채택하면 5% 맞는다(검정력, $1-\beta$는 5%이다).
- 연구가설(H_1)이 사실일 확률이 4.9%인 경우 연구자가 영가설(H_0)을 채택하면 4.9% 틀리지만 연구가설(H_1)을 채택하면 4.9% 맞는다(검정력, $1-\beta$는 4.9%이다).
- 연구가설(H_1)이 사실일 확률이 3%인 경우 연구자가 영가설(H_0)을 채택하면 3% 틀리지만 연구가설(H_1)을 채택하면 3% 맞는다(검정력, $1-\beta$는 3%이다).

연구자가 연구가설(H_1)을 채택하려는 노력에 있어서 다음의 두 가지가 만족되면 최상의 결론이 된다.
- α-오류가 낮은 결론
- 검정력($1-\beta$)이 높은 결론

과거에는 통계분석 시 α-오류에 중점을 두고 가설을 검정하였다. 하지만 최근에는 검정력($1-\beta$) 수준도 관리하고 있다. 통계분석에서는 일반적으로 검정력 80% 이상의 결론을 권장한다.

2부

통계분석 준비하기

2부에서는 실질적인 통계분석을 수행하기 전에 데이터를 준비하고 검토하는 과정을 따라할 수 있도록 설명하였다. 4장에서는 SPSS의 기본구조에 대해서 살펴보았고, 5장에서는 표본 추출의 이론과 방법에 대해서 설명하였으며, 6장에서는 수집된 데이터의 경향을 파악하여 극단값 및 결측값과 같은 문제점을 해결하는 방법을 제시하였다. 그리고 7장에서는 통계분석 방법을 결정하는 요령을 요약하였다.

즉, 2부는 3부에서 다루게 될 각종 통계분석을 성공적으로 수행할 수 있도록 데이터를 준비하는 과정으로 구성하였다.

4장

SPSS 다루기

다양한 분야에서 사용빈도가 높은 통계분석용 전문 소프트웨어 중 하나가 SPSS이다. SPSS를 비롯한 컴퓨터용 통계분석 프로그램들은 단순히 프로그램으로서 분석자가 지정된 폼에 맞추어 입력하고 명령하면 분석결과를 나타내기 때문에 그 결과가 잘된 것인지에 대한 평가는 별개의 문제다. 따라서 분석자가 자신이 분석하고자 하는 통계분석방법과 분석 프로그램에 대해 정확히 이해하고 사용해야만 한다. 실제로 많은 연구자들이 통계분석방법과 프로그램을 정확히 이해하지 못한 상태에서 사용하여 잘못된 결과를 그대로 논문 및 보고서에 반영함으로써 진실을 왜곡하는 경우가 발생하고 있다.

4-1 SPSS의 구조

이 책은 SPSS 21버전을 기준으로 하여 집필하는 도중에 SPSS 22버전이 출시되었다. 이에 따라 바뀐 부분을 21버전, 22버전 사용자 모두의 편의를 위해 병행 표기하였다.

1) 변수 보기

변수를 생성하고 그 특성을 지정해 주는 창이다. SPSS를 실행하면 '데이터 보기' 상태로 열리는데 왼쪽 하단을 보면 '데이터 보기'와 '변수 보기' 탭이 있다. '변수 보기'를 선택하면 변수에 대한 명칭과 특성을 설정할 수 있다.

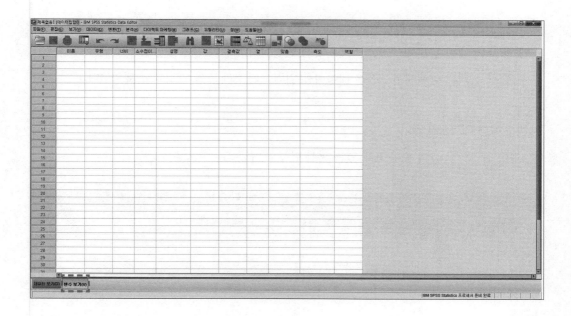

(1) 이름

변수이름을 입력하는 곳이다. SPSS에서 변수이름을 입력할 때에는 다음의 사항을 주의해야
한다.

- 대부분의 특수문자(%, $, #, ^, *, - 등 기타)는 입력되지 않는다.
- 띄어쓰기도 입력되지 않는다.
- '언더바(_)', '@'는 입력이 가능하다.
- 숫자로 시작하는 변수이름은 입력되지 않는다(예: 1차, 3주차 등).
- 변수이름 중간이나 마지막에 들어가는 숫자는 입력이 가능하다.
- 영문, 숫자로 조합된 이름은 64글자까지만 입력된다(단 띄어쓰기 없이).
- 한글로 조합된 이름은 32글자까지만 입력된다(단 띄어쓰기 없이).
- 동일한 변수명은 입력되지 않는다.

따라서 변수이름은 간략하고 의미를 정확히 전달할 수 있도록 입력하는 것이 좋다.

(2) 유형

해당 변수에 입력될 데이터가 '숫자'인지, '문자'인지, '날짜'인지 등의 유형을 지정하는 곳이
다. 기본설정은 '숫자'로 되어 있으며, 데이터의 유형을 잘못 지정할 경우 여러 가지 문제가 발

생할 수 있는데, 특히 아래의 두 경우는 기억해 두자.

- '숫자'로 선택된 상태에서 '문자' 데이터는 입력되지 않는다.
- '문자'로 선택된 상태에서 '숫자' 데이터를 입력하면 통계분석 과정에서 제외된다.

■ 변수 유형 대화상자 열기

① '연령'의 '유형' 칸의 오른쪽에 있는 '⋯' 단추를 누른다.

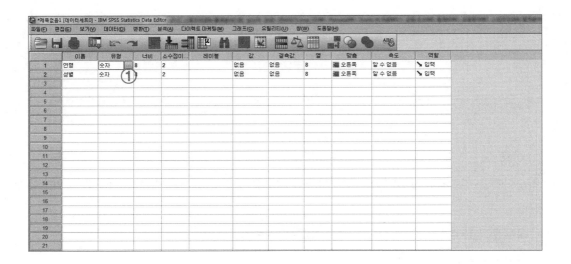

■ 변수 유형 선택

① 해당 변수의 입력 유형을 선택한다(기본 설정은 '숫자'로 되어 있다).
② '확인' 단추를 누른다.

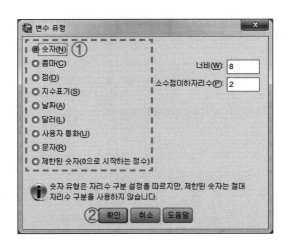

(3) 너비

해당 변수에 입력될 데이터의 길이를 지정하는 곳이다. 통계분석 과정에서 기능상 특별한 의미가 없는 것으로 보인다.

(4) 소수점 이하 자리

해당 변수에 입력될 데이터의 소수점 이하 자릿수를 지정하는 곳이다. 기본설정은 소수점 둘째 자리로 되어 있으며 변경이 가능하다. 변수의 유형이 '문자'로 지정되면 이 부분은 활성화되지 않는다. '(2) 유형'에서도 변경이 가능하다.

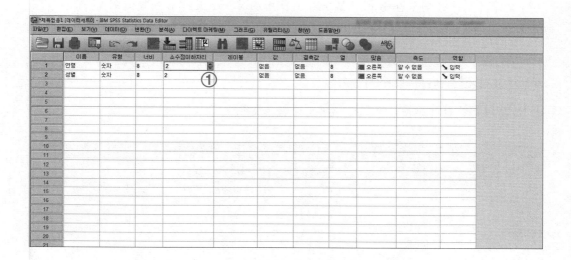

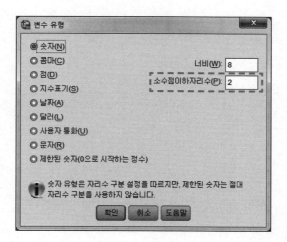

(5) 설명(레이블)

해당 변수에 대한 추가 설명이 필요한 경우 입력하는 곳이다. 따라서 변수에 대한 추가 설명이 불필요한 경우에는 생략하면 된다. 한편 설명에 추가내용을 입력하면 다음처럼 반영된다.

- '데이터 보기' 화면에서 해당 변수이름에 마우스 커서를 가져다 대면 설명에 입력된 내용이 잠시 나타난다.
- 통계분석 결과표에서 변수이름 대신 설명에 입력된 내용이 출력된다.

(6) 값

해당 변수가 범주형 변수인 경우 각 범주의 이름을 지정하는 곳이다. 예를 들어 변수가 '성별'인 경우 아래 순서에 따라 '남성=1', '여성=2'로 범주이름을 지정할 수 있다.

■ 변수값 설명(값 레이블) 대화상자 열기

① '성별'의 '값' 칸의 오른쪽에 있는 '…' 단추를 누른다.

■ 변수값 지정

① '변수값 설명(값 레이블)' 대화상자의 '기준값' 칸에 '1'을 입력한다.

② '설명(레이블)' 칸에 '남성'을 입력한다.

③ '추가' 단추를 눌러 입력한다.

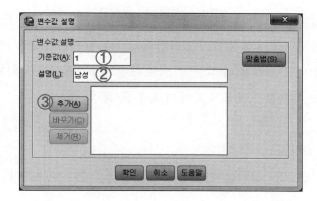

■ 변수값 지정 계속

① 같은 방법으로 '2'와 '여성'을 입력한다.

② '확인' 단추를 누르면 '값' 칸에 지정된 내용이 표시된다. 이렇게 하면 향후 통계분석 시 결과표에 지정한 대로 범주이름이 출력된다.

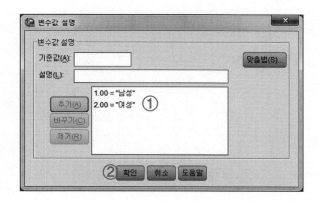

(7) 결측값

측정(또는 관찰) 데이터가 누락된 경우 사용하는 곳이다. 결측값의 원인은 다음과 같다.

• 측정(또는 관찰)과정에서 누락된 경우

• 응답자가 측정을 거부한 경우

• 기타

위의 경우 모두 분석에서 제외되는 것은 마찬가지다. 하지만 응답 또는 측정 거부자만 가려서 이들의 특징을 분석하고 싶다면 해당 결측값은 구분하는 것이 좋다. 예를 들어 체중이나 소득수준을 조사할 때 응답을 기피하는 대상이 종종 발생한다. 이 경우 응답 거부자가 어떤 특징을 갖고 있는지를 분석해 볼 필요가 있다면 응답 거부에 의한 결측을 별도로 표시한다.

SPSS의 데이터창에서 누락된 데이터는 '.'으로 표시되며 분석에서 제외된다. 따라서 응답 거부 등의 이유 있는 결측값은 다음과 같이 다르게 표시한다.

■ 결측값 대화상자 열기

① '변수보기'에서 '연령'의 '결측값' 칸 오른쪽에 있는 '…' 단추를 누른다.

■ 결측값 지정

① 결측값 대화상자가 열리면 '이산형 결측값'을 선택한다.

② 결측값으로 지정하고자 하는 수를 입력한다(결측값으로 지정할 수 있는 수는 3개까지다). 결측 값으로 지정할 숫자는 해당 변수가 갖기 어려운 범위의 숫자를 고른다(예: 연령의 경우 999 세는 갖기 어려운 수이므로 이 경우 999를 지정).

③ '확인' 단추를 누른다.

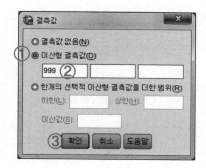

이제 해당 변수가 결측일 경우 '999'를 입력하면 결측값으로 분류되어 분석에서 제외된다. 만약 '999'로 입력된 경우만 따로 분석하고 싶다면 4-4절의 '케이스 선택' 기능을 이용하여 분석할 수 있다.

(8) 열

'데이터 보기'에서 각 변수를 입력하는 열(세로줄)의 너비를 지정하는 곳이다.

- 기본설정은 8로 되어 있으며 변경이 가능하다.
- 앞서 설명한 '너비'는 입력되는 데이터의 자릿수를 설정하는 곳이다.
- '열'은 자릿수와 관계없이 데이터가 나타나는 너비를 설정한다.
- 따라서 데이터 분석에 영향을 주지 않는다.

(9) 맞춤

'데이터 보기'에 입력되는 데이터를 '오른쪽', '왼쪽', '가운데 맞춤'으로 지정하는 곳이다. 기본적으로 '숫자는 왼쪽', '문자는 오른쪽'으로 설정되어 있으며 데이터 분석에는 영향을 주지 않는다.

(10) 측도

변수의 척도를 지정하는 곳이다. 척도는 변수가 갖고 있는 정보의 수준에 따라 아래와 같이 구분한다. 척도를 잘못 지정하는 경우 통계분석 과정에서 변수를 활용하지 못하는 경우가 생길 수 있으므로 해당 변수에 맞는 척도를 바르게 지정하도록 한다.

- 척도: 등간변수 또는 비율변수가 여기에 해당된다.
- 순서: 서열변수가 여기에 해당된다.

- 명목: 명목변수가 여기에 해당된다.
- 명목, 서열, 등간, 비율 변수의 구분은 '1-2절 2)의 (3) 정보의 수준에 따른 분류'를 참조한다.

2) 데이터 보기

'변수 보기'에서 설정한 변수들에 맞춰서 데이터를 입력하는 창이다. '변수 보기'에서 생성한 변수들이 상단에 나열된다.

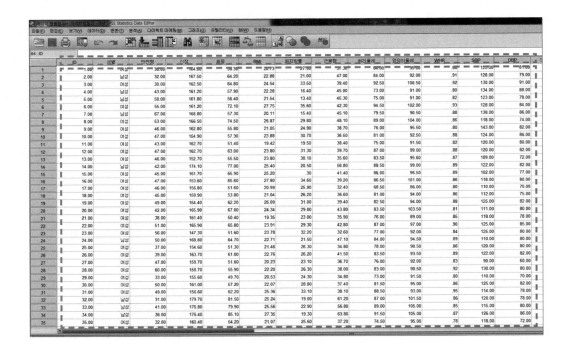

1) 변수의 추가

변수를 추가하는 방법은 다음 두 가지로 정리할 수 있다. 예제파일은 '데이터 핸들링.sav' 파일을 이용한다.

- '변수 보기'에서 추가하기
- '데이터 보기'에서 추가하기

(1) '변수 보기'에서 추가하기
일반적으로 변수 추가는 '변수 보기'에서 수행한다.

① '변수 보기'에서 맨 아래에 새로운 변수(예: HRrest)를 추가한 후 추가한 새 변수의 행 전체를 선택한다(예: 행 번호 14에서 마우스 왼쪽 단추를 누른다).

② 추가한 새 변수를 옮길 위치를 결정한다(예: 체중과 BMI 사이).

③ 행 전체가 선택된 새 변수를 원하는 위치로 옮긴다(행 번호를 선택해서 옮긴다).

(2) '데이터 보기'에서 추가하기
변수의 추가는 일반적으로 '변수 보기'에서 수행하지만 '데이터 보기'에서도 작업이 가능하다.

■ 변수 추가하기

① 새 변수를 추가할 위치의 오른쪽 변수명(반드시 변수명)에서 마우스 오른쪽 단추를 누른다
　　(예: 체중과 BMI 사이에 새 변수를 넣을 경우 BMI를 선택).

② 메뉴에서 '변수 삽입'을 선택한다.

■ 추가된 변수 확인하기

① 체중과 BMI 변수 사이에 새 변수(VAR00001)가 생성되었다.

② 새 변수의 특성을 지정하기 위해 변수명(VAR00001)을 더블클릭하거나 '변수 보기'로 넘어
　　간다.

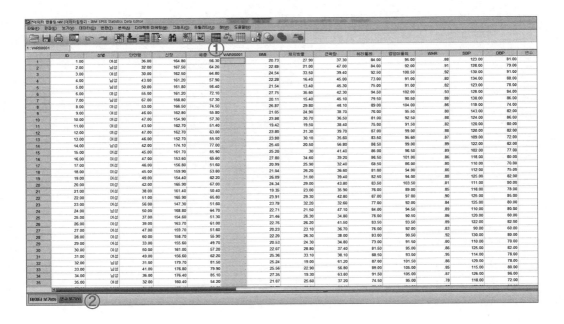

■ 추가된 변수특성 지정하기

① '변수 보기'에서 새 변수의 특성을 지정한다.

	이름	유형	너비	소수점이...	설명	값	결측값	열	맞춤	측도	역할
1	ID	숫자	11	2		없음	없음	11	오른쪽	척도(S)	입력
2	성별	숫자	11	2		{1.00, 남성}...	없음	11	오른쪽	명목(N)	입력
3	만연령	숫자	11	2		없음	없음	11	오른쪽	척도(S)	입력
4	신장	숫자	11	2		없음	없음	11	오른쪽	척도(S)	입력
5	체중	숫자	11	2		없음	없음	11	오른쪽	척도(S)	입력
①6	VAR00001	숫자	8	2		없음	없음	8	오른쪽	알 수 없음	입력
7	BMI	숫자	11	2		없음	없음	11	오른쪽	척도(S)	입력
8	체지방률	숫자	11	2		없음	없음	11	오른쪽	척도(S)	입력
9	근육량	숫자	11	2		없음	없음	11	오른쪽	척도(S)	입력
10	허리둘레	숫자	11	2		없음	없음	11	오른쪽	척도(S)	입력
11	엉덩이둘레	숫자	11	2		없음	없음	11	오른쪽	척도(S)	입력
12	WHR	숫자	11	2		없음	없음	11	오른쪽	척도(S)	입력
13	SBP	숫자	11	2		없음	없음	11	오른쪽	척도(S)	입력
14	DBP	숫자	11	2		없음	없음	11	오른쪽	척도(S)	입력
15											
16											
17											

2) 변수의 제거

변수의 추가와 마찬가지로 변수를 제거하는 방법도 다음의 두 가지로 정리할 수 있다.

• '변수 보기'에서 제거하기
• '데이터 보기'에서 제거하기

(1) '변수 보기'에서 제거하기

일반적으로 변수의 제거는 '변수 보기'에서 수행한다.

① 제거할 변수명(반드시 변수명)을 선택하여 마우스 오른쪽 단추를 누른다.

② 메뉴에서 '지우기'를 선택하면 해당 변수가 제거된다.

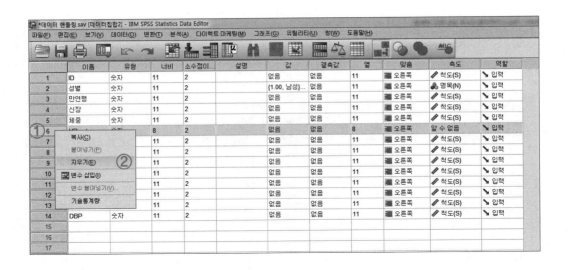

(2) '데이터 보기'에서 제거하기

변수의 제거는 일반적으로 '변수 보기'에서 수행하지만 '데이터 보기'에서도 작업이 가능하다.

① 제거할 변수명(반드시 변수명)을 선택하여 마우스 오른쪽 단추를 누른다.

② 메뉴에서 '지우기'를 선택하면 해당 변수가 제거된다.

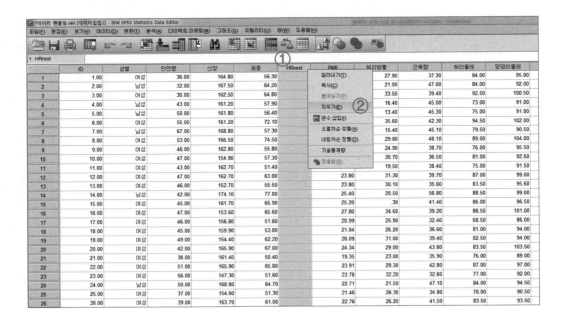

3) 케이스의 추가 및 제거

케이스의 추가 및 제거는 '데이터 보기'에서만 작업이 가능하다. 추가하거나 제거하는 방법은 변수의 추가 및 제거방법과 동일하다.

(1) 케이스 추가하기
① 새로운 케이스를 추가할 위치의 아래쪽 케이스 번호(반드시 케이스 번호)를 선택하여 마우스 오른쪽 단추를 누른다(예: 10번과 11번 케이스 사이에 새로운 케이스를 넣을 경우 11번 케이스를 선택).
② 메뉴에서 '케이스 삽입'을 선택한다.

	ID	성별	만연령	신장	체중	HRrest	BMI	체지방률	근육량	허리둘레	엉덩이둘레
1	1.00	여성	36.00	164.80	56.30		20.73	27.90	37.30	84.00	95.00
2	2.00	남성	32.00	167.50	64.20		22.88	21.00	47.00	84.00	92.00
3	3.00	여성	30.00	162.50	64.80		24.54	33.50	39.40	92.50	100.50
4	4.00	남성	43.00	161.20	57.90		22.28	16.40	45.00	73.00	91.00
5	5.00	남성	50.00	161.80	56.40		21.54	13.40	45.30	75.00	91.00
6	6.00	여성	55.00	161.20	72.10		27.75	35.60	42.30	94.50	102.00
7	7.00	남성	67.00	168.80	57.30		20.11	15.40	45.10	79.50	90.50
8	8.00	여성	53.00	166.50	74.50		26.87	29.80	48.10	89.00	104.00
9	9.00	여성	46.00	162.80	55.80		21.05	24.90	38.70	76.00	95.50
10	10.00	여성	47.00	154.90	57.30		23.88	30.70	36.50	81.00	92.50
11	11.00	여성	43.00	162.70	51.40		19.42	19.50	38.40	75.00	91.50
12		여성	47.00	162.70	63.00		23.80	31.30	39.70	87.00	99.00
13		여성	46.00	152.70	55.50		23.80	30.10	35.60	83.50	95.60
14		남성	42.00	174.10	77.00		25.40	20.50	56.80	88.50	99.00
15		여성	45.00	161.70	65.90		25.20	.30	41.40	86.00	96.50
16		여성	47.00	153.60	65.60		27.80	34.60	39.20	86.50	101.00
17		여성	46.00	156.80	51.60		20.99	25.90	32.40	68.50	86.00
18	18.00	여성	45.00	159.90	53.80		21.04	26.20	36.60	81.00	94.00
19	19.00	여성	49.00	154.40	62.20		26.09	31.00	39.40	82.50	94.00
20	20.00	여성	42.00	165.90	67.00		24.34	29.00	43.80	83.50	103.50
21	21.00	여성	38.00	161.40	50.40		19.35	23.00	35.90	76.00	89.00
22	22.00	여성	51.00	165.90	65.80		23.91	29.30	42.80	87.00	97.00

(팝업 메뉴: 잘라내기(T), 복사(C), 붙여넣기(P), 지우기(E), 케이스 삽입(I))

(2) 케이스 제거하기
① 제거할 케이스 번호를 선택한다.
② 마우스 오른쪽 단추를 눌러서 나타난 메뉴 중 '지우기'를 선택한다.

	ID	성별	만연령	신장	체중	BMI	체지방률	근육량	허리둘레	엉덩이둘레
1	1.00	여성	36.00	164.80	56.30	20.73	27.90	37.30	84.00	95.00
2	2.00	남성	32.00	167.50	64.20	22.88	21.00	47.00	84.00	92.00
3	3.00	여성	30.00	162.50	64.80	24.54	33.50	39.40	92.50	100.50
4	4.00	남성	43.00	161.20	57.90	22.28	16.40	45.00	73.00	91.00
5	5.00	남성	50.00	161.80	56.40	21.54	13.40	45.30	75.00	91.00
6	6.00	여성	55.00	161.20	72.10	27.75	35.60	42.30	94.50	102.00
7	7.00	남성	67.00	168.80	57.30	20.11	15.40	45.10	79.50	90.50
8	8.00	여성	53.00	166.50	74.50	26.87	29.80	48.10	89.00	104.00
9	9.00	여성	46.00	162.80	55.80	21.05	24.90	38.70	76.00	95.50
10	10.00	여성	47.00	154.90	57.30	23.88	30.70	36.50	81.00	92.50
11	11.00	여성	43.00	162.70	51.40	19.42	19.50	38.40	75.00	91.50
12		여성	47.00	162.70	63.00	23.80	31.30	39.70	87.00	99.00
13		여성	46.00	152.70	55.50	23.80	30.10	35.60	83.50	95.60
14		남성	42.00	174.10	77.00	25.40	20.50	56.80	88.50	99.00
15		여성	45.00	161.70	65.90	25.20	.30	41.40	86.00	96.50
16		여성	47.00	153.60	65.60	27.80	34.60	39.20	86.50	101.00
17	17.00	여성	46.00	156.80	51.60	20.99	25.90	32.40	68.50	86.00
18	18.00	여성	45.00	159.90	53.80	21.04	26.20	36.60	81.00	94.00
19	19.00	여성	49.00	154.40	62.20	26.09	31.00	39.40	82.50	94.00
20	20.00	여성	42.00	165.90	67.00	24.34	29.00	43.80	83.50	103.50
21	21.00	여성	38.00	161.40	50.40	19.35	23.00	35.90	76.00	89.00
22	22.00	여성	51.00	165.90	65.80	23.91	29.30	42.80	87.00	97.00

잘라내기(T)
복사(C)
붙여넣기(P)
지우기(E)
케이스 삽입(I)

4-3   데이터 입력 및 불러오기

SPSS에서 데이터를 입력하는 방법에는 두 가지가 있다.

- SPSS '데이터 보기'에 직접 입력하여 분석하기
- 다른 형태로 입력되어 있던 기존 데이터를 불러와서 분석하기

1) 데이터 입력하기

데이터가 기존에 텍스트, Excel, 흔글 파일로 입력되어 있는 경우 간단한 과정을 통해 SPSS로 불러올 수 있지만 그렇지 않은 데이터의 경우 직접 입력해야 한다. 데이터를 입력할 때에는 케이스와 변수명이 바뀌지 않도록 신중하게 입력해야 한다.

2) 데이터 불러오기

(1) 텍스트 데이터 불러오기

파일명이 '*.txt', '*.dat', '*.csv' 형태로 된 문서들이 텍스트 파일이다. 텍스트 형태의 데이터는 SPSS에서 쉽게 불러올 수 있다. SPSS로 텍스트 데이터를 가져오기 전에 텍스트 데이터가 어떤 형태로 입력되어 있는지 먼저 확인해야 한다. 불러올 텍스트 파일(데이터 핸들링.txt)을 열어서 아래의 사항을 꼭 확인한다.

- 데이터 간격의 구분이 쉼표(,), 탭, 공백, 기타 문자 중 어느 것으로 되어 있는가? 여기서는 탭으로 구분되어 있음을 확인하였다.
- 맨 첫줄(행, 가로줄)은 변수명인가? 여기서는 맨 첫줄이 변수명임을 확인하였다.
- 한 케이스가 여러 줄에 걸쳐 입력되어 있는가? 여기서는 한 줄에 한 케이스씩 입력되어 있음을 확인하였다.

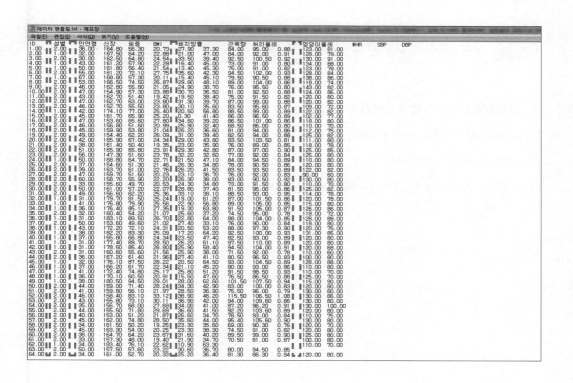

■ SPSS 열기

① SPSS의 '데이터 보기'에서 '데이터 문서 열기' 단추를 누른다.

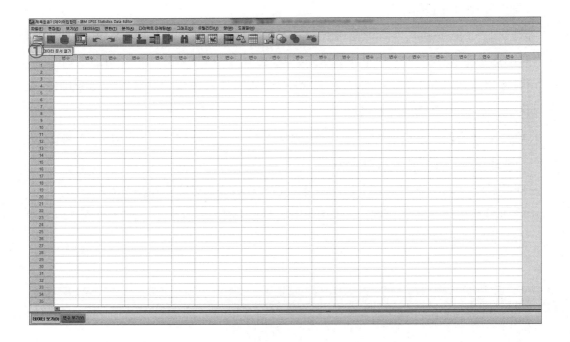

■ 불러올 파일위치, 유형 선택하기

① '데이터 열기' 대화상자가 열리면 불러올 텍스트 파일이 있는 폴더를 찾아 지정한다.

② '파일 유형'을 선택한다.

③ 아래쪽에 있는 '텍스트(*.txt, *.dat, *.csv)'를 선택한다.

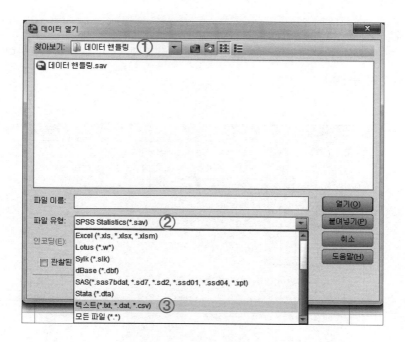

■ 불러올 파일 지정 및 열기

① 큰 화면에 '데이터 핸들링'이라는 텍스트 파일이 보인다.

② 해당 텍스트 파일을 선택한 후 '열기' 단추를 누른다.

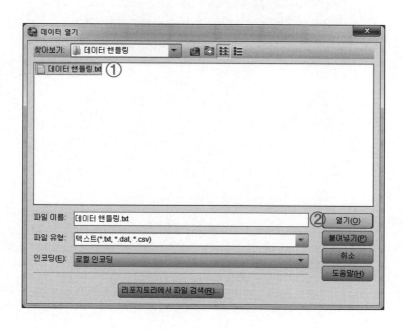

■ '텍스트 가져오기 마법사' 1단계

① '텍스트 파일이 사전 정의된 형식과 일치합니까?' 항목에서 '아니오'를 선택한다.

② '다음' 단추를 누른다.

■ '텍스트 가져오기 마법사' 2단계

① 각 숫자는 탭으로 구분되어 있는 것을 미리 확인하였으므로 '구분자에 의한 배열'을 선택
   한다.

② 미리 확인한 바와 같이 '변수이름이 파일의 처음에 있습니까?'에서 '예(Y)'를 선택한다.

③ '다음' 단추를 누른다.

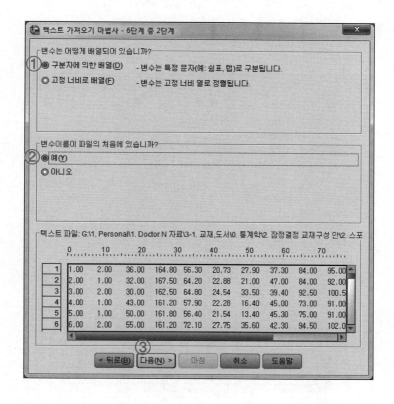

■ '텍스트 가져오기 마법사' 3단계

① 데이터의 첫 줄이 변수명이므로 '데이터의 첫 번째 케이스가 몇 번째 줄에서 시작합니까?'
  에 '2'를 입력한다(기본값).

② 미리 확인한 바와 같이 한 케이스가 한 줄씩 입력되어 있으므로 '케이스가 어떻게 표시되
  고 있습니까?'에서는 '각 줄은 케이스를 나타냅니다.'를 선택한다.

③ '몇 개의 케이스를 가져오시겠습니까?'에서는 '모든 케이스'를 선택한다.

④ '다음' 단추를 누른다.

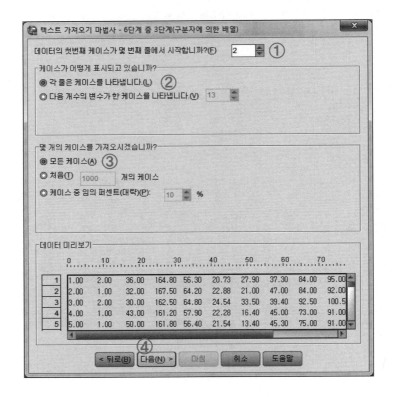

■ '텍스트 가져오기 마법사' 4단계

① '변수 사이에 어떤 구분자를 사용했습니까?' 항목에서 '탭'을 선택한다.

② '다음' 단추를 누른다.

■ '텍스트 가져오기 마법사' 5단계

① 각 변수의 이름과 데이터 형식을 지정해주는 부분이다. '데이터 미리보기' 부분의 변수명을 선택한다.

② 중앙의 '변수이름'과 '데이터 형식'에 해당 변수의 이름과 형식이 반영된다. 이때 필요한 정보를 수정 또는 지정한다.

③ 모든 변수에 대해 지정이 완료되면 '다음' 단추를 누른다.

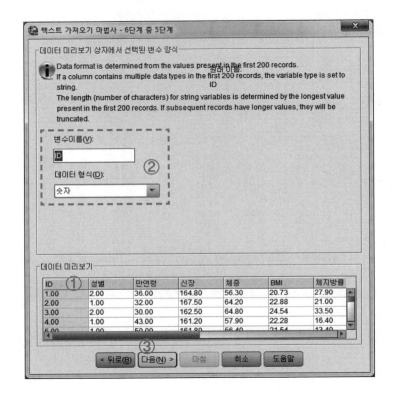

■ '텍스트 가져오기 마법사' 6단계

① '마침' 단추를 눌러 불러오기를 완료한다.

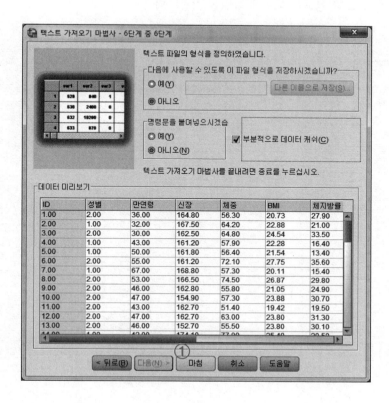

■ SPSS로 저장하기

텍스트 파일의 데이터가 SPSS로 옮겨 온 것을 확인할 수 있다.

① '저장' 단추를 눌러 원하는 위치에 파일을 저장한다.

	ID	성별	연령	신장	체중	BMI	체지방율	근육량	허리둘레	엉덩이둘레	WHR	SBP	DBP	변수	변수	변수	변수	변수	변수
1	1.00	2.00	36.00	164.80	56.30	20.73	27.90	37.30	84.00	95.00	.88	123.00	81.00						
2	2.00	1.00	32.00	167.50	64.20	22.88	21.00	47.00	84.00	92.00	.91	128.00	79.00						
3	3.00	2.00	30.00	162.50	64.80	24.54	33.50	39.40	92.50	100.50	.92	130.00	91.00						
4	4.00	1.00	43.00	161.20	57.90	22.28	16.40	45.00	73.00	91.00	.80	134.00	88.00						
5	5.00	1.00	50.00	161.80	56.40	21.54	13.40	45.30	75.00	91.00	.82	123.00	78.00						
6	6.00	2.00	55.00	161.20	72.10	27.75	35.60	42.30	94.50	102.00	.93	128.00	84.00						
7	7.00	1.00	67.00	168.80	57.30	20.11	15.40	45.10	79.50	90.50	.88	138.00	86.00						
8	8.00	2.00	53.00	166.50	74.50	26.87	29.80	48.10	89.00	104.00	.86	118.00	74.00						
9	9.00	2.00	46.00	162.80	55.80	21.05	24.90	38.70	76.00	95.50	.80	143.00	82.00						
10	10.00	2.00	47.00	154.90	57.30	23.88	30.70	36.50	81.00	92.50	.88	124.00	86.00						
11	11.00	2.00	43.00	162.70	51.40	19.42	19.50	38.40	75.00	91.50	.82	120.00	80.00						
12	12.00	2.00	47.00	162.70	63.00	23.80	31.30	39.70	87.00	99.00	.88	120.00	82.00						
13	13.00	2.00	46.00	152.70	55.50	23.80	30.10	35.60	83.50	95.60	.87	109.00	72.00						
14	14.00	1.00	42.00	174.10	77.00	25.40	20.50	56.80	88.50	99.00	.89	122.00	82.00						
15	15.00	2.00	45.00	161.70	65.90	25.20	.30	41.40	86.00	96.50	.89	102.00	77.00						
16	16.00	2.00	47.00	153.60	65.60	27.80	34.60	39.20	86.50	101.00	.86	118.00	80.00						
17	17.00	2.00	46.00	156.80	51.60	20.99	25.90	32.40	68.50	86.00	.80	110.00	70.00						
18	18.00	2.00	45.00	159.90	53.80	21.04	26.20	36.60	81.00	94.00	.86	112.00	75.00						
19	19.00	2.00	49.00	154.40	62.20	26.09	31.00	39.40	82.50	94.00	.88	125.00	82.00						
20	20.00	2.00	42.00	165.90	67.00	24.34	29.00	43.80	83.50	103.50	.81	111.00	80.00						
21	21.00	2.00	38.00	161.40	50.40	19.35	23.00	35.90	76.00	89.00	.85	118.00	78.00						
22	22.00	2.00	51.00	165.90	65.80	23.91	29.30	42.80	87.00	97.00	.90	125.00	85.00						
23	23.00	2.00	56.00	147.30	51.60	23.78	32.20	32.60	77.00	92.00	.84	125.00	80.00						
24	24.00	1.00	50.00	168.80	64.70	22.71	21.50	47.10	84.00	94.50	.89	110.00	80.00						
25	25.00	2.00	37.00	154.60	51.30	21.46	26.30	34.80	78.00	90.50	.86	120.00	80.00						
26	26.00	2.00	39.00	163.70	61.00	22.76	26.20	41.50	83.50	93.50	.89	122.00	82.00						
27	27.00	2.00	47.00	159.70	51.60	20.23	23.10	36.70	76.00	92.00	.83	90.00	60.00						
28	28.00	2.00	60.00	158.70	55.90	22.20	26.30	38.00	83.00	90.50	.92	130.00	80.00						
29	29.00	2.00	33.00	155.60	49.70	20.53	24.30	34.80	73.00	91.50	.80	110.00	70.00						
30	30.00	2.00	50.00	161.00	57.20	22.07	28.80	37.40	81.50	95.00	.86	125.00	82.00						
31	31.00	2.00	49.00	156.60	62.20	25.36	33.10	38.10	88.50	93.00	.95	114.00	78.00						
32	32.00	1.00	31.00	179.70	81.50	25.24	19.00	61.20	87.00	101.50	.86	120.00	78.00						
33	33.00	1.00	41.00	176.80	79.90	25.56	22.90	56.80	89.00	105.00	.85	115.00	80.00						
34	34.00	1.00	36.00	176.40	85.10	27.35	19.30	63.80	91.50	105.00	.87	126.00	86.00						
35	35.00	2.00	32.00	160.40	54.20	21.07	25.60	37.20	74.50	95.00	.78	118.00	72.00						

데이터 보기(D) | 변수 보기(V)

(2) Excel 데이터 불러오기

SPSS로 Excel 데이터를 가져오기 전에 이 데이터가 어떤 형태로 입력되어 있는지 먼저 확인해야 한다. 불러올 Excel 파일(데이터 핸들링.xlsx)을 열어서 아래의 사항을 꼭 확인한다.

① 불러올 데이터가 Excel의 어느 Sheet에 있는가를 확인한다. 여기서는 Sheet1에만 데이터가 있는 것을 확인하였다. 또한 Sheet 이름이 한글, 영문, 숫자, 특수문자 등으로 지정되어 있는가를 확인한다. 만약 인식하지 못하는 문자로 지정되어 있다면 SPSS에서 불러오지 못한다. 여기서는 'Sheet1'로 입력되어 있는 것을 확인하였다.

② 맨 첫 줄(행, 가로줄)은 변수명인가? 여기서는 맨 첫 줄이 변수명임을 확인하였다.

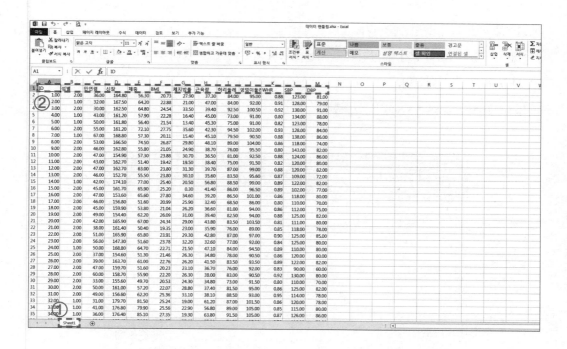

■ SPSS 실행하기

① SPSS의 '데이터 보기'에서 '데이터 문서 열기' 단추를 누른다.

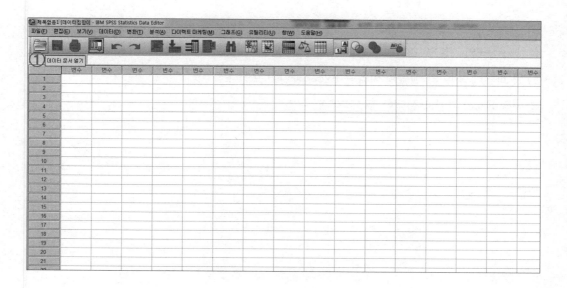

■ 불러올 파일 위치, 유형 선택하기

① '데이터 열기' 대화상자가 열리면 불러올 Excel 파일이 있는 폴더를 찾아 지정한다.

② '파일 유형'을 선택한다.

③ 'Excel(*.xls, *.xlsx, *.xlsm)'을 선택한다.

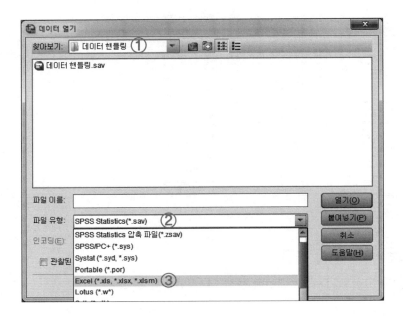

■ 불러올 파일 지정 및 열기

① 큰 화면에 '데이터 핸들링'이라는 Excel 파일이 보인다.

② 해당 Excel 파일을 선택한 후 '열기' 단추를 누른다.

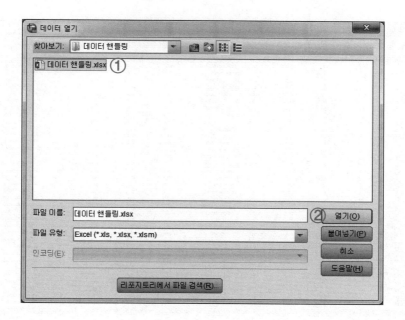

■ Excel 데이터 변환하기

① 'Excel 데이터 소스 열기' 대화상자가 열리면, 미리 확인한 바와 같이 '데이터 첫 행에서
변수 이름 읽어오기'를 선택한다.

② '워크시트:'는 데이터를 불러올 시트인 'Sheet1'을 지정한다.

③ '확인' 단추를 누른다.

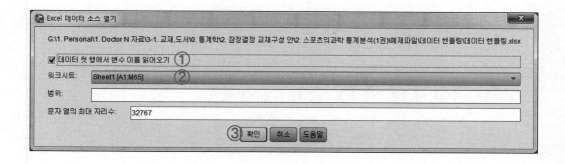

■ SPSS로 저장하기

• Excel 파일의 데이터가 SPSS로 옮겨진 것을 확인할 수 있다.

• '저장' 단추를 눌러 원하는 위치에 파일을 저장한다.

ID	성별	만연령	신장	체중	BMI	체지방률	근육량	허리둘레	엉덩이둘레	WHR	SBP	DB
1	2	36	164.8	56.3	20.729745970402483	27.9	37.3	84.0	95.0	.8642105263157894	123	
2	1	32	167.5	64.2	22.882601915794165	21.0	47.0	84.0	92.0	.9130434782608695	128	
3	2	30	162.5	64.8	24.539649770414200	33.5	39.4	92.5	100.5	.9203980099502488	130	
4	1	43	161.2	57.9	22.281708526005335	16.4	45.0	73.0	91.0	.8021978021978022	134	
5	1	50	161.8	56.4	21.543788131359044	13.4	45.3	75.0	91.0	.8241758241758241	123	
6	2	55	161.2	72.1	27.746307162780390	35.6	42.3	94.5	102.0	.9264705882352942	128	
7	1	67	168.8	57.3	20.109891961097006	15.4	45.1	79.5	90.5	.8784530386740331	138	
8	2	53	166.5	74.5	26.873720567414260	29.8	48.1	89.0	104.0	.8557692307692307	118	
9	2	46	162.8	55.8	21.053652994584933	24.9	38.7	76.0	95.5	.7958115183246073	143	
10	2	47	154.9	57.3	23.880960289672290	30.7	36.5	81.0	92.5	.8756756756756757	124	
11	2	43	162.7	51.4	19.417263004560795	19.5	38.4	75.0	91.5	.8196721311475410	120	
12	2	47	162.7	63.0	23.793690522282690	31.3	39.7	87.0	99.0	.8787878787878788	120	
13	2	46	152.7	55.5	23.802079915804970	30.1	35.6	83.5	95.6	.8734309623430963	109	
14	1	42	174.1	77.0	25.403478165050690	20.5	56.8	88.5	99.0	.8939393939393939	122	
15	2	45	161.7	66.5	25.203762283009570	.3	41.4	86.0	96.5	.8911917098445595	102	
16	2	47	153.6	65.6	27.804904513888886	34.6	39.2	86.5	101.0	.8564356435643564	118	
17	2	46	156.8	51.6	20.987349021241148	25.9	32.4	68.5	86.0	.7965116279069767	110	
18	2	45	159.9	53.8	21.041919179474660	26.2	36.6	81.0	94.0	.8617021276595744	112	
19	2	49	154.4	62.2	26.091304464549380	31.0	39.4	82.5	94.0	.8776595744680851	125	
20	2	42	165.9	67.0	24.343444582875076	29.0	43.8	83.5	103.5	.8067632850241546	111	
21	2	38	161.4	50.4	19.347438537333645	23.0	35.9	76.0	89.0	.8539325842696629	118	
22	2	51	165.9	65.8	23.907442590345970	29.3	42.8	87.0	97.0	.8969072164948454	125	
23	2	56	147.3	51.6	23.781771824960625	32.2	32.6	77.0	92.0	.8369565217391305	125	
24	1	50	168.8	64.7	22.706980975270092	21.5	47.1	84.0	94.5	.8888888888888888	110	
25	2	37	154.6	51.3	21.463934086520760	26.3	34.8	78.0	90.5	.8618784530386740	120	
26	2	39	163.7	61.0	22.763156078005235	26.2	41.5	83.5	93.5	.8930481283422460	122	
27	2	47	159.7	51.6	20.232040556661270	23.1	36.7	76.0	92.0	.8260869565217391	90	
28	2	60	158.7	55.9	22.195143353229654	26.3	38.0	83.0	90.5	.9171270716232044	130	
29	2	33	155.6	49.7	20.527554007705472	24.3	34.8	73.0	91.5	.7978142076502732	110	
30	2	50	161.0	57.2	22.067049882334786	28.8	37.4	81.5	95.0	.8578947368421053	125	
31	2	49	156.6	62.2	25.363364862197827	33.1	38.1	88.5	93.0	.9516129032258065	114	
32	1	31	179.7	81.5	25.238378810414567	19.0	61.2	87.0	101.5	.8571428571428571	120	
33	1	41	176.8	79.9	25.561260006961366	22.9	56.8	89.0	105.0	.8476190476190476	115	
34	1	36	176.4	85.1	27.348429923745762	19.3	63.8	91.5	105.0	.8714285714285714	126	
36	2	32	160.4	54.2	21.066411278536822	25.6	37.2	74.5	95.0	.7842105263157895	118	

(3) 흔글 데이터 불러오기

흔글 데이터는 SPSS로 바로 불러오지 못한다. 따라서 텍스트 파일로 변환한 후 SPSS로 불러온다. 흔글 데이터를 텍스트 파일로 변환하기 전에 흔글 데이터가 어떤 형태로 입력되어 있는지 먼저 확인해야 한다. 불러올 흔글 파일(데이터 핸들링.hwp)을 열어서 아래의 사항을 꼭 확인한다.

• 데이터의 구분이 무엇으로 되어 있는가? 여기서는 탭으로 구분되어 있는 것을 확인하였다.

■ 흔글 데이터 '다른 이름으로 저장하기' 선택

① 메뉴에서 [파일]→[다른 이름으로 저장하기]를 선택한다.

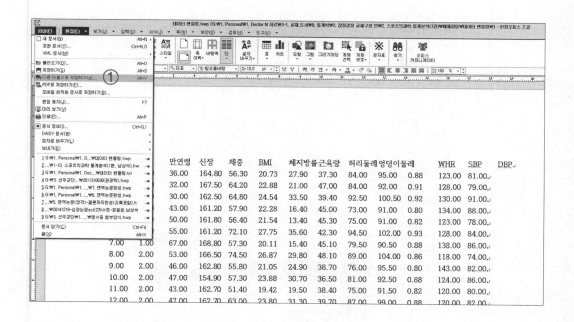

■ 저장 위치, 파일이름 및 형식 지정하기

① '다른 이름으로 저장하기' 대화상자가 열리면 텍스트 파일로 저장할 폴더의 위치를 지정
한다.

② '파일 이름'은 '데이터 핸들링'으로 입력한다.

③ '파일 형식'에서 '텍스트 문서 (*.txt)'를 선택한다.

④ '저장' 단추를 누른다.

■ 텍스트 문서 종류 지정하기

① '텍스트 문서 종류' 대화상자가 열리면 '문자 코드 선택'에서 '시스템 기본값'을 선택한다.

② '저장' 단추를 누른다.

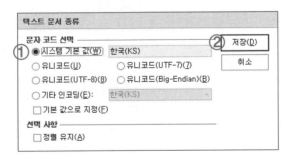

■ 텍스트 파일로 변환된 데이터 확인하기

지정된 폴더에 '데이터 핸들링.txt' 파일이 저장되었는지 확인한다. 저장된 텍스트 파일을 열어서 구분자가 탭으로 잘 지정되었는지 확인한다.

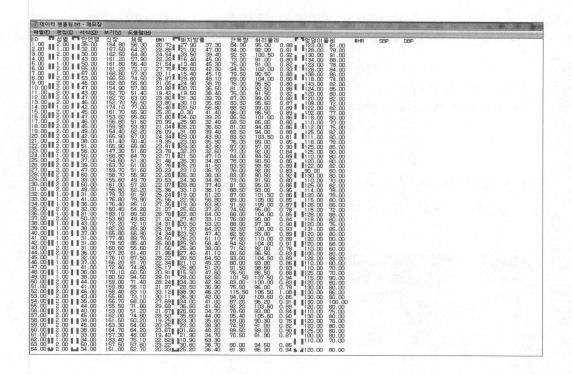

저장된 텍스트 파일을 SPSS로 옮기는 과정은 앞서 설명한 것과 동일하므로 생략한다.

4-4 케이스 선택

데이터 분석 시 원하는 조건에 맞는 케이스들만 분석하고자 할 경우 사용하는 기능이다.

- 단일 조건의 케이스만 분석: 예) 성별 중 남성의 케이스만 분석하는 경우
- 복수 조건의 케이스만 분석: 예) 신장이 175 cm 이상이면서 동시에 체중이 70 kg 이상인 케이스만 분석하는 경우

원하는 조건의 케이스들이 선택되면 조건을 해제하기 전까지는 모든 통계분석에서 이 선택된 케이스들만 분석된다.

1) 단일 조건을 만족하는 케이스 선택

> • 남성인 케이스만 선택하라.
> • 실습은 '데이터 핸들링.sav' 파일을 이용한다.

■ 단일 조건 케이스 선택 순서

① 메뉴에서 [데이터] → [케이스 선택]을 선택한다.

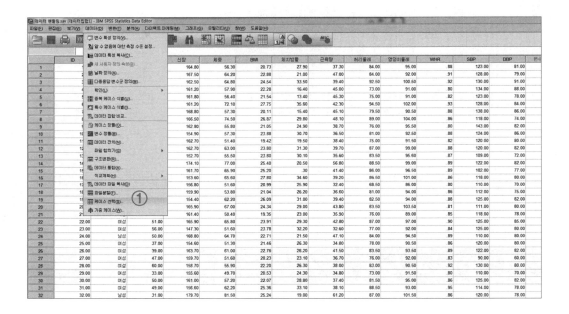

■ 조건 입력 준비

① '케이스 선택' 대화상자가 열리면 '선택' 항목에서 '조건을 만족하는 케이스'를 선택한다.

② '조건' 단추를 누른다.

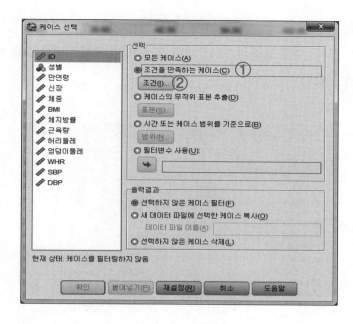

■ 조건 입력

① '케이스 선택: 조건' 대화상자가 열리면 오른쪽 수식 칸에 '성별=1'을 입력한다(남성은 1, 여성은 2로 입력되어 있으므로).

② '계속' 단추를 누른다.

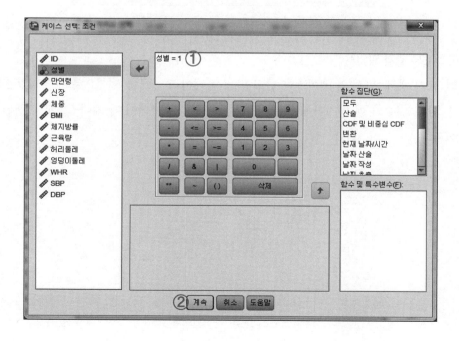

■ 조건 입력 확인

① '케이스 선택' 대화상자로 돌아와 '조건' 단추 옆에 '성별=1'이 입력된 것을 확인한다.

② '확인' 단추를 누른다.

■ 케이스 선택 결과 확인

'데이터 보기'에서 '남성'의 케이스만 남고 나머지 케이스 번호는 사선으로 제외되었음을 확
인할 수 있다. 변수의 맨 마지막에 'filter_$'라는 변수가 추가되어 각 케이스별로 선택된 상황
을 보여준다.

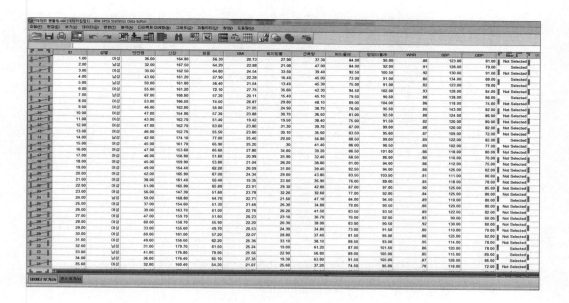

위의 케이스 선택이 해제되기 전까지는 모든 통계분석에서 '남성'의 케이스만 분석에 이용된다.

※ 케이스 선택 해제방법

케이스 선택기능을 해제하는 방법은 두 가지가 있다.
• 최초 '케이스 선택' 대화상자의 '선택' 항목에서 '모든 케이스'를 선택한다.
• 맨 마지막에 생성된 'filter_$' 변수를 제거한다.

---

2) 복수조건을 만족하는 케이스 선택

• 신장이 175 cm 이상이고 동시에 체중이 70 kg 이상인 케이스들만 선택하라.
• 실습은 '데이터 핸들링.sav' 파일을 이용한다.

■ 케이스 선택 순서

① 메뉴에서 [데이터]→[케이스 선택]을 선택한다.

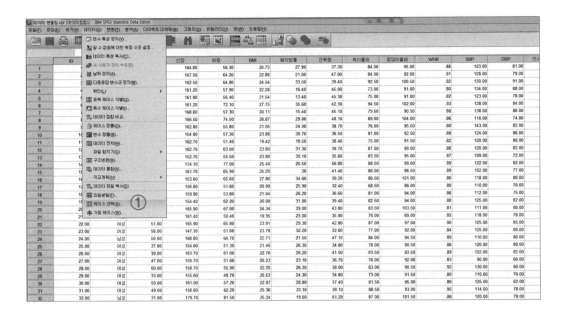

■ 조건 입력 준비

① '케이스 선택' 대화상자가 열리면 '선택' 항목에서 '조건을 만족하는 케이스'를 선택한다.

② '조건' 단추를 선택한다.

■ 조건 입력

① '케이스 선택: 조건' 대화상자가 열리면 오른쪽 수식 칸에 '(신장>=175)&(체중>=70)'을 입력한다. '신장 175 cm 이상'과 '체중 70 kg 이상'의 조건을 구분하기 위해 각 조건을 괄호 ( )로 묶었다. 두 조건을 '동시에' 만족하는 케이스이므로 두 조건을 'and(&)'로 연결했다.

② '계속' 단추를 누른다.

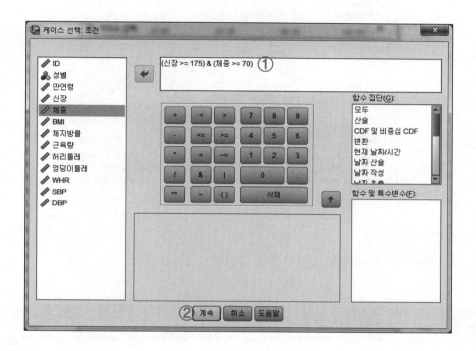

■ 조건 입력 확인

① '케이스 선택' 대화상자로 돌아와 '조건' 옆에 '(신장>=175)&(체중>=70)'이 입력된 것을 확인한다.

② '확인' 단추를 누른다.

■ 케이스 선택 결과 확인

• 조건을 만족하는 케이스들만 선택된 것을 확인할 수 있다.

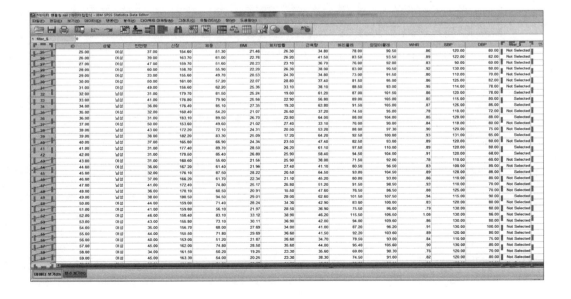

변수 계산 기능을 이용하면 입력된 데이터를 가지고 기존의 변수를 대체하거나 또는 새로운 변수를 추가할 수 있다.

1) 새로운 변수로 만드는 방법

지정한 변수 간의 계산된 결과가 새로운 변수명으로 맨 뒤에 만들어지는 방법이다.

- '허리둘레 ÷ 엉덩이둘레'의 수식을 이용하여 'WHR' 변수를 만들어라.
- 실습은 '데이터 핸들링.sav' 파일을 이용한다.

■ 변수 계산 순서

① 메뉴에서 [변환]→[변수 계산]을 선택한다.

■ 변수 계산 수식 및 변수명 입력

① '변수 계산' 대화상자가 열리면 '대상변수'에 'WHR'을 입력한다.

② '숫자표현식' 칸에 '허리둘레/엉덩이둘레'를 입력한다(왼쪽 변수들 중에서 허리둘레, 엉덩이둘
레를 선택하여 옮긴 후 중간에 '/'를 입력해도 된다). 숫자표현식에 입력하는 변수명이 정확하지
않으면 계산이 진행되지 않는다.

③ '확인' 단추를 누른다.

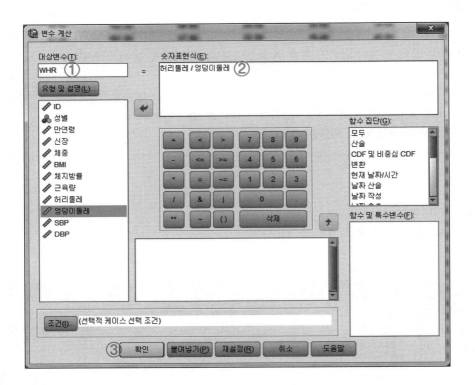

※ '조건…' 단추의 기능

'변수 계산' 대화상자 하단에 '조건…' 단추가 있다. 이것은 변수 간 계산 시 조건에 맞는 케이스들만 계산
하도록 지정하는 기능이다. '조건…' 단추를 눌러 '케이스 선택'에서와 같은 방법으로 조건을 지정해주면
조건에 맞는 케이스들만 계산된다.

■ 생성된 변수 확인

• '데이터 보기'의 맨 마지막 변수로 'WHR'이 생성된 것을 확인할 수 있다.

2) 기존의 변수를 대체하는 방법

변수 간 계산에 의해 만들어진 변수로 기존의 변수를 대체하고자 할 때 사용한다.

■ 변수 계산 순서

① 메뉴에서 [변환]→[변수 계산]을 선택한다.

■ 대체변수 선택

'변수 계산' 대화상자가 열리면 '대상변수'에 대체하고자 하는 기존 변수명을 입력한다. 나머지 과정은 새로운 변수로 만드는 방법과 동일하므로 생략한다.

4-6 코딩 변경

이미 입력된 데이터를 다른 형태의 데이터로 코딩 변경을 하고자 할 때 '코딩 변경'을 이용한다. 예를 들어 이미 입력된 체지방률(%) 값을 가지고 비만구분(정상, 비만, 고도비만)으로 코딩 변경하는 경우이다. 코딩 변경에는 다음 두 가지 방법이 있다.

• 같은 변수로 코딩 변경: 기존 변수의 데이터를 대체하는 방법
• 다른 변수로 코딩 변경: 새로운 변수로 추가 생성하는 방법(권장)

> 이미 입력된 '체지방률' 변수를 아래의 기준으로 코딩 변경하라.
> • 체지방률 30% 미만은 '정상=1'로 변환한다.
> • 체지방률 30% 이상은 '비만=2'로 변환한다.
> • 체지방률 35% 이상은 '고도비만=3'으로 변환한다.
> • 실습은 '데이터 핸들링-변수변환.sav' 파일을 이용한다.

1) 같은 변수로 코딩 변경

■ 같은 변수로 코딩 변경 순서

① 메뉴에서 [변환]→[같은 변수로 코딩 변경]을 선택한다.

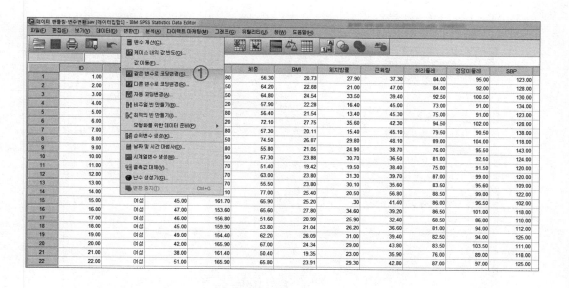

■ 코딩 변경 대상변수 지정

① '같은 변수로 코딩 변경' 대화상자가 열리면 '체지방률'을 '숫자변수(변수)' 칸으로 옮긴다.
② '기존값 및 새로운 값' 단추를 누른다.

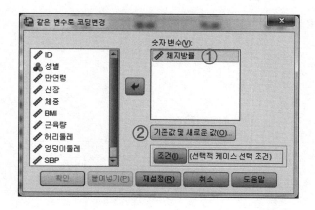

■ 코딩 변경 기준입력

① '같은 변수로 코딩 변경: 기존값 및 새로운 값' 대화상자가 열린다.

② '기존값' 항목에서 '최저값에서 다음 값까지 범위'를 선택한 후 '30'을 입력한다.

③ '새로운 값' 항목의 '기준값'에 '1'을 입력한다.

④ '추가' 단추를 누른다.

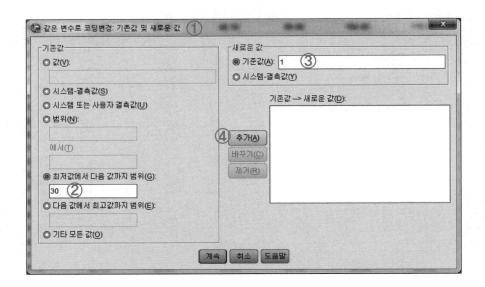

■ 코딩 변경 기준 추가입력

① '기존값' 항목에서 '범위'를 선택한 후 '30'에서 '35'를 입력한다.

② '새로운 값' 항목의 '기준값'에 '2'를 입력한다.

③ '추가' 단추를 누른다.

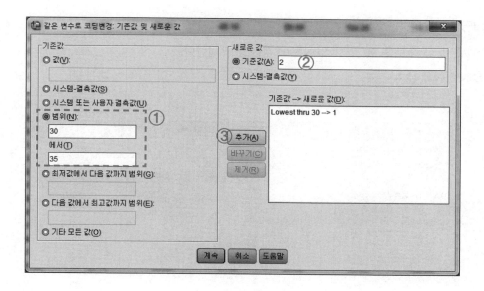

■ 코딩 변경 기준 추가입력 계속

① 다음은 '기존값' 항목에서 '다음 값에서 최고값까지 범위'를 선택한다.

② 빈 칸에 '35'를 입력한다.

③ '새로운 값' 항목의 '기준값'에 '3'을 입력한다.

④ '추가' 단추를 누른다.

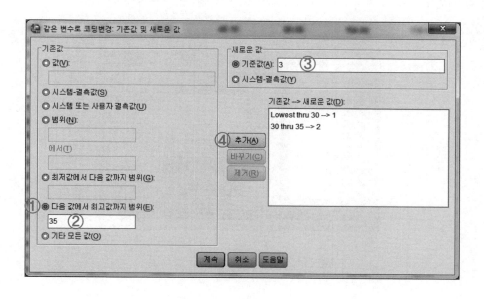

- 코딩 변경 기준 입력확인

① '기존값 → 새로운 값' 칸에 입력된 조건들을 확인한다.

② '계속' 단추를 누른다.

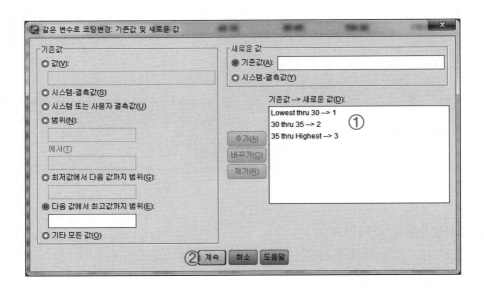

- 코딩 변경 실행

① '같은 변수로 코딩 변경' 대화상자로 돌아오면 '확인' 단추를 누른다.

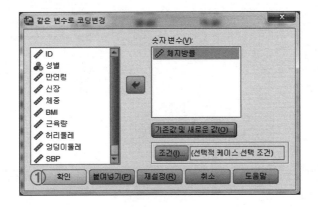

■ 코딩 변경 결과 확인

기존 '체지방률' 데이터가 '1, 2, 3'으로 코딩 변경된 것을 확인할 수 있다.

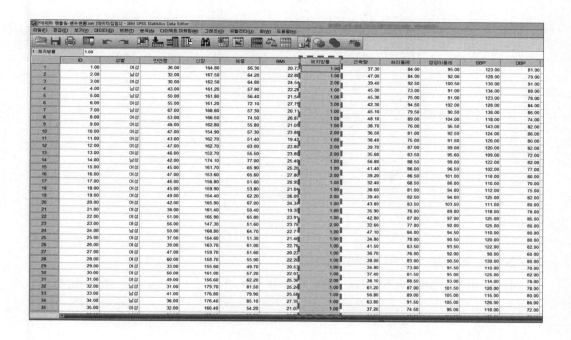

2) 다른 변수로 코딩 변경

■ 다른 변수로 코딩 변경 순서

① 메뉴에서 [변환]→[다른 변수로 코딩 변경]을 선택한다.

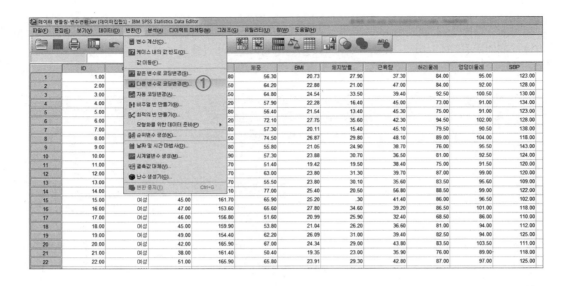

■ 코딩 변경 대상변수 지정 및 새 변수 이름 입력

① '새로운 변수로 코딩 변경' 대화상자가 열리면 '체지방률'을 '숫자변수 → 출력변수' 칸으로 옮긴다.

② '출력변수' 항목의 '이름' 칸에 '비만 정도'를 입력한다.

③ '바꾸기(변경)' 단추를 누른다.

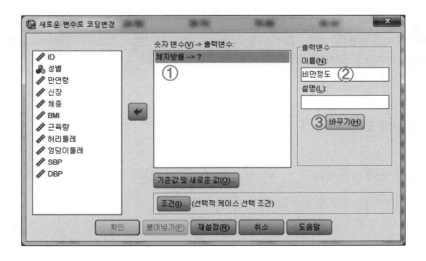

■ 새 변수 입력확인

① '숫자변수 → 출력변수' 칸에 '체지방률 → 비만 정도'가 반영된 것을 확인한다.

② '기존값 및 새로운 값' 단추를 누른다.

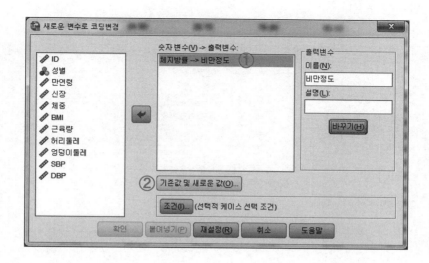

■ 코딩 변경 기준입력

① '새로운 변수로 코딩 변경: 기존값 및 새로운 값' 대화상자가 열린다.

② '기존값' 항목에서 '최저값에서 다음 값까지 범위'를 선택한 후 '30'을 입력한다.

③ '새로운 값' 항목에서 '기준값'에 '1'을 입력한다.

④ '추가' 단추를 누른다.

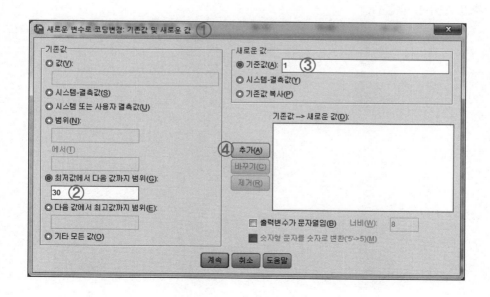

■ 코딩 변경 기준 추가입력

① 다음은 '기존값' 항목에서 '범위'를 선택한 후 '30'에서 '35'를 입력한다.

② '새로운 값' 항목의 '기준값'에 '2'를 입력한다.

③ '추가' 단추를 누른다.

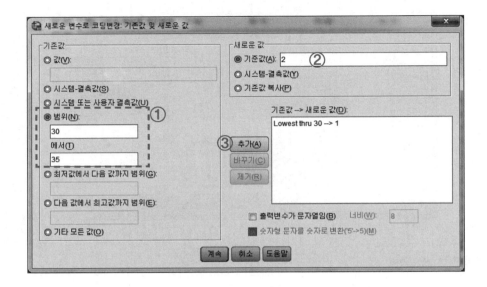

■ 코딩 변경 기준 추가입력 계속

① 다음은 '기존값' 항목에서 '다음 값에서 최고값까지 범위'를 선택한 후 '35'를 입력한다.

② '새로운 값' 항목의 '기준값'에 '3'을 입력한다.

③ '추가' 단추를 누른다.

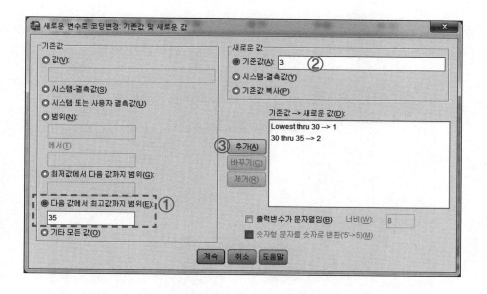

■ 코딩 변경 기준 입력확인

① '기존값 → 새로운 값' 칸에 입력된 조건들을 확인한다.

② '계속' 단추를 누른다.

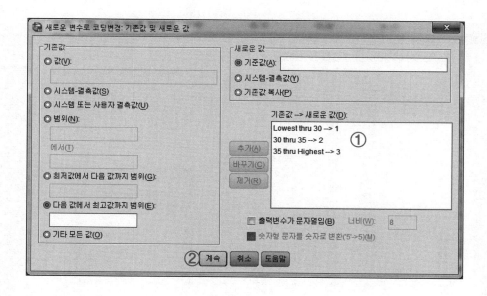

■ 코딩 변경 실행

① '새로운 변수로 코딩 변경' 대화상자로 돌아오면 '확인' 단추를 누른다.

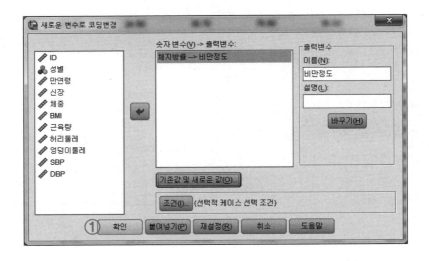

■ 코딩 변경 결과 확인

기존 '체지방률' 변수와 데이터는 그대로 있고 맨 뒤에 '비만정도' 변수가 새롭게 생성된 것을
볼 수 있다.

※ '다른 변수로 코딩 변경' 시 변경할 데이터(출력변수)가 문자열인 경우

앞에서는 변경할 데이터(출력변수)가 '1, 2, 3' 등의 숫자였지만 문자열(가, 나, 다 등)로 변경해야 할 경우
도 있다. 이 경우에는 아래의 지시를 따른다.

• [변환]→[다른 변수로 코딩 변경] 선택
• ...
• '새로운 변수로 코딩 변경' 대화상자에서 '기존값 및 새로운 값' 단추를 누른다.
• '새로운 변수로 코딩 변경: 기존값 및 새로운 값' 대화상자가 열리면 '출력변수가 문자열임'을 선택한다.
• '새로운 값' 항목의 '기준값'에 '가, 나, 다, A, B, C 등'의 문자열 입력이 가능해진다.
• 나머지 절차는 '다른 변수로 코딩 변경' 절차와 동일하다.

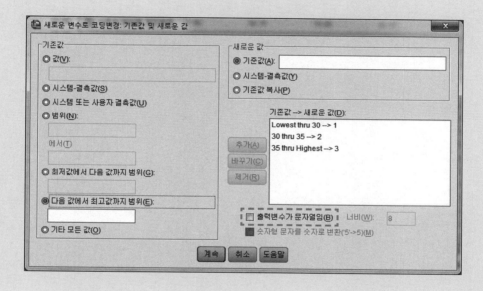

5장

표본 추출하기

1) 표본추출 오차

표본추출 오차는 표본으로 모집단을 추정할 때 발생하는 오차다. 즉, 모집단과의 차이를 의미한다.

- 표본추출 오차 = 모집단의 평균 − 표본집단의 평균

표본추출 오차는 표본의 크기에 영향을 받는다.

- 표본의 크기가 커지면 모집단과의 유사성이 높아져 표본추출 오차는 작아진다.
- 표본의 크기가 작아지면 모집단과의 유사성이 낮아져 표본추출 오차는 커진다.

> ※ 비표본추출 오차란?
>
> 비표본추출 오차는 표본추출과 관계없이 연구의 설계, 절차, 진행, 분석 등에서 발생하는 오차를 말한다. 예를 들어 측정오차, 분석오류, 학습효과 등에 의한 오차가 비표본추출 오차에 해당된다.
> - 전수조사(모집단 전체를 대상으로 한 조사): 표본추출 오차 없음, 비표본추출 오차 있음.
> - 표본조사(표본을 대상으로 한 조사): 표본추출 오차 있음, 비표본추출 오차 있음.

2) 표준오차

큰 모집단에서 일정 규모의 표본을 추출하는 가짓수는 여러 개다. 예를 들어 큰 모집단에서 50명의 표본을 추출할 때 50명씩 여러 개의 표본을 만들 수 있다. 따라서 각각의 표본추출 과정에서 발생하는 표본추출 오차도 표본집단의 개수만큼 발생한다. 이러한 표본추출 오차들의 대푯값이 표준오차다.

- 표준오차는 표본추출 오차들의 표준편차다.
- 표준오차는 개별 표본집단의 분포를 설명하는 값이 아니다.
- 표준오차는 표본이 모집단에서 얼마나 잘 추출되었는가를 가늠하는 지표이다.

표준편차는 해당 분포의 퍼짐 정도를 설명하는 지표이며, 표준오차는 표본집단이 모집단에서 잘 추출되었는가를 살피는 지표이다. 즉 두 지표의 성격이 다르므로 목적에 맞게 사용하는 것이 바람직하다.
• 표준편차는 특정 집단 분포의 퍼짐 정도를 설명할 때 사용한다.
• 표준편차는 특정 집단 분포의 기술통계량으로 활용한다.
• 표준오차는 표본집단이 모집단에서 잘 추출되었는가를 가늠하는 지표로 사용한다.
• 표준오차는 표본집단을 이용한 모집단의 예측(추리통계)에서 오차 산정에 활용한다.

 일반적으로 표준오차는 표준편차보다 작은 값을 가진다. 간혹 특정 집단의 기술통계량을 제시하는 데 표준편차가 아닌 표준오차를 제시하는 경우가 있다. 하지만 결과 기술의 목적이 표본집단의 설명에 있다면 표준편차를 이용하는 것이 바람직하다.

3) 표본추출 절차

(1) 모집단 정의하기

모집단(population)은 연구의 관심이 되는 전체 집단을 의미한다. 따라서 표본을 추출할 때에는 모집단을 명확히 정의한 후 추출해야 표본이 모집단을 대표할 수 있다. 예를 들어 우리나라 대학 태권도 선수들의 하지 근지구력 수준을 평가하고자 할 경우에 모집단은 '대한태권도협회에 등록되어 있는 국내 모든 대학의 태권도 선수들'이 될 것이다. 하지만 모집단의 시점, 장소, 속성에 따라서 모집단의 정의가 달라질 수 있으므로 모집단을 정의할 때에는 신중해야 한다.

• 모집단의 시점: 현재 등록된 선수로 정의할 것인가, 과거 어느 기간 동안 등록된 선수로 정의할 것인가.
• 모집단의 장소: 서울·경기 지역만 포함할 것인가, 다른 지역을 포함할 것인가.
• 모집단의 속성: 입상경험이 있는 선수로 정의할 것인가, 모든 선수로 정의할 것인가.

(2) 표본추출 단위 정의하기

표본추출 단위(sample unit)는 표본추출의 기본단위를 의미하며, 연구목적에 따라 개인, 집단, 단체, 도시, 국가, 특정한 사례 등이 될 수 있다. 예를 들어 국내 태권도 선수들의 하지 근지구력에 대해 평가한다고 가정하자. 이때 평가 대상을 개별 선수별로 평가한다면 표본추출 단위는 개별 선수가 된다. 하지만 평가 대상을 대학 팀별로 평가한다면 표본추출 단위는 개별 대학 팀이 된다.

(3) 표본틀 정의하기

모집단과 표본추출 단위가 정의되면 실제 표본을 추출할 수 있도록 표본추출 단위가 나열되어 있는 목록이 필요한데 이 목록이 표본틀(sample frame)이다. 표본틀이 완성되면 표본틀 목록 내에서 표본을 추출한다. 예를 들어 국내 대학 태권도 선수들의 하지 근지구력에 대한 평가를 대학 팀 단위로 하고자 할 때, 표본틀은 대한태권도협회에 등록되어 있는 대학 팀 목록이 될 수 있다.

한편 모집단과 표본추출 단위가 잘 정의되어도 표본틀 설정이 잘못되면 연구결과가 달리 나올 수 있다.

(4) 표본추출방법 결정하기

표본추출방법은 확률적 방법과 비확률적 방법이 있다. 확률적 방법은 표본추출 과정에 확률을 사용하고, 비확률적 방법은 표본추출 과정에 확률을 사용하지 않는다.

모집단의 각 구성요소가 표본으로 추출될 확률을 알 수 있다면 모수를 추정하는 데 오차를 계산할 수 있다. 따라서 연구의 목적이 모집단의 추정에 있다면 확률적 방법을 사용하는 것이 권장된다.

4) 확률적 표본추출방법

(1) 단순무작위 추출법

단순무작위 추출법(simple random sampling)은 모집단의 모든 구성요소가 표본으로 추출될 확률이 똑같은 표본추출방법으로서 모집단을 가장 잘 대표하는 표본추출방법이다. 따라서 다른 확률적 방법들도 최종 단계에서는 단순무작위 추출법을 주로 사용한다.

단순무작위 추출을 위해 가장 많이 사용하는 방법이 난수표를 이용하는 방법이다. 난수표를 이용하는 방법의 절차는 다음과 같다.

① 표본틀의 모든 구성요소에 중복되지 않도록 번호를 부여한다.

② 추출하고자 하는 표본의 크기를 결정한다.

③ 난수표를 이용하여 표본의 크기만큼의 난수를 구한다(실제로는 난수의 중복을 고려해서 표본 크기보다 더 많이 구한다).

④ 구한 난수와 같은 번호를 표본틀에서 추출하여 표본을 구성한다.

※ 실험연구에서 단순무작위 추출법의 적용

단순무작위 추출법은 원칙적으로 모집단의 목록이 확보된 상태에서 적용할 수 있는 방법이다. 하지만 실험연구는 피험자의 모집을 지원자에 의존하는 경향이 많고, 표본의 크기가 작은 경우가 많아서 모집단 목록을 확보하기가 어렵다.

따라서 실험연구에서 단순무작위 추출은 모집단에서 표본을 추출한 것을 의미하는 것이 아니라 지원자 목록에서 단순무작위 추출을 적용한 것으로 이해하는 것이 좋다. 그렇기 때문에 가능한 한 지원자 목록이나 표본의 크기를 크게 하는 것이 바람직하다.

---

(2) Excel 프로그램을 이용하여 난수를 생성하는 방법

Excel 프로그램을 이용하여 난수를 생성할 수 있으며, 그 절차는 다음과 같다.

[1단계] Excel 프로그램을 실행한 후 임의의 셀 선택

[2단계] 난수 생성 함수 입력

- 난수를 생성할 상·하한 범위를 결정한다. 여기서는 1~50으로 설정한다(모집단의 크기로 설정하거나 표본틀의 크기로 설정).

- 생성할 난수의 개수를 결정한다. 여기서는 10개로 결정한다.

- 임의로 선택한 셀에 '=RANDBETWEEN(1,50)'을 입력하고 엔터키를 누른다. 1과 50은 난수 생성 상·하한 범위의 값이다.

[3단계] 난수 생성 및 함수 복사 준비

- 1~50 범위의 정수 중 하나의 숫자가 random하게 생성된 것을 확인한다(random하게 생성되므로 결과값은 화면과 다를 수 있다).

- 채우기 핸들에 커서를 옮긴 후 마우스 왼쪽 단추를 누른 상태로 유지한다.

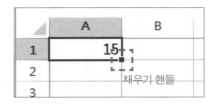

[4단계] 난수 추가 생성

- 채우기 핸들에서 마우스 왼쪽 단추를 누른 상태에서 아래로 20칸 정도 드래그한 후 마우

스 왼쪽 단추를 놓는다.

- 생성할 난수의 개수가 10개이고 생성된 난수 중 중복난수가 있을 것을 고려해서 목표의 두 배인 20칸으로 드래그해서 난수 20개를 생성한다.

[5단계] 난수 생성 결과 확인

- 난수 20개가 생성된 것을 확인한다(random하게 생성되므로 결과값은 화면과 다를 수 있다).

[6단계] 생성된 난수의 적용

- 생성된 난수에서 중복난수를 빼고 순서대로 10개의 난수를 기록한다(나중에 표본추출이 random하게 이루어졌음을 설명하는 자료로 활용).
- 모집단 또는 표본틀에서 10개의 난수와 같은 번호의 표본을 추출한다.

(3) 층화 추출법

단순무작위 추출법은 모집단의 모든 구성요소를 동일한 확률 조건에서 추출하는 방법이다. 이로 인해 모집단 내 존재하는 구성요소의 독특한 특성을 반영하지 못하는 단점이 있다. 만약 연구목적에 따라 위와 같은 독특한 특성을 구분해야 한다면 그 특성을 갖고 있는 동질적 요소들을 층화시킨 후, 각 층에서 단순무작위 추출법 또는 체계적 추출법을 적용하는데, 이 방법이 층화 추출법(stratified sampling)이다.

- 층화된 소집단 내부 구성요소들은 동질적이다.
- 층화된 소집단 간에는 서로 독립적(이질적)이다.

예를 들어 특정 스포츠종목의 선호도에 대한 조사에서 연령·지역·학교·성별 등이 선호도에 영향을 줄 것으로 예상된다면 이러한 특성을 반영하기 위해 각 계층에서 골고루 표본이 추출되도록 층화 추출법을 사용한다. 이때 층화 추출법을 사용하기 위해서는 모집단의 구성 정보에 대해 미리 알고 있어야 한다.

(4) 군집 추출법

군집 추출법(cluster sampling)은 표본추출의 단위가 개인이 아닌 집단·기관·국가 등의 군집인 경우를 의미한다. 예를 들어 특정 고등학교 3학년 학생 200명 중 일부를 뽑아 신장과 체중을 측정하려는 경우 개인별로 뽑지 않고 반을 뽑는 경우가 해당된다. 측정할 반을 뽑을 때에는 단순무작위 추출법을 사용한다.

(5) 체계적 추출법

체계적 추출법(systematic sampling)은 단순무작위 추출법을 간편화한 것이다. 모집단 목록을 일정한 간격(표집구간)으로 구분한 후 처음 표집구간에서만 단순무작위 추출법으로 표본을 추출한 후 일정한 간격(표집구간)마다 표본을 추출하는 방법이다.

예를 들어 대학생 50명에게 1~50번의 번호를 부여한 후 5명을 뽑아서 악력검사를 한다고 가정하자.

- 전체를 10번 단위로 구분(1~10, 11~20, …)한다(표집구간).
- 처음 10명 중 단순무작위 추출로 1명을 선발한다.
- 선발된 학생이 '2번'일 경우 모든 구분에서 '2번'에 해당하는 학생(2번, 12번, 22번, 32번, 42번)을 추출한다.

최초 표집구간에서는 단순무작위 추출법이 적용되지만 그 다음 표집구간부터는 단순무작위 추출로 보기 어렵다.

5) 비확률적 표본추출방법

(1) 판단 추출법

판단 추출법(judgement sampling)은 연구목적과 관련해서 모집단의 특성을 갖고 있다고 생각되는 대상을 전문 연구자가 주관적으로 판단하여 표본으로 추출하는 방법이다. 따라서 의도적 추출법, 목적 추출법(purposive sampling)이라고도 부른다.

- 무작위 추출방법을 사용하지 않는다.
- 연구목적에 맞는 표본을 신속하게 추출할 수 있다.
- 연구자의 전문성에 의존하므로 표본의 크기가 작을 때 모집단의 대표성이 높아질 수 있다 (유용하다).
- 모집단에 대한 광범위한 정보가 있어야 표본대상이 모집단을 대표할 수 있다고 판단할 수 있다.
- 표본의 선정 과정에서 지나치게 연구자에게 의존한다.

예를 들어 다음과 같은 경우들이 판단 추출법에 해당된다.
- 운동과 심혈관계질환 발병률의 관계를 연구하고자 할 때 비만인 사람들이 심혈관계질환에 잘 걸리는 것을 판단하여 비만인 사람들을 표본으로 추출하는 경우이다.
- 특정지역에서 아동들의 스포츠 참여와 발육상태에 대해 연구하려 할 때 연구자가 그 지역 아동스포츠 시설의 대표라고 판단되는 태권도장을 표본으로 선정하는 경우이다.

- 운동선수의 영양섭취 습관에 대해 연구하고자 할 때 연구자가 대표적인 운동선수라고 판단할 수 있는 국가대표 선수들을 표본으로 선정하는 경우이다.
- 등산습관과 체력수준에 대해 연구하고자 할 때 등산객을 대표할 것으로 판단되는 북한산 등산객들을 표본으로 선정하는 경우이다.

(2) 할당 추출법

할당 추출법(quota sampling)은 모집단 구성요소의 비율을 고려해서 표본을 추출하는 방법이다. 사회과학 연구에 주로 사용되는 추출법이다.
- 모집단의 특성에 따라 소집단을 구분한다(성별, 연령대, 지역 등).
- 모집단에서 소집단의 구성비율을 확인한다.
- 소집단의 구성비율에 따라 표본을 추출한다.

확률적 추출법인 층화 추출법과 유사하게 소집단을 구분하지만 층화 추출법과는 엄밀히 구분된다.
- 층화 추출법은 소집단 내에서 표본 추출 시 무작위 추출법 또는 체계적 추출법 등의 확률적 추출방법을 적용한다.
- 할당 추출법은 소집단 내에서 표본 추출 시 판단 추출법 같은 비확률적 추출법을 적용한다.

(3) 편의 추출법

편의 추출법(convenience sampling)은 표본추출을 연구자의 편의에 따라 진행하는 방법이다. 즉, 연구자가 표본의 대상을 편의에 따라 마음대로 선정하는 방법이다.
- 표본의 대표성이 가장 약한 표본 추출법이다.
- 편의에 따르므로 가장 광범위하게 사용되는 표본 추출법이다.

예를 들어 다음의 경우가 편의 추출법에 해당된다.
- 규칙적인 운동습관을 갖고 있는가를 조사하기 위해 연구자가 생활하는 지역에서 지나가는 사람들을 대상으로 설문조사를 하는 경우이다.
- 중년 비만여성을 대상으로 유산소성 운동 프로그램을 통한 비만개선 효과에 대해 연구하

고자 할 때 연구자가 활동하는 지역의 비만여성 중 지원자를 모집하여 연구를 진행하는 경우이다.

- 엘리트 운동선수들에게 특정한 체력 트레이닝을 적용했을 때의 효과를 검토하고자 할 때 연구자가 소속되어 있는 대학의 운동선수 중 지원자를 표본으로 선정하여 연구를 진행하는 경우이다.

편의 추출법은 표본의 선정을 연구자의 편의에 따라 진행하므로 시간이 절약되고 경제적이라는 이점이 있다. 하지만 모집단에 대한 대표성을 가진다는 증거가 없으므로 일반화 가능성이 제한된다는 단점이 있다.

※ 실험연구의 대상 선정이 무작위 추출법인가?

많은 실험연구들에서 표본 선정 시 무작위 추출법을 사용하였다고 명시하지만 실제로는 편의 추출법을 적용한 경우로 볼 수 있다. 편의 추출법은 시간적·경제적 제한상황에서 유용하게 사용할 수 있는 방법이므로 실험연구의 여건이 제한적인 경우 유용하게 적용할 수 있다. 하지만 표본추출방법의 기술에 있어서는 편의 추출법을 사용하였음을 명확히 하는 것이 바람직할 것이다.

편의 추출법은 모집단에 대한 대표성이 제한된다는 단점이 있으므로 다음과 같이 그 제한점을 보완하도록 노력하는 것이 바람직하다.
- 모집단의 성격에 맞는 지원자를 계획한다.
- 지원자를 받을 때 가능한 많은 지원자를 받는다.
- 많은 지원자 중에서 계획된 표본의 크기만큼 확률적 표본추출방법을 적용한다.
- 표본의 크기를 충분히 크게 한다.

(4) 스노우볼 추출법

스노우볼 추출법(snowball sampling)은 눈덩이를 굴리면 점점 더 커져 가는 현상에서 빗댄 표현으로, 공개하기 싫어하는(또는 기피되는) 특성을 연구하는 경우에 많은 수의 표본추출이 어려워서 사용되는 방법이다.

- 최초 단계에서 특정 현상을 가진 소수의 대상자를 연구한다.
- 다음 단계에서 기존 연구 대상자에게 다음 대상을 소개 받아 점증적으로 연구 대상자를 늘려 가는 방법이다.

예를 들어 스포츠도박을 즐기는 사람들에 대해서 연구하고자 할 때 스노우볼 추출법을 적용할 수 있다.

5-2 표본 크기의 결정

표본의 크기를 결정하는 방법은 크게 두 가지 유형이 있다.
- 최대허용오차를 이용하는 방법
- 검정력(power)을 이용하는 방법

1) 최대허용오차를 이용하는 방법

표본을 이용한 모집단의 추정과정에서 발생하는 대표적인 오차는 '표준오차$\left(\dfrac{s}{\sqrt{n}} \right)$'이다. 그리고 추정과정에서 발생하는 오차는 신뢰수준과 표준오차에 따라 범위가 달라지는데 이러한 오차의 최대값을 '최대허용오차'라고 한다.

'최대허용오차'는 표본오차(sampling error)라고도 하며, 연구의 주요 변수에 대해서 임상적 경험 또는 선행연구 등에서 나타나고 있는 오차수준으로 대신할 수도 있다.

'최대허용오차'를 이용하여 표본의 크기를 산출하는 공식은 다음과 같다.

구분	모평균 검정	모비율 검정
단일집단	$n \geq \left(\dfrac{Z_{\alpha/2} S}{e} \right)^2$	$n \geq \left(\dfrac{Z_{\alpha/2} \sqrt{p(1-p)}}{e} \right)^2$
두 집단	$n \geq \left(Z_{\alpha/2} S \dfrac{\sqrt{2}}{e} \right)^2$	$n \geq \left(\dfrac{Z_{\alpha/2} \sqrt{2p(1-p)}}{e} \right)^2$

- 정규분포, 신뢰수준 90%, 양측검정일 때의 $Z_{\alpha/2} = 1.65$
- 정규분포, 신뢰수준 95%, 양측검정일 때의 $Z_{\alpha/2} = 1.96$
- 정규분포, 신뢰수준 99%, 양측검정일 때의 $Z_{\alpha/2} = 2.58$
- 정규분포, 신뢰수준 90%, 단측검정일 때의 $Z_{\alpha/2} = 1.28$
- 정규분포, 신뢰수준 95%, 단측검정일 때의 $Z_{\alpha/2} = 1.65$
- 정규분포, 신뢰수준 99%, 단측검정일 때의 $Z_{\alpha/2} = 2.33$

- 최대허용오차(e): 주요 변수에 대해 임상적 경험치 또는 선행연구 등에서 나타나는 오차수준을 대입한다.
- 표준편차(S): 모집단의 표준편차지만 예비검사 또는 선행연구 등에서 제시되는 표준편차를 사용할 수 있다.
- 비율(p): 모집단의 비율이지만 예비검사 또는 선행연구 등에서 제시되는 비율을 사용할 수 있다. 참고할 만한 비율이 없다면 0.5를 대입한다.

> 40대 남성의 최대심박수 수준을 측정하고자 한다. 10명을 대상으로 한 예비조사 결과 최대심박수의 표준편차는 약 17 bpm이었다. 허용오차는 ±5 bpm 수준으로 설정하고, 신뢰수준 95% 이상으로 표본의 크기를 산출하라.

- $n \geq \left(\dfrac{Z_{\alpha/2}S}{e} \right)^2$

- $n \geq \left(\dfrac{1.96 \times 17}{5} \right)^2$

- $n \geq 44.4$

따라서 총 표본의 크기는 45명 이상으로 설정한다.

2) 검정력을 이용하는 방법

검정력(power)은 연구가설(H_1)이 사실일 때 연구가설을 채택할 확률을 의미한다. 검정력을 이용하여 표본의 크기를 결정하는 방법은 여러 가지가 있다. 이에 대한 자세한 내용은《스포츠 의·과학 연구를 위한 G*Power와 Sample Size(한나래출판사, 남상석, 2015)》를 참조하기 바라며, 여기에서는 쉽게 사용할 수 있는 Altman 계산도표를 소개한다.

※ 검정력(power, $1-\beta$)이란?

대부분의 연구자가 많은 시간과 노력을 들이며 연구에서 밝히고 싶어 하는 것은 기존의 영가설(H_0, 의미 없음)이 아니라 새롭게 시도된 연구가설(H_1, 의미 있음)일 것이다. 그렇기 때문에 연구자는 영가설(H_0, 의미 없음)을 선택하기보다는 연구가설(H_1, 의미 있음)을 선택하려고 노력한다. 하지만 연구가설(H_1, 의미 있음)을 안심하고 선택하기 위해서는 다음의 경우를 꼭 생각해보아야 한다.

- 1종 오류(α-오류): 실제로는 의미가 없는데(영가설이 맞는데) 의미가 있다고(연구가설이 맞는다고) 판단해서 발생하는 오류
- 2종 오류(β-오류): 실제로는 의미가 있는데(연구가설이 맞는데) 의미가 없다고(영가설이 맞는다고) 판단해서 발생하는 오류
- 검정력($1-\beta$): 실제로는 의미가 있는데(연구가설이 맞는데) 마침 의미가 있다고(연구가설이 맞는다고) 판단하는 확률로, 정말로 의미가 있을 확률이다.

따라서 연구자가 연구가설(H_1)을 선택하려면 α-오류는 낮아야 하고 검정력은 높아야 이상적이다. 대부분의 연구에서 α-오류가 어떠하다는 것은 제시되는데 검정력이 어떠하다는 것은 누락된 경우가 많다. 이해를 돕기 위해 다음의 경우를 생각해보자.

- α-오류는 .03인데 검정력은 .4인 경우
- α-오류는 .03인데 검정력은 .8인 경우

위의 내용을 쉽게 표현하면 다음과 같다.

- 의미가 있다고(연구가설) 선택했을 때 틀릴 확률(α-오류)은 3%이고 정말로 의미가 있을 확률(검정력, $1-\beta$)은 40%이다.
- 의미가 있다고(연구가설) 선택했을 때 틀릴 확률(α-오류)은 3%이고 정말로 의미가 있을 확률(검정력, $1-\beta$)은 80%이다.

따라서 연구의 결과를 설명할 때 전자보다 후자의 경우가 훨씬 합리적이고 유리하다. 이러한 검정력은 표본의 크기와 밀접한 관계를 갖고 있어서 검정력을 이용하여 표본의 크기를 산출하는 방법이 많이 사용된다.

---

(1) Altman의 계산도표를 이용하는 방법

Altman의 계산도표(Altman, 1982)는 독립 t-검정, 종속 t-검정, 두 집단 비율(카이제곱) 검정에 사용할 수 있으며 미리 작성된 계산도표(nomogram)를 이용하여 간편하게 표본의 크기를 산출하는 방법이다.

- 동일 크기의 집단 간 평균 및 비율의 검정에 사용한다.
- 유의수준 .05와 .01 조건에 적용할 수 있다.
- 양측검정에 적용할 수 있다.
- 다양한 검정력 조건에 적용할 수 있다.
- 연구진행 사후에 검정력을 확인하는 방법으로도 사용이 가능하다.

Altman의 계산도표를 이용하기 위해서는 다음의 세 가지 정보가 사전에 준비되어야 한다.

- '표준화 차이(standardized difference)'에 대한 정보: 임상적 경험, 선행연구, 예비조사 등에서 얻는다.
- 검정력을 얼마로 할 것인가에 대한 결정(통상 80% 이상으로 설정하며, 90% 이상으로 설정하기도 한다).
- 유의수준의 결정(.05 또는 .01)

독립 t-검정, 종속 t-검정, 두 집단 비율(카이제곱) 검정에서의 표준화 차이 계산방법은 [표 5-1]과 같다.

[표 5-1] 표준화 차이 계산방법

가설검정	표준화 차이	표본 크기(N)	변수	변수 결정방법
독립 t-검정	$\dfrac{\delta}{\sigma}$	각 집단별로 $N/2$ 개체	δ(델타): 평균 차의 최소값 σ(시그마): 두 집단의 표준편차 (동일하다고 가정).	• 임상적 경험 • 선행연구 • 예비조사
종속 t-검정	$\dfrac{2\delta}{\sigma_d}$	N쌍의 개체	δ: 전후 평균 차의 최소값 σ_d: 전후 차의 표준편차	
두 집단 비율 (카이제곱) 검정	$\dfrac{p_1 - p_2}{\sqrt{\overline{p}(1-\overline{p})}}$	각 집단별로 $N/2$ 개체	p_1-p_2: 두 집단 간 '성공' 비율 차의 최소값 $\overline{p} = \dfrac{p_1 + p_2}{2}$	

Altman의 계산도표를 이용하는 방법과 절차는 다음과 같다.

- 가설검정방법(독립 *t*-검정, 종속 *t*-검정, 두 집단 비율검정)에 맞는 표준화 차이를 계산한다.
- 유의수준을 결정한다(.05 또는 .01).
- 검정력을 결정한다(80% 또는 90%).
- Altman 계산도표의 좌측에서 '표준화 차이'를 찾아 표시한다.
- Altman 계산도표의 우측에서 '검정력'을 찾아 표시한다.
- Altman 계산도표에서 표시된 '표준화 차이'와 '검정력'을 직선으로 연결한다.
- 연결선과 중앙에서 만나는 부분의 표본 크기를 읽는다(위쪽 선은 유의수준 .05일 때의 표본 크기, 아래쪽 선은 유의수준 .01일 때의 표본 크기).

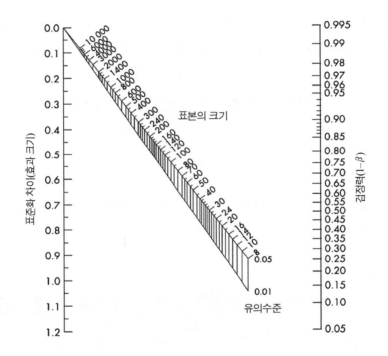

- 독립 *t*-검정과 두 집단 비율(카이제곱) 검정의 경우 산출된 결과(*N*)는 두 집단의 합산 표본의 크기이므로 각 집단별 표본의 크기는 산출결과의 절반(*N*/2)이다.
- 종속 *t*-검정의 경우 산출된 결과(*N*)는 '쌍을 이룬 수'의 의미이므로 표본의 크기는 그대로 산출된 결과(*N*)이다.

(2) Lehr의 공식을 이용한 방법

Lehr의 공식(Lehr, 1992)은 독립 t-검정이나 두 집단 비율(카이제곱) 검정에 적용할 수 있다.

- 유의수준 .05 조건에 적용할 수 있다.
- 양측검정에 적용할 수 있다.
- 검정력 80%, 90% 조건에 적용할 수 있다.
- 계산된 결과는 각 집단별 표본의 크기다.

Lehr의 공식을 이용하기 위해서는 세 가지 정보가 사전에 준비되어야 한다.

- '표준화 차이'에 대한 정보: 임상적 경험, 선행연구, 예비조사 등에서 얻는다.
- 검정력을 얼마로 할 것인가에 대한 결정(통상 80% 이상으로 설정하며, 90% 이상으로 설정하기도 한다).
- 유의수준의 결정(.05 또는 .01)

$$검정력 80\%일\ 때\ Lehr의\ 공식:\ n \geq \frac{16}{(표준화\ 차이)^2}$$

$$검정력 90\%일\ 때\ Lehr의\ 공식:\ n \geq \frac{21}{(표준화\ 차이)^2}$$

표준화 차이의 계산은 Altman의 계산도표에서 제시한 [표 5-1]과 같다.

6장

자료의 경향 파악

1) 빈도분석 및 오류 데이터 탐색

(1) 개요 및 적용목적

빈도분석(frequency analysis)은 각 변수마다 개별 데이터가 얼마나 자주 관찰되는가를 분석하는 방법으로, 다음과 같은 목적으로 사용할 수 있다.

- 빈도분석 고유의 목적인 개별 데이터가 얼마나 자주 나타나는가를 확인
- 오류 데이터가 있는가를 확인

(2) 분석순서 및 결과해석

'자료의 경향파악-빈도분석.sav' 파일을 이용하여 '성별'과 '연령대'에 대해 빈도분석을 실시하라.

■ 빈도분석 순서

① 메뉴에서 [분석]→[기술통계량]→[빈도분석]을 선택한다.

■ 빈도분석 대상변수 지정

① '빈도분석' 대화상자가 나타나면 '성별'과 '연령대'를 차례로 '변수' 칸으로 옮긴다.

② '통계량' 단추를 누른다.

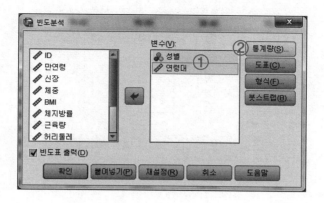

■ 빈도분석 통계량 옵션 지정

① '빈도분석: 통계량' 대화상자가 열리면 중심경향 영역에서 필요한 항목을 선택한다.

② 산포도 영역에서 필요한 항목을 선택한다.

③ 분포영역에서 필요한 항목을 선택한다.

④ '계속' 단추를 누른다.

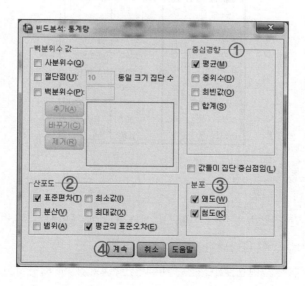

■ 빈도분석 실행

① '빈도분석' 대화상자로 돌아오면 '확인' 단추를 눌러 빈도분석을 실행한다.

■ 빈도분석 결과 확인: 통계량

빈도분석 결과 중 '통계량' 부분이다. 분석에 포함된 각 변수들의 케이스 수와 결측값의 수가 제시된다(실선 박스). 분석과정 중 '통계량' 옵션에서 지정한 항목들도 분석결과에 포함된다(점 선 박스).

통계량

		성별	연령대
N	유효	64	64
	결측	0	0
평균		1.6875	37.8125
평균의 표준오차		.06250	1.00763
표준편차		.50000	8.06103
왜도		-.430	.799
왜도의 표준오차		.299	.299
첨도		-.897	.095
첨도의 표준오차		.590	.590

■ 빈도분석 결과 확인: 빈도표

빈도분석 결과 중 '빈도표' 부분이다. '빈도표'에는 분석에 포함시킨 각 변수마다 개별적으로 빈도와 백분율(퍼센트) 등이 나타난다.

　'연령대'에서 30대는 27명으로 전체 인원(64명) 중 42.2%에 해당하고, 40대는 26명으로 40.6%, 50대는 9명으로 14.1%, 60대는 2명으로 3.1%에 해당함을 보여주고 있다.

연령대

		빈도	퍼센트	유효 퍼센트	누적퍼센트
유효	30.00	27	42.2	42.2	42.2
	40.00	26	40.6	40.6	82.8
	50.00	9	14.1	14.1	96.9
	60.00	2	3.1	3.1	100.0
	합계	64	100.0	100.0	

(3) 오류 데이터 탐색

데이터를 잘 수집하고 분석을 잘 한다고 해도 잘못 입력된 데이터가 있으면 분석결과는 믿을 수가 없다. 따라서 데이터 분석 전에 오류 데이터가 있는가를 반드시 확인해야 한다. 방대한 데이터에서 오류 데이터를 일일이 찾기는 쉽지 않다. 하지만 빈도분석을 이용하면 이를 쉽게 찾을 수 있다.

아래에서 성별의 빈도분석 결과를 보면 '남성'과 '여성' 외에 '3'의 범주가 존재하는 것을 확인할 수 있다. '3'은 성별에 포함되는 범주가 아니므로 오류 데이터일 가능성이 높다.

성별

		빈도	퍼센트	유효 퍼센트	누적퍼센트
유효	남성	21	32.8	32.8	32.8
	여성	42	65.6	65.6	98.4
	3.00	1	1.6	1.6	100.0
	합계	64	100.0	100.0	

오류 데이터가 발견되면 다음의 절차에 따라 확인 및 수정 또는 제거를 한다.

■ 오류 데이터 탐색순서

① 오류 데이터가 있는 변수명을 전체 선택한다(반드시 변수명).

② 도구모음 중에서 '찾기( )' 아이콘을 누른다.

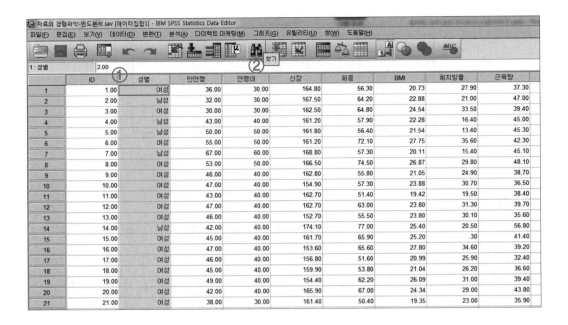

■ 오류 데이터 찾기

① '찾기 및 바꾸기' 대화상자가 열리면 '찾기' 칸에 '3'을 입력한다.

② '다음 찾기' 단추를 누른다.

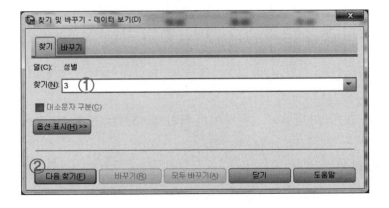

■ 오류 데이터 탐색결과

① '성별' 변수에서 '3'이 입력되어 있는 케이스가 선택된 것을 확인한다.

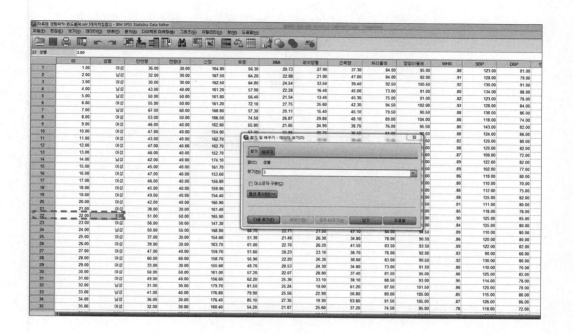

　　오류 데이터를 찾으면 해당 케이스의 **ID**를 참고하여 같은 **ID**의 측정기록표를 보고 오류 여부를 확인한다. 오류가 확실하면 측정기록표의 기록대로 수정한다. 만약 **ID**와 측정기록표를 보지 않고 임의로 데이터를 바꾸는 것은 '조작'에 해당하므로 지양한다. 같은 방법으로 입력된 모든 변수에 대해 오류 데이터를 탐색한다.

2) 교차분석

(1) 개요 및 적용목적

빈도분석은 '성별'과 같이 하나의 변수가 가지고 있는 범주(남·녀)로 구분하여 빈도를 분석하는 것이고, 교차분석(cross tabulation analysis)은 '성별×연령대'와 같이 두 개의 변수가 가지고 있는 범주(남·여×30대·40대·50대·60대)로 구분하여 빈도를 분석하는 것이다.

빈도분석

성별	빈도
남성	21
여성	43

빈도분석

연령대	빈도
30대	27
40대	26
50대	9
60대	2

교차분석

구분	남성	여성
30대	13	14
40대	5	21
50대	2	7
60대	1	1

[그림 6-1] 교차분석의 모식도

(2) 분석순서 및 결과해석

'자료의 경향파악-교차분석.sav' 파일을 이용하여 '성별×연령대'의 교차분석을 실시하라.

■ 교차분석 순서

① 메뉴에서 [분석]→[기술통계량]→[교차분석]을 선택한다.

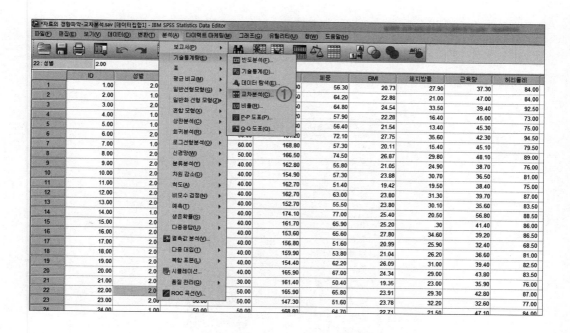

■ 교차분석 대상변수 지정

① '교차분석' 대화상자가 열리면 '행' 칸에 '연령대'를 넣는다.

② '열' 칸에 '성별'을 넣는다(행과 열을 바꾸어 넣어도 결과는 동일하다).

③ '셀' 단추를 누른다.

■ 교차분석 셀 옵션 지정

① '교차분석: 셀 출력' 대화상자가 열리면 '퍼센트' 항목의 '행', '열', '전체'를 선택한다.

② '계속' 단추를 누른다.

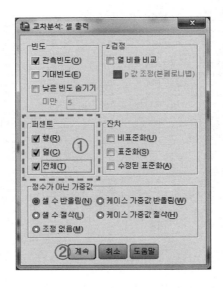

■ 교차분석 실행

① '교차분석' 대화상자로 돌아오면 '확인' 단추를 눌러 교차분석을 실행한다.

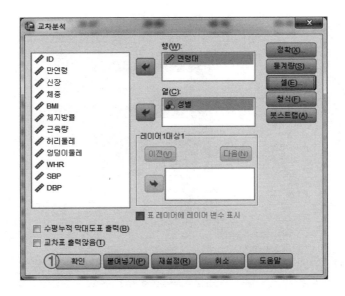

■ 교차분석 결과 확인

교차분석 결과 중 '교차표' 부분이다. 행(가로줄)에는 연령대 범주가 나열되어 있고, 열(세로줄)에는 성별 범주가 나열되어 있다. 연령대와 성별의 범주가 만나는 각 셀(cell)마다 해당되는 빈도수가 표시되어 있다. 각 셀의 빈도 아래에는 성별 또는 연령대의 전체 중 비율이 백분율로 표시되어 있다.

연령대 * 성별 교차표

			성별		전체
			남성	여성	
연령대	30.00	빈도	13	14	27
		연령대 중 %	48.1%	51.9%	100.0%
		성별 중 %	61.9%	32.6%	42.2%
		전체 %	20.3%	21.9%	42.2%
	40.00	빈도	5	21	26
		연령대 중 %	19.2%	80.8%	100.0%
		성별 중 %	23.8%	48.8%	40.6%
		전체 %	7.8%	32.8%	40.6%
	50.00	빈도	2	7	9
		연령대 중 %	22.2%	77.8%	100.0%
		성별 중 %	9.5%	16.3%	14.1%
		전체 %	3.1%	10.9%	14.1%
	60.00	빈도	1	1	2
		연령대 중 %	50.0%	50.0%	100.0%
		성별 중 %	4.8%	2.3%	3.1%
		전체 %	1.6%	1.6%	3.1%
전체		빈도	21	43	64
		연령대 중 %	32.8%	67.2%	100.0%
		성별 중 %	100.0%	100.0%	100.0%
		전체 %	32.8%	67.2%	100.0%

6-2 기술통계량 파악

기술통계량은 특정 분포에 대해 중심의 위치와 퍼짐 정도를 설명하는 수치들을 의미한다.

• 분포의 중심 위치를 설명하는 기술통계량에는 평균, 중앙값, 최빈값 등이 있다.

• 분포의 퍼짐 정도를 설명하는 기술통계량에는 편차, 평균편차, 분산, 표준편차, 범위, 사분위수 등이 있다.

일반적인 기술통계량의 분석은 아래의 방법을 따르며, 빈도분석이나 다른 통계분석방법에서도 옵션으로 선택하여 분석이 가능하다.

‘자료의 경향파악-기술통계량.sav’ 파일을 이용하여 ‘신장’과 ‘체중’에 대해 기술통계량을 파악하라.

■ 기술통계량 순서

① 메뉴에서 [분석]→[기술통계량]→[기술통계]를 선택한다.

■ 기술통계량 대상변수 지정

① ‘기술통계’ 대화상자가 열리면 ‘신장’과 ‘체중’을 ‘변수’ 칸으로 옮긴다.

② ‘옵션’ 단추를 누른다.

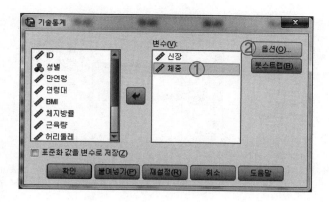

■ 기술통계량 옵션 지정

① '기술통계: 옵션' 대화상자가 열리면 원하는 항목을 선택한 후 '계속' 단추를 누른다.

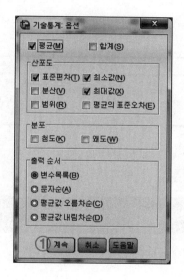

■ 기술통계량 분석 실행

① '기술통계' 대화상자로 돌아오면 '확인' 단추를 눌러 분석을 실행한다.

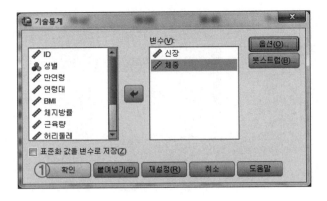

■ 기술통계량 분석 결과 확인

'신장'과 '체중'에 대한 기술통계량이 분석되었다. '신장'의 표본 수는 64명이며, 평균은 164 cm, 표준편차는 8.5 cm로 나타났다. 나머지 변수에 대한 해석도 위와 동일하다.

기술통계량

	N	최소값	최대값	평균	표준편차
신장	64	147.30	183.40	164.0297	8.45893
체중	64	48.00	94.50	64.6328	12.03568
유효수 (목록별)	64				

6-3   극단값과 이상값의 탐색

1) 극단값과 이상값의 정의

극단값(outlier)은 특정 관찰값이 분포의 양이나 음의 방향으로 아주 많이 벗어나 분포를 현저히 왜곡시키는 경우를 의미하며, 이상값은 특정 관찰값이 분포의 양이나 음의 방향으로 많이 벗어나 분포를 왜곡시킬 가능성이 있는 경우를 의미한다.

예를 들어 어느 체육대학의 학생 10명을 대상으로 한 달에 소비하는 용돈의 규모를 조사하였더니 20, 30, 25, 30, 20, 30, 35, 25, 30, 1,000(단위: 만 원)의 결과를 얻었다. 즉, 학생 10명의

한 달 평균 용돈은 124만 5천 원으로 나타났다. 이 결과를 보면 평균이 10명의 용돈 분포를 제대로 설명하지 못하고 있다. 이것은 1,000만 원이라는 지나치게 치우친 값이 분포에 포함되었기 때문이다.

이번에는 1,000만 원을 쓰는 학생을 제외하고 다시 계산하니 9명의 한 달 평균 용돈은 27만 2천 원으로 계산되었다. 이 결과를 보면 평균이 9명의 분포를 제대로 설명하고 있다.

따라서 이상값과 극단값처럼 분포에 영향을 주어 왜곡시키는 값들은 데이터 분석 전에 제거하거나 대체하는 것이 좋다.

2) 극단값과 이상값의 탐색방법

극단값과 이상값을 정의하는 방법은 몇 가지가 있다. 여기서는 아래의 두 경우로 나누어 극단값과 이상값을 탐색하는 방법을 설명한다.

(1) 대상변수가 정규분포를 이루는 경우
- 표준화 점수의 절댓값이 3(평균을 기준으로 표준편차의 ±3배 범위) 이상이면 극단값으로 판단한다.
- 표준화 점수의 절댓값이 2(평균을 기준으로 표준편차의 ±2배 범위) 이상이면 이상값으로 판단한다.

즉, 분포에서 각 관찰값의 표준화 점수(Z)를 구하면 극단값이나 이상값을 쉽게 찾을 수 있다.

'자료의 경향파악-극단값.sav' 파일을 이용하여 '체지방률'에 대해 극단값을 탐색하라. 단, '체지방률'은 정규분포로 가정한다.

■ 표준화 점수 계산 순서

① 메뉴에서 [분석]→[기술통계량]→[기술통계]를 선택한다.

	ID	성별			체중	BMI	체지방률	근육량	허리둘레
1	1.00	2.0			56.30	20.73	27.90	37.30	84.00
2	2.00	1.0			64.20	22.88	21.00	47.00	84.00
3	3.00	2.0			64.80	24.54	33.50	39.40	92.50
4	4.00	1.0			57.90	22.28	16.40	45.00	73.00
5	5.00	1.0			56.40	21.54	13.40	45.30	75.00
6	6.00	2.0			72.10	27.75	35.60	42.30	94.50
7	7.00	1.0	60.00	168.80	57.30	20.11	15.40	45.10	79.50
8	8.00	2.0	50.00	166.50	74.50	26.87	29.80	48.10	89.00
9	9.00	2.0	40.00	162.80	55.80	21.05	24.90	38.70	76.00
10	10.00	2.0	40.00	154.90	57.30	23.88	30.70	36.50	81.00
11	11.00	2.0	40.00	162.70	51.40	19.42	19.50	38.40	75.00
12	12.00	2.0	40.00	162.70	63.00	23.80	31.30	39.70	87.00
13	13.00	2.0	40.00	152.70	55.50	23.80	30.10	35.60	83.50
14	14.00	1.0	40.00	174.10	77.00	25.40	20.50	56.80	88.50
15	15.00	2.0	40.00	161.70	65.90	25.20	.30	41.40	86.00
16	16.00	2.0	40.00	153.60	65.60	27.80	34.60	39.20	86.50
17	17.00	2.0	40.00	156.80	51.60	20.99	25.90	32.40	68.50
18	18.00	2.0	40.00	159.90	53.80	21.04	26.20	36.60	81.00
19	19.00	2.0	40.00	154.40	62.20	26.09	31.00	39.40	82.50
20	20.00	2.0	40.00	165.90	67.00	24.34	29.00	43.80	83.50
21	21.00	2.0	30.00	161.40	50.40	19.35	23.00	35.90	76.00
22	22.00	2.0	50.00	165.90	65.80	23.91	29.30	42.80	87.00
23	23.00	2.00		147.30	51.60	23.78	32.20	32.60	77.00

■ 표준화 점수 저장 선택

① '기술통계' 대화상자가 열리면 '체지방률'을 '변수' 칸으로 옮긴다.

② '표준화 값을 변수로 저장' 항목을 선택한다.

③ '확인' 단추를 누른다.

■ 표준화 점수 결과 확인

결과분석창이 열리지만 결과분석창에서는 이상값이나 극단값을 확인할 수 없다. '데이터 보기' 화면에서 맨 마지막 변수(오른쪽 끝)를 보면 'Z체지방률'이라는 변수가 생성된 것을 확인할 수 있다.

	만연형	면령대	신장	체중	BMI	체지방률	근육량	허리둘레	엉덩이둘레	WHR	SBP	DBP	Z체지방률
1	2.00	36.00	30.00	164.80	56.30	20.73	27.90	37.30	84.00	95.00	.88	123.00	81.00	.32389
2	1.00	32.00	30.00	167.50	64.20	22.88	21.00	47.00	84.00	92.00	.91	128.00	79.00	-.68478
3	2.00	30.00	30.00	162.50	64.80	24.54	33.50	39.40	92.50	100.50	.92	130.00	91.00	1.14252
4	1.00	43.00	40.00	161.20	57.90	22.28	16.40	45.00	73.00	91.00	.80	134.00	88.00	-1.35722
5	1.00	50.00	50.00	161.80	56.40	21.54	13.40	45.30	75.00	91.00	.82	123.00	78.00	-1.79578
6	2.00	55.00	50.00	161.20	72.10	27.75	35.60	42.30	94.50	102.00	.93	128.00	84.00	1.44951
7	1.00	67.00	60.00	168.80	57.30	20.11	15.40	45.10	79.50	90.50	.88	138.00	86.00	-1.50341
8	2.00	53.00	50.00	166.50	74.50	26.87	29.80	48.10	89.00	104.00	.86	118.00	74.00	.60164
9	2.00	46.00	40.00	162.80	55.80	21.05	24.90	38.70	76.00	95.50	.80	143.00	82.00	-.11466
10	2.00	47.00	40.00	154.90	57.30	23.88	36.70	36.50	81.00	92.50	.88	124.00	86.00	.73320
11	2.00	43.00	40.00	162.70	51.40	19.42	19.50	38.40	75.00	91.50	.82	120.00	80.00	-.90406
12	2.00	47.00	40.00	162.70	63.00	23.80	31.30	39.70	87.00	99.00	.88	120.00	82.00	.82092
13	2.00	46.00	40.00	152.70	55.50	23.80	30.10	35.60	83.50	95.60	.87	109.00	72.00	.64549
14	1.00	42.00	40.00	174.10	77.00	25.40	20.50	56.80	88.50	99.00	.89	122.00	82.00	-.75787
15	2.00	45.00	40.00	161.70	65.90	25.20	.30	41.40	86.00	96.50	.89	102.00	77.00	-3.71079
16	2.00	47.00	40.00	153.60	65.60	27.80	34.60	39.20	86.50	101.00	.86	118.00	80.00	1.30332
17	2.00	46.00	40.00	156.80	51.60	20.99	25.90	32.40	68.50	86.00	.86	110.00	70.00	.03152
18	2.00	45.00	40.00	159.90	53.80	21.04	26.20	36.60	81.00	94.00	.86	112.00	75.00	.07538
19	2.00	49.00	40.00	154.40	62.20	26.09	31.00	39.40	82.50	94.00	.88	125.00	82.00	.77706
20	2.00	42.00	40.00	165.90	67.00	24.34	29.00	43.80	83.50	103.50	.81	111.00	80.00	.48469
21	2.00	38.00	30.00	161.40	50.40	19.35	23.00	35.90	76.00	89.00	.85	118.00	78.00	-.39241
22	2.00	51.00	50.00	165.90	65.80	23.91	29.30	42.80	87.00	97.00	.90	125.00	85.00	.52855
23	2.00	56.00	50.00	147.30	51.60	23.78	32.20	32.60	77.00	92.00	.84	125.00	80.00	.96248
24	1.00	50.00	50.00	168.80	64.70	22.71	21.50	47.10	84.00	94.50	.89	110.00	80.00	-.61169
25	2.00	37.00	30.00	168.60	51.30	21.46	26.30	34.60	74.00	90.50	.86	120.00	80.00	.08999
26	2.00	39.00	30.00	163.70	61.00	22.76	26.20	41.50	83.50	93.50	.89	122.00	80.00	.07538
27	2.00	47.00	40.00	159.70	51.60	20.23	23.10	36.70	76.00	92.00	.83	90.00	60.00	-.37779
28	2.00	60.00	60.00	158.70	55.90	22.20	26.30	38.00	83.00	90.50	.92	130.00	80.00	.08999
29	2.00	33.00	30.00	155.60	49.70	20.53	24.30	34.80	73.00	91.50	.80	110.00	70.00	-.20237
30	2.00	50.00	50.00	161.00	57.20	22.07	28.80	37.40	81.50	95.00	.86	125.00	82.00	.45546
31	2.00	49.00	40.00	156.60	62.20	25.36	33.10	38.10	88.50	93.00	.95	114.00	78.00	1.08405
32	1.00	31.00	30.00	179.70	81.50	25.24	19.00	61.20	87.00	101.50	.86	120.00	79.00	-.97715
33	1.00	41.00	40.00	176.80	79.90	25.56	22.90	56.80	89.00	105.00	.85	115.00	80.00	-.40703
34	1.00	36.00	30.00	176.40	85.10	27.35	19.30	63.80	91.50	105.00	.87	126.00	86.00	-.93329
35	2.00	32.00	30.00	160.40	54.20	21.07	25.60	37.20	74.50	95.00	.78	118.00	72.00	-.01233

'Z체지방률'은 각 관찰값들이 평균을 중심으로 표준편차의 몇 배 거리에 위치해 있는가를 아래의 공식에 따라 계산한 결과이다.

$$\text{표준화 점수}(Z) = \frac{\text{관찰값} - \text{평균}}{\text{표준편차}} = \text{표준편차에 대한 비율로 환산}$$

■ 극단값 확인

'데이터 보기' 화면에서 'Z체지방률'의 절댓값이 3보다 큰 케이스는 극단값이 분명하며, 2보다 큰 케이스는 이상값으로 판단한다. ID 15번의 케이스를 보면 'Z체지방률' 값이 –3.71로 극단값에 해당됨을 알 수 있다.

■ 이상값 확인

또한 ID 62번의 케이스를 보면 'Z체지방률' 값이 –2.16으로 이상값에 해당됨을 알 수 있다.

(2) 대상변수가 정규분포를 이루지 못하는 경우

- 3사분위수에서 사분위 범위의 3배 이상 큰 값은 극단값으로 판단한다.
- 3사분위수에서 사분위 범위의 1.5배 이상 큰 값은 이상값으로 판단한다.
- 1사분위수에서 사분위 범위의 3배 이상 작은 값은 극단값으로 판단한다.
- 1사분위수에서 사분위 범위의 1.5배 이상 작은 값은 이상값으로 판단한다.

즉, 분포의 사분위수와 사분위 범위를 이용하여 극단값과 이상값을 판단할 수 있다. SPSS 에서는 사분위수와 사분위 범위가 적용된 '상자도표(box plot)' 기능을 제공하므로 극단값과 이상값을 쉽게 확인할 수 있다.

> '자료의 경향파악-극단값(비정규).sav' 파일을 이용하여 '이완기혈압(DBP)'에 대해 극단값을 탐색하라.
> 단, '이완기혈압'은 정규분포가 아니라고 가정한다.

■ 상자도표 작성 순서

① 메뉴에서 [분석]→[기술통계량]→[데이터 탐색]을 선택한다.

■ 상자도표 대상변수 지정 및 분석실행

① '데이터 탐색' 대화상자가 열리면 'DBP'를 '종속변수' 칸으로 옮긴다.

② '확인' 단추를 누른다.

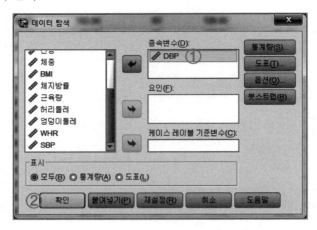

■ 상자도표 작성결과 확인

'*'표가 있는 것은 3사분위수에서 사분위 범위의 3배 이상 큰 값이거나, 1사분위수에서 사분위 범위의 3배 이상 작은 값으로 극단값이다. 'O'표가 있는 것은 3사분위수에서 사분위 범위의 1.5배 이상 큰 값이거나, 1사분위수에서 사분위 범위의 1.5배 이상 작은 값으로 이상값이다. 극단값과 이상값에 표시된 숫자는 각 케이스 번호를 의미한다.

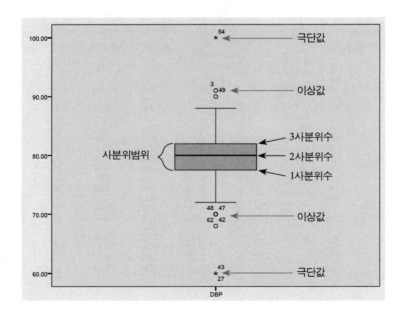

3) 극단값과 이상값의 처리

연구과정 또는 실험과정 중에 수집된 데이터는 하나하나가 어렵게 수집된 것이어서 그에 대한 연구자의 애착은 크다. 그렇다고 하여 분포를 왜곡시키는 데이터를 포함시켜서 분석할 수는 없다. 따라서 극단값이나 이상값으로 판단되는 데이터는 제거하거나 대체하는 것이 바람직하다. 극단값이나 이상값을 보인 데이터에 대해 원자료(raw data)를 확인하여 제대로 측정되거나 입력된 데이터인지 다시 한 번 확인한 후 극단값이나 이상값으로 판단되면 그 데이터를 제거하거나 대체한다.

6-4 결측값의 대체

수집한 데이터가 누락된 경우를 결측값이라고 하는데, 결측값은 특별한 지정이 없는 한 모든 통계분석에서 제외된다. 결측값은 분석에서 제외시키기보다는 다른 값으로 대체하여 분석에 사용하는 것이 바람직하다. 하지만 대체방법이 데이터를 왜곡시킬 수 있다는 단점이 있으므로 대체방법을 선택할 때에는 데이터 왜곡현상이 적은 방법을 선택하는 것이 바람직하다.

결측값을 다른 값으로 대체하는 방법은 다음과 같다.

• 평균대체(mean imputation): 결측값이 있는 변수의 평균값으로 결측값을 대체하는 방법이다. 이 경우 해당 변수에 범주가 존재한다면(예: 성별, 연령대 등) 각 범주별 평균을 적용할 수도 있다.

• 회귀대체(regression imputation): 결측값이 있는 변수를 종속변수로 두고 연관된 다른 변수들과의 회귀분석을 통해 예상되는 값으로 대체하는 방법이다. 연관된 변수와 적절한 회귀모형을 이루어야 적용효과가 높다.

• EM 대체(EM imputation): 특정 확률모델(다변량 정규분포)을 사용하는 EM(expectation maximization) 알고리즘을 이용하여 추정값으로 대체하는 방법이다.

대체방법들의 데이터 왜곡 정도를 비교하면 '데이터 제거 > 평균대체 > 회귀대체 > EM 대체'의 순으로 제시된다(Roth, 1994). 따라서 회귀대체와 EM 대체를 권장한다.

> '자료의 경향파악-결측대체.sav' 파일을 이용하여 '체지방률'에 대해 결측값을 대체하라.

1) 회귀대체방법

결측값 대체방법 중 회귀대체방법은 다음의 절차를 권장한다.

[1단계] 상관분석: 결측값이 있는 변수와 상관관계가 있는 변수를 탐색한다.

■ 상관분석 순서
① 메뉴에서 [분석]→[상관분석]→[이변량 상관계수(이변량 상관)]를 선택한다.

	ID	성별		신장	체중	BMI	체지방률	근육량	허리둘레	엉덩이둘레
1	1.00	2.0	30.00	164.80	56.30	20.73	27.90	37.30	84.00	95.00
2	2.00	1.0	30.00	167.50	64.20	22.88	21.00	47.00	84.00	92.00
3	3.00	2.0	30.00	162.50	64.80	24.54	33.50	39.40	92.50	100.50
4	4.00	1.0	40.00	161.20	57.90	22.28	16.40	45.00	73.00	91.00
5	5.00	1.0		56.40	21.54	13.40	45.30	75.00	91.00
6	6.00	2.0		72.10	27.75	35.60	42.30	94.50	102.00
7	7.00	1.0		57.30	20.11	15.40	45.10	79.50	90.50
8	8.00	2.0	50.00	166.50	74.50	26.87	29.80	48.10	89.00	104.00
9	9.00	2.0	40.00	162.80	55.80	21.05	24.90	38.70	76.00	95.50
10	10.00	2.0	40.00	154.90	57.30	23.88	30.70	36.50	81.00	92.50
11	11.00	2.0	40.00	162.70	51.40	19.42	19.50	38.40	75.00	91.50
12	12.00	2.0	40.00	162.50	63.00	23.80	31.30		87.00	99.00
13	13.00	2.0	40.00	152.70	55.50	23.80	30.10		83.50	95.60
14	14.00	1.0	40.00	174.10	77.00	25.40	20.50	56.80	88.50	99.00
15	15.00	2.0	40.00	161.70	65.90	25.20		41.40	86.00	96.50
16	16.00	2.0	40.00	153.60	65.60	27.80	34.60	39.20	86.50	101.00
17	17.00	2.0	40.00	156.80	51.60	20.99	25.90	32.40	68.50	86.00
18	18.00	2.0	40.00	159.90	53.80	21.04	26.20	36.60	81.00	94.00
19	19.00	2.0	40.00	154.40	62.20	26.09	31.00	39.40	82.50	94.00
20	20.00	2.0	40.00	165.90	67.00	24.34	29.00	43.80	83.50	103.50
21	21.00	2.0	30.00	161.40	50.40	19.35	23.00	35.90	76.00	89.00
22	22.00	2.0	50.00	165.90	65.80	23.91	29.30	42.80	87.00	97.00
23	23.00	2.0	50.00	147.30	51.60	23.78	32.20	32.60	77.00	92.00
24	24.00	1.00	50.00	168.80	64.70	22.71	21.50	47.10	84.00	94.50
25	25.00	2.00	37.00	30.00	154.60	51.30	21.46	26.30	34.80	78.00	90.50

결측값

▪ 상관분석 대상변수 지정 및 분석 실행

① '이변량 상관계수' 대화상자가 열리면 결측값이 있는 변수인 '체지방률'을 맨 먼저 '변수' 칸으로 옮긴다.

② 이어서 연관성 확인을 고려하는 나머지 변수들을 '변수' 칸으로 옮긴다.

③ '확인' 단추를 눌러 상관분석을 실행한다.

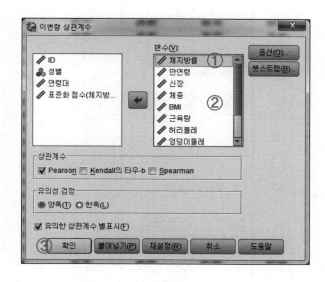

▪ 상관분석 결과 확인

상관분석 결과를 보면 '신장', 'BMI', '근육량', '허리둘레', '엉덩이둘레', 'WHR'이 '체지방률'과 연관성이 있는 것으로 판단할 수 있다.

		체지방률
체지방률	Pearson 상관계수	1
	유의확률 (양쪽)	
	N	63
만연령	Pearson 상관계수	.216
	유의확률 (양쪽)	.090
	N	63
신장	Pearson 상관계수	-.546**
	유의확률 (양쪽)	.000
	N	63
체중	Pearson 상관계수	.033
	유의확률 (양쪽)	.799
	N	63
BMI	Pearson 상관계수	.518**
	유의확률 (양쪽)	.000
	N	63
근육량	Pearson 상관계수	-.412**
	유의확률 (양쪽)	.001
	N	63
허리둘레	Pearson 상관계수	.422**
	유의확률 (양쪽)	.001
	N	62
엉덩이둘레	Pearson 상관계수	.388**
	유의확률 (양쪽)	.002
	N	62
WHR	Pearson 상관계수	.289*
	유의확률 (양쪽)	.023
	N	62
SBP	Pearson 상관계수	.088
	유의확률 (양쪽)	.495
	N	62
DBP	Pearson 상관계수	.204
	유의확률 (양쪽)	.112
	N	62

[2단계] 선형 회귀분석: 상관관계가 있는 변수들을 이용하여 체지방률을 예측할 수 있는 적절한 회귀모형과 독립변수를 확인한다.

■ 선형 회귀분석 순서

① 메뉴에서 [분석]→[회귀분석]→[선형]을 선택한다(선형 회귀분석의 자세한 내용은 '3부 통계분석 따라하기'의 '회귀분석' 참조).

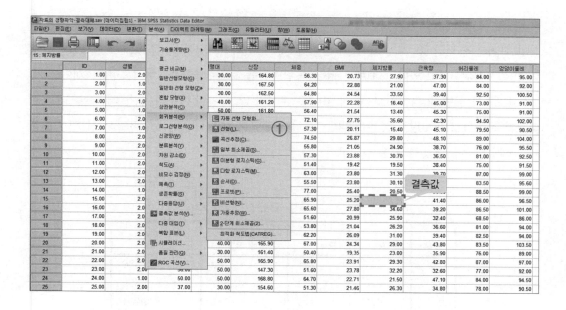

■ 선형 회귀분석 대상변수 지정 및 선형 회귀분석 실행

① '선형 회귀분석' 대화상자가 열리면 '체지방률'을 '종속변수' 칸으로 옮긴다.

② '신장', 'BMI', '근육량', '허리둘레', '엉덩이둘레', 'WHR'을 '독립변수' 칸으로 옮긴다.

③ '방법' 항목에서 '단계 선택'을 선택한다.

④ '확인' 단추를 눌러 회귀분석을 실행한다.

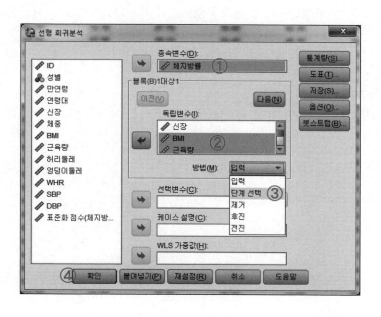

■ 회귀분석 결과 확인

선형 회귀분석 결과 중 '모형 요약' 부분이다. 네 개의 회귀모형이 도출되었고 3, 4모형의 설명
력(R^2)이 90%를 넘고 있다. 모형에 사용된 독립변수를 보면 3모형은 3개, 4모형은 4개다.

3, 4모형의 설명력(R^2)이 0.5%밖에 차이를 보이지 않고, 독립변수의 수가 더 적은 3모형이
비교적 적합한 회귀모형으로 판단된다. 3모형의 독립변수인 'BMI', '근육량', '신장'을 회귀대
체의 예측변수로 사용할 것을 결정한다.

모형 요약

모형	R	R 제곱	수정된 R 제곱	추정값의 표준오차
1	.531[a]	.281	.269	4.96588
2	.928[b]	.862	.857	2.19699
3	.972[c]	.945	.942	1.39901
4	.975[d]	.950	.947	1.34236

a. 예측값: (상수), BMI

b. 예측값: (상수), BMI, 근육량

c. 예측값: (상수), BMI, 근육량, 신장

d. 예측값: (상수), BMI, 근육량, 신장, 엉덩이둘레

[3단계] 결측값 분석: 유의한 회귀모형과 독립변수가 확인되었으므로 이어서 결측값 분석을
진행한다.

■ 결측값 분석 순서

① 메뉴에서 [분석]→[결측값 분석]을 선택한다.

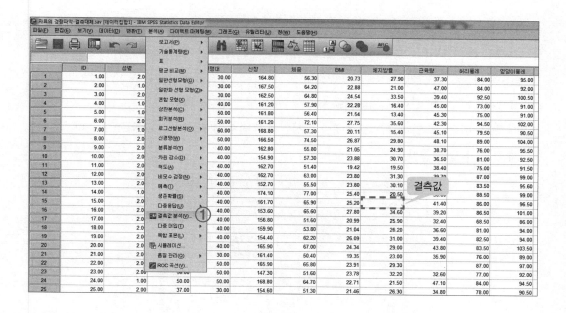

■ 결측값 분석 대상변수 지정 및 회귀대체 선택

① '결측값 분석' 대화상자가 열리면 '케이스 설명(레이블)' 칸에 'ID'를 옮긴다.

② '범주형 변수' 칸에 범주형 변수인 '성별', '연령대'를 옮긴다.

③ '양적 변수' 칸에 나머지 양적변수들을 옮긴다.

④ '추정' 항목에서 '회귀 분석'을 선택한다.

⑤ '변수' 단추를 누른다.

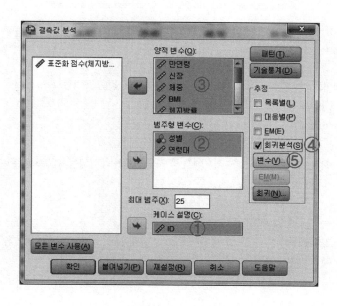

■ 회귀대체를 위한 독립변수와 종속변수 지정

① '결측값 분석: EM 및 회귀에 대한 변수' 대화상자가 열리면 '변수' 항목에서 '변수 선택'을
   선택한다.

② '예측(할) 변수(D)' 칸에 회귀대체를 적용할 '체지방률'을 옮긴다.

③ '예측(자) 변수(R)' 칸에 회귀모형에서 선정된 독립변수(BMI, 근육량, 신장)를 옮긴다.

④ '계속' 단추를 누른다.

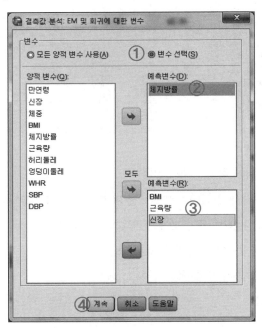

※ '예측변수(D)'와 '예측변수(R)'

SPSS 영문버전에서는 '예측변수(D)'와 '예측변수(R)'를 다음과 같이 표기한다.
• 예측변수(D): predicted
• 예측변수(R): predictor

따라서 '예측변수(D)'는 EM 대체나 회귀대체에서 결측값 대체가 예상되는 '예측되는 변수'이고, '예측변
수(R)'는 '예측하는 변수'이다.

SPSS 22버전에서는 다음과 같이 표기하고 있다.
• 예측변수(D) → 예측할 변수(D)
• 예측변수(R) → 예측자 변수(R)

■ 회귀대체 추정값 수정 옵션 선택

① '결측값 분석' 대화상자로 돌아오면 '회귀' 단추를 누른다.

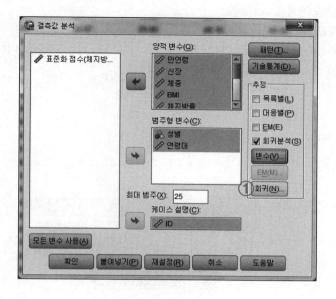

■ 회귀대체 추정값 수정 설정

① '결측값 분석: 회귀분석' 대화상자가 열리면 '추정 조정(수정)' 항목에서 '잔차'를 선택(기본
설정)한다.

② '계속' 단추를 누른다.

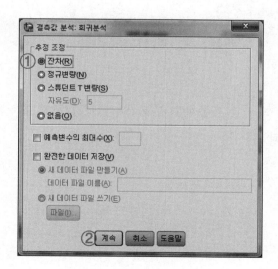

■ 회귀대체 분석 실행

① '결측값 분석' 대화상자로 돌아오면 '확인' 단추를 눌러 분석을 실행한다.

■ 회귀대체 결과 확인

회귀대체 분석결과 중 '회귀 추정 통계량' 부분이다. '체지방률'의 결측값에 대한 회귀대체 값이 26.1663으로 계산되었다.

회귀 추정 통계량

회귀 평균[a]

26.1663

a. 임의 선택 케이스 잔차가 각 추정값에 추가됩니다.

■ 회귀대체 결과입력

계산된 회귀대체값인 26.1663을 '데이터 보기' 화면에서 체지방률 변수의 결측값에 입력한다.

	ID	성별	만연령	연령대	신장	체중	BMI	체지방률	근육량	허리둘레	엉덩이둘레
1	1.00	2.00	36.00	30.00	164.80	56.30	20.73	27.90	37.30	84.00	95.00
2	2.00	1.00	32.00	30.00	167.50	64.20	22.88	21.00	47.00	84.00	92.00
3	3.00	2.00	30.00	30.00	162.50	64.80	24.54	33.50	39.40	92.50	100.50
4	4.00	1.00	43.00	40.00	161.20	57.90	22.28	16.40	45.00	73.00	91.00
5	5.00	1.00	50.00	50.00	161.80	56.40	21.54	13.40	45.30	75.00	91.00
6	6.00	2.00	55.00	50.00	161.20	72.10	27.75	35.60	42.30	94.50	102.00
7	7.00	1.00	67.00	60.00	168.80	57.30	20.11	15.40	45.10	79.50	90.50
8	8.00	2.00	53.00	50.00	166.50	74.50	26.87	29.80	48.10	89.00	104.00
9	9.00	2.00	46.00	40.00	162.80	55.80	21.05	24.90	38.70	76.00	95.50
10	10.00	2.00	47.00	40.00	154.90	57.30	23.88	30.70	36.50	81.00	92.50
11	11.00	2.00	43.00	40.00	162.70	51.40	19.42	19.50	38.40	75.00	91.50
12	12.00	2.00	47.00	40.00	162.70	63.00	23.80	31.30	39.70	87.00	99.00
13	13.00	2.00	46.00	40.00	152.70	55.50	23.80	30.10		83.50	95.60
14	14.00	1.00	42.00	40.00	174.10	77.00	25.40	20.50	55.00	88.50	99.00
15	15.00	2.00	45.00	40.00	161.70	65.90	25.20	26.17	41.40	86.00	96.50
16	16.00	2.00	47.00	40.00	153.60	65.60	27.80	34.60	39.20	86.50	101.00
17	17.00	2.00	46.00	40.00	156.80	51.60	20.99	25.90	32.40	68.50	86.00
18	18.00	2.00	45.00	40.00	159.90	53.80	21.04	26.20	36.60	81.00	94.00
19	19.00	2.00	49.00	40.00	154.40	62.20	26.09	31.00	39.40	82.50	94.00
20	20.00	2.00	42.00	40.00	165.90	67.00	24.34	29.00	43.80	83.50	103.50
21	21.00	2.00	38.00	30.00	161.40	50.40	19.35	23.00	35.90	76.00	89.00
22	22.00	2.00	51.00	50.00	165.90	65.80	23.91	29.30	42.80	87.00	97.00
23	23.00	2.00	56.00	50.00	147.30	51.60	23.78	32.20	32.60	77.00	92.00
24	24.00	1.00	50.00	50.00	168.80	64.70	22.71	21.50	47.10	84.00	94.50
25	25.00	2.00	37.00	30.00	154.60	51.30	21.46	26.30	34.80	78.00	90.50

회귀대체

2) EM 대체방법

EM 대체방법은 회귀대체방법의 절차와 같으며 절차 중 선택사항을 변경하여 진행하면 된다.

■ EM 대체 선택방법

① '결측값 분석' 대화상자에서 '추정' 항목의 '회귀분석' 대신 'EM'을 선택한다.

② 'EM' 단추를 누른다.

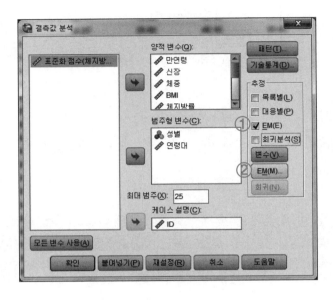

■ EM 대체 분포옵션 지정

① '결측값 분석: EM' 대화상자가 열리면 '분포' 항목에서 '정규'를 선택(기본설정)한다.

② '계속' 단추를 누른다.

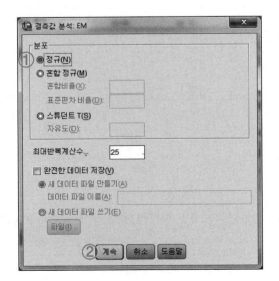

■ EM 대체 분석실행

① '결측값 분석' 대화상자로 돌아오면 '확인' 단추를 눌러 분석을 실행한다.

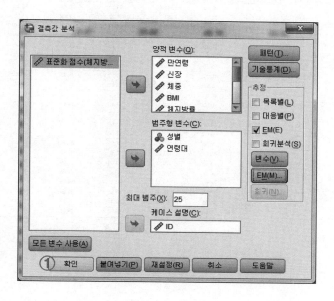

■ EM 대체 결과 확인

EM 대체 분석결과 중 'EM 추정 통계량' 부분이다. '체지방률'의 결측값에 대한 EM 대체값이 26.3398로 계산되었다.

EM 추정 통계량

EM 평균[a]

26.3398

a. Little의 MCAR 검정: 카이제곱 = 7230.767, DF = 6, Sig. = .000

■ EM 대체 결과입력

계산된 EM 대체값인 26.3398을 '데이터 보기' 화면에서 체지방률 변수의 결측값에 입력한다.

*자료의 경향파악-결측대체.sav [데이터집합1] - IBM SPSS Statistics Data Editor

파일(F) 편집(E) 보기(V) 데이터(D) 변환(T) 분석(A) 다이렉트 마케팅(M) 그래프(G) 유틸리티(U) 창(W) 도움말(H)

	ID	성별	만연령	연령대	신장	체중	BMI	체지방률	근육량	허리둘레
1	1.00	2.00	36.00	30.00	164.80	56.30	20.73	27.90	37.30	84.00
2	2.00	1.00	32.00	30.00	167.50	64.20	22.88	21.00	47.00	84.00
3	3.00	2.00	30.00	30.00	162.50	64.80	24.54	33.50	39.40	92.50
4	4.00	1.00	43.00	40.00	161.20	57.90	22.28	16.40	45.00	73.00
5	5.00	1.00	50.00	50.00	161.80	56.40	21.54	13.40	45.30	75.00
6	6.00	2.00	55.00	50.00	161.20	72.10	27.75	35.60	42.30	94.50
7	7.00	1.00	67.00	60.00	168.80	57.30	20.11	15.40	45.10	79.50
8	8.00	2.00	53.00	50.00	166.50	74.50	26.87	29.80	48.10	89.00
9	9.00	2.00	46.00	40.00	162.80	55.80	21.05	24.90	38.70	76.00
10	10.00	2.00	47.00	40.00	154.90	57.30	23.88	30.70	36.50	81.00
11	11.00	2.00	43.00	40.00	162.70	51.40	19.42	19.50	38.40	75.00
12	12.00	2.00	47.00	40.00	162.70	63.00	23.80	31.30		87.00
13	13.00	2.00	46.00	40.00	152.70	55.50	23.80	30.10		83.50
14	14.00	1.00	42.00	40.00	174.10	77.00	25.40	20.50	56.80	88.50
15	15.00	2.00	45.00	40.00	161.70	65.90	25.20	26.34	41.40	86.00
16	16.00	2.00	47.00	40.00	153.60	65.60	27.80	34.60	39.20	86.50
17	17.00	2.00	46.00	40.00	156.80	51.60	20.99	25.90	32.40	68.50
18	18.00	2.00	45.00	40.00	159.90	53.80	21.04	26.20	36.60	81.00
19	19.00	2.00	49.00	40.00	154.40	62.20	26.09	31.00	39.40	82.50
20	20.00	2.00	42.00	40.00	165.90	67.00	24.34	29.00	43.80	83.50
21	21.00	2.00	38.00	30.00	161.40	50.40	19.35	23.00	35.90	76.00
22	22.00	2.00	51.00	50.00	165.90	65.80	23.91	29.30	42.80	87.00

EM 대체

6-5   정규성 검정: 모수통계 vs. 비모수통계 선택

통계분석방법을 선택할 때 모수적 방법을 사용할 것인가 아니면 비모수적 방법을 사용할 것인가를 선택하는 기준 중 하나가 모집단의 정규성 만족 여부이다.

• 모수적 방법은 모집단이 정규성을 만족할 때 사용할 수 있다.

• 비모수적 방법은 모집단이 정규성을 만족하지 못할 때 사용할 수 있다.

또한 정규성 만족 여부는 앞서 6-3절에서 설명한 '극단값과 이상값의 탐색' 방법을 선택하는 데에도 영향을 준다. 따라서 데이터 분석 전에 모집단에 대한 정규성 만족 여부를 확인하는 것이 바람직하다.

1) 정규성의 확인방법

분포의 정규성을 확인하는 방법들은 다음과 같다.
- 왜도와 첨도를 이용하는 방법: 경향성 파악, 정확성 낮음
- P-P 도표를 이용하는 방법: 경향성 파악, 주관적 판단 적용
- Q-Q 도표를 이용하는 방법: 경향성 파악, 주관적 판단 적용
- 정규성 검정을 이용하는 방법: 엄격한 방법, 통계적 검정

이들 중 경향성을 파악할 수 있는 방법 중 한 가지와 통계적 방법 한 가지씩을 소개한다.

(1) 왜도와 첨도를 이용하는 방법

왜도는 분포의 중심이 양의 방향이나 음의 방향으로 치우친 정도를 나타내는 지표이다.
- 정규분포인 경우 왜도는 0이 된다.
- 분포의 중심이 양의 방향으로 치우치면(분포의 꼬리가 음의 방향으로 치우치면) 왜도는 음수가 된다.
- 분포의 중심이 음의 방향으로 치우치면(분포의 꼬리가 양의 방향으로 치우치면) 왜도는 양수가 된다.
- 왜도가 '−2 ~ +2'의 범위 내에 있으면 분포의 중심이 특별히 치우치지 않고 정규분포에 가깝다고 판단한다.

첨도는 분포의 중심이 얼마나 뾰족한 형태인가를 나타내는 지표이다.
- 정규분포인 경우 첨도는 0이 된다.
- 분포의 중심이 정규분포보다 뾰족하면 첨도는 양수가 된다.
- 분포의 중심이 정규분포보다 완만하면 첨도는 음수가 된다.
- 첨도가 '−2 ~ +2'의 범위 내에 있으면 분포의 중심이 특별히 뾰족하거나 완만하지 않고 정규분포에 가깝다고 판단한다.

왜도와 첨도를 확인하는 방법은 '3부 통계분석 따라하기'의 각 분석방법에서 자세히 설명한다.

(2) 정규성 검정을 이용하는 방법

통계적 방법으로 정규성을 검정하는 대표적인 방법으로는 Kolmogorov-Smirnov 검정(대단위 표본)과 Shapiro-Wilk 검정(소단위 표본)이 있다.

Kolmogorov-Smirnov 검정이나 Shapiro-Wilk 검정은 '3부 통계분석 따라하기'의 각 분석방법에서 자세히 설명한다.

2) 정규성 검정의 적용기준

데이터의 정규성 만족 여부와 정규성 검정 실시 여부는 표본의 크기를 고려해서 다음과 같이 판단한다.

- 표본의 크기가 30 이상인 경우에는 '중심극한의 정리'에 의해 별도의 정규성 검정 없이도 정규성이 확보되었다고 가정하여 모수적 통계방법을 적용한다.
- 표본의 크기가 10 미만이면 정규성을 보장하기 어렵다고 판단하여 비모수적 통계방법을 적용한다.
- 표본의 크기가 10~30 사이인 경우에는 Kolmogorov-Smirnov 검정 및 Shapiro-Wilk 검정을 이용하여 정규성 만족 여부를 판단한다. 여기에서 정규성을 만족하면 모수적 통계방법을 적용하고 정규성을 만족하지 못하면 비모수적 통계방법을 적용한다.

※ 중심극한의 정리

모집단에서 추출하여 만들 수 있는 동일 크기의 표본은 여러 개가 있는데, 이러한 표본들이 가지는 대푯값들이 이루는 분포를 '표집분포'라고 한다. '표집분포'는 다음의 특성을 가진다.
- 모집단이 정규분포이면 표집분포는 표본의 크기와 상관없이 항상 정규분포이다.
- 모집단이 정규분포가 아니면 표집분포는 정규분포로 확신하기 어렵다.
- 표본의 크기가 충분히 큰 표집분포는 모집단이 어떤 분포이건 상관없이 정규분포에 근접하며, 이러한 성질을 '중심극한의 정리(central limit theorem)'라고 한다.
- 일반적으로 표본의 크기가 30 이상이면 중심극한의 정리에 의해 표집분포가 정규분포를 이룬다고 가정하여 표본의 분석에 정규분포의 특징을 적용할 수 있다.

7장

통계분석방법 결정하기

통계분석방법을 결정하기 위해서는 분석목적과 함께 분석에 사용되는 독립변수와 종속변수의 형태, 개수 등을 고려하여 다음과 같이 적용할 수 있다.

[표 7-1] 변수의 특징에 따른 통계분석방법 결정

종속변수	독립변수	독립변수 개수	범주의 개수	통계분석방법	목적
연속형	연속형	1	-	상관분석	상관
				단순회귀분석	예측, 영향
		≥ 2	-	다중회귀분석	예측, 영향
	집단 범주형	1	2집단	독립표본 t-검정	차이
			≥ 3집단	일원분산분석	차이
		2	≥ 4집단	이원분산분석	차이
	반복 범주형	1	2반복	종속표본 t-검정	차이
			≥ 3반복	반복일원분산분석	차이
		2	≥ 4범주	반복이원분산분석	차이
	집단+반복 범주형	2	≥ 4범주	반복이원분산분석	차이
	연속+집단 범주 혼합형	≥ 2	≥ 2	다중회귀분석	예측, 영향
집단 범주형	연속형	1	-	단순로지스틱 회귀분석	예측, 영향
		≥ 2	-	다중로지스틱 회귀분석	예측, 영향
	집단 범주형	≥ 1	≥ 2집단	카이제곱 검정	영향
	연속+집단 범주 혼합형	≥ 2	≥ 2	다중로지스틱 회귀분석	예측, 영향

예를 들어 중년 여성들로 이루어진 어느 집단에 12주간의 유산소성 운동 트레이닝을 실시하여 트레이닝 전후에 체지방률의 평균 차이가 있는가를 분석하려고 할 때 통계분석방법의 선택절차는 다음과 같다.

먼저 문제의 요점을 다음과 같이 정리한다.

- 통계분석의 목적: 차이분석
- 독립변수: 12주 트레이닝 전후(반복 범주형)

- 종속변수: 체지방률(연속형)
- 독립변수의 개수: 반복요인 1개
- 독립변수 범주의 개수: 반복 2범주

위의 요약정보로 통계분석방법을 탐색하면 다음과 같다.

[표 7-2] 변수의 특징에 따른 통계분석방법 결정 예시

종속변수	독립변수	독립변수 개수	범주의 개수	통계분석방법	목적
연속형	연속형	1	-	상관분석	상관
		1	-	단순회귀분석	예측, 영향
		≥2	-	다중회귀분석	예측, 영향
	집단 범주형	1	2집단	독립표본 t-검정	차이
		1	≥3집단	일원분산분석	차이
		2	≥4집단	이원분산분석	차이
	반복 범주형	1	2반복	종속표본 t-검정	차이
		1	≥3반복	반복일원분산분석	차이
		2	≥4범주	반복이원분산분석	차이
	집단+반복 범주형	2	≥4범주	반복이원분산분석	차이
	연속+집단 범주 혼합형	≥2	≥2	다중회귀분석	예측, 영향
집단 범주형	연속형	1	-	단순로지스틱 회귀분석	예측, 영향
		≥2	-	다중로지스틱 회귀분석	예측, 영향
	집단 범주형	≥1	≥2집단	카이제곱 검정	영향
	연속+집단 범주 혼합형	≥2	≥2	다중로지스틱 회귀분석	예측, 영향

7-2 평균비교 방법들의 구분

평균비교는 스포츠 의·과학 분야에서 가장 많이 사용하는 통계분석 중 하나다. '3부 통계분석 따라하기'에서 자세히 다루지만 통계분석방법의 선택요령을 먼저 익히면 도움이 될 것이다.

- 표본이 독립적인가의 여부에 따라 구분한다.

- 표본의 개수가 두 개인가, 두 개 이상인가를 구분한다.

- 모수적 방법과 비모수적 방법을 구분한다.

[표 7-3] 평균비교 방법들의 구분

구분		모수적 방법	비모수적 방법
독립표본	두 개의 표본	독립표본 t-검정	Mann-Whitney 검정
	세 개 이상의 표본	일원분산분석	Kruskal-Wallis 검정
반복측정 표본	두 개의 표본	종속표본 t-검정	Wilcoxon 부호순위 검정
	세 개 이상의 표본	반복일원분산분석	Friedman 검정

3부

통계분석 따라하기

3부는 연구목적에 맞는 각종 통계분석을 따라할 수 있도록 자세히 설명하였다. 각 통계분석에 대해서는 2부에서 다룬 데이터의 확인절차를 포함시키고 반복적으로 설명하여 단편적인 통계분석의 지식을 넘어 실제적인 데이터 분석능력을 가질 수 있도록 구성하였다. 8장에서는 2개의 평균 간 차이를 검정하는 방법을 다루었으며, 9장에서는 3개 이상의 집단 간 평균 차이를 검정하는 방법을 설명하였다. 10장에서는 선형자료의 관계성을 분석하는 방법을, 마지막으로 11장에서는 범주형 자료의 관계성을 분석하는 방법을 제시하였다.

8장

두 개의 평균 간
차이 검정

1) 단일표본 *t*-검정

(1) 개요 및 적용목적

모집단에서 추출한 단일표본집단의 평균을 경험적·임상적으로 이미 알려진 특정값(상수)과 비교하여 차이가 있는가를 검정하는 목적으로 사용된다. 예를 들어 여성들의 체지방률을 조사한 후 그 평균이 일반적 비만기준인 체지방률 30%와 차이가 있는가를 분석하는 경우 단일표본 *t*-검정을 사용한다.

(2) 기본가정

단일표본 *t*-검정은 모수적 방법으로서 연속성·정규성이 만족되어야 적용이 가능하다.

가. 연속성

종속변수가 연속형 변수인 등간변수나 비율변수이어야 한다는 가정이다. 종속변수가 범주형 변수일 경우에는 단일표본 *t*-검정을 적용할 수 없으므로 비모수적 방법인 일표본 Wilcoxon 부호순위 검정을 적용한다.

나. 정규성

모집단이 정규분포를 이루고 있어야 한다는 가정이다. 만약 정규성을 만족하지 못하면 비모수적 방법인 일표본 Wilcoxon 부호순위 검정을 적용한다. 모집단의 정규성 만족 여부와 정규성 검정 실시 여부는 표본의 크기를 고려해서 다음과 같이 적용한다.

- 표본의 크기가 30 이상인 경우에는 '중심극한의 정리'에 의해 별도의 정규성 검정 없이도 정규성이 확보되었다고 가정하여 단일표본 *t*-검정을 적용한다.
- 표본의 크기가 10 미만이면 정규성을 보장하기 어렵다고 판단하여 비모수적 방법인 일표본 Wilcoxon 부호순위 검정을 적용한다.
- 표본의 크기가 10~30 사이인 경우에는 Kolmogorov-Smirnov 검정 및 Shapiro-Wilk 검정

을 이용하여 정규성 여부를 판단한다. 여기에서 정규성을 만족하면 단일표본 t-검정을 적용하고, 정규성을 만족하지 못하면 비모수적 방법인 일표본 Wilcoxon 부호순위 검정을 적용한다(정규성 검정방법은 분석순서에서 설명하였다).

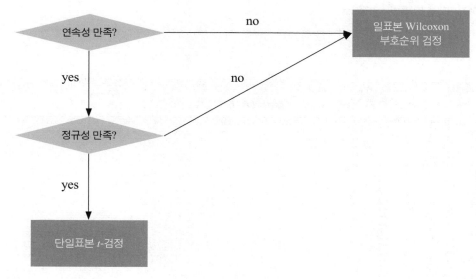

[그림 8-1] 단일표본 t-검정의 기본가정

※ 중심극한의 정리

모집단에서 뽑아 만들 수 있는 동일 크기의 표본은 여러 개가 있다. 이렇게 여러 개의 표본들이 가지는 대 푯값들의 분포를 '표집분포'라고 한다. '표집분포'는 다음의 특성을 가진다.

• 모집단이 정규분포이면 표집분포는 표본의 크기와 상관없이 항상 정규분포이다.
• 모집단이 정규분포가 아니면 표집분포는 정규분포로 확신하기 어렵다.
• 표본의 크기가 충분히 큰 표집분포는 모집단이 어떤 분포이건 상관없이 정규분포에 근접하며, 이러한 성질을 '중심극한의 정리(central limit theorem)'라고 한다.
• 일반적으로 표본의 크기가 30 이상이면 중심극한의 정리에 의해 표집분포가 정규분포를 이룬다고 가정 하여 표본의 분석에 정규분포의 특징을 적용할 수 있다.

(3) 분석순서 및 결과해석

> 중년 여성 30명을 대상으로 체지방률을 측정한 결과 평균이 33.6%, 표준편차는 3.1%이다. 이러한 결과
> 가 이미 알려진 비만기준인 체지방률 30%와 비교해서 차이가 있는가를 유의수준 5% 이내로 검정하라
> (예제파일: 단일표본 t-검정.sav).

가. 정규성 검정

종속변수인 체지방률이 연속형 변수이므로 정규성 검정 여부를 판단한다. 집단의 표본 크기
가 30 이상이므로 '중심극한의 정리'에 의해 정규성을 만족한 것으로 판단하여 정규성 검정
을 생략한다. 실제로 정규성 검정을 통해 확인한 결과에서도 정규성이 만족됨을 확인할 수
있다.

나. 단일표본 *t*-검정 적용

■ 단일표본 *t*-검정 순서

① 메뉴에서 [분석]→[평균비교]→[일표본 T검정]을 선택한다.

■ 단일표본 *t*-검정의 대상변수 지정 및 분석실행

① '일표본 T검정' 대화상자가 열리면 '체지방률'을 '검정변수' 칸으로 옮긴다.

② '검정값' 칸에 비교할 값인 '30'을 입력한다.

③ '확인' 단추를 눌러 분석을 실행한다.

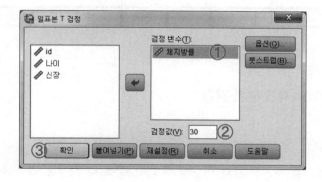

■ 단일표본 *t*-검정의 분석결과

분석결과 중 '통계량' 부분이다. 표본의 크기는 30명, '체지방률'의 평균은 33.62%, 표준편차는 3.05%임을 나타낸다.

일표본 통계량

	N	평균	표준편차	평균의 표준오차
체지방률	30	33.6185	3.05098	.55703

본 단일표본 t-검정에서의 가설은 다음과 같다.

- H_0: 모집단의 체지방률 평균은 30이다.
- H_1: 모집단의 체지방률 평균은 30이 아니다.

검정값 30을 기준으로 단일표본 t-검정을 적용한 결과, 유의확률이 .000으로 .05보다 작게 나타났으므로 영가설을 기각하여 표본집단의 체지방률 평균은 30%와 차이가 있음을 알 수 있다. 즉, 30명의 체지방률 평균 33.62%가 기준값 30%보다 유의하게 높음을 알 수 있다.

일표본 검정

	검정값 = 30				차이의 95% 신뢰구간	
	t	자유도	유의확률 (양쪽)	평균차	하한	상한
체지방률	6.496	29	.000	3.61848	2.4792	4.7577

2) 일표본 Wilcoxon 부호순위 검정

(1) 개념 및 적용목적

단일표본집단의 평균을 특정한 값과 비교할 때 다음 중 하나 이상에 해당되는 경우 단일표본 t-검정을 적용할 수 없다.

- 표본의 모집단이 정규분포를 이루지 않을 경우
- 표본의 크기가 10 미만인 경우
- 표본의 종속변수가 연속형 변수가 아닌 경우

위와 같은 경우에는 비모수적 방법인 Wilcoxon 부호순위 검정을 적용한다. Wilcoxon 부호순위 검정은 단일 집단의 중앙값과 특정 값과의 차이를 검정할 수 있으며, 쌍을 이룬 표본의 차이도 검정할 수 있다. 또한 Wilcoxon 부호순위 검정에서는 데이터를 순위로 변환하여 사용하므로 가설검정에서 실제 평균과 표준편차의 의미가 없어진다.

(2) 분석순서 및 결과해석

중년 여성 9명을 대상으로 체지방률을 측정하여 그 중앙값이 비만의 기준인 30%와 비교하고 차이가 있는가를 유의수준 .05 이내로 검정하라(예제파일: 일표본 Wilcoxon 부호순위 검정.sav).

표본의 크기가 10명 미만이므로 비모수적 방법인 Wilcoxon 부호순위 검정을 적용한다.

■ 일표본 Wilcoxon 부호순위 검정 순서

① 메뉴에서 [분석]→[비모수 검정]→[일표본]을 선택한다.

■ 일표본 Wilcoxon 부호순위 검정의 목적 설정

① '일표본 비모수 검정' 대화상자가 열리면 '목표' 탭의 '원하는 목표(목적이 무엇입니까?)' 항
목에서 '분석 사용자 정의(사용자 정의에 의한 분석)'를 선택한다.

② '필드' 탭을 선택한다.

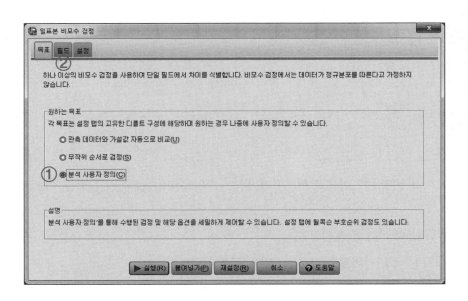

■ 일표본 Wilcoxon 부호순위 검정의 필드 할당

① '일표본 비모수 검정' 대화상자의 '필드' 탭에서 '사용자 정의 필드 할당 사용'을 선택한다.

② '검정 필드' 칸에 있는 변수들이 모두 '필드' 칸으로 옮겨진 것을 확인한다.

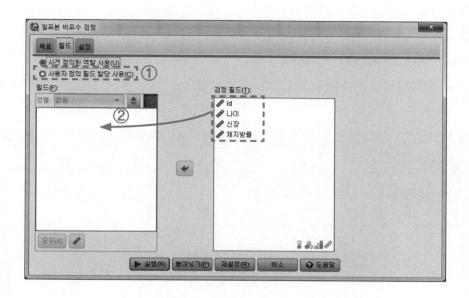

■ 일표본 Wilcoxon 부호순위 검정의 대상변수 지정

① '필드' 칸에 있는 변수 중 '체지방률'만 다시 '검정 필드' 칸으로 옮긴다.

② '설정' 탭을 선택한다.

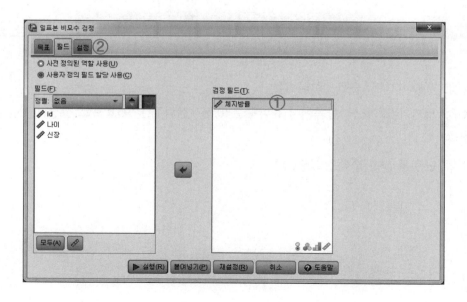

■ 일표본 Wilcoxon 부호순위 검정의 선택

① '일표본 비모수 검정' 대화상자의 '설정' 탭에서 '검정 선택' 항목을 선택한다.

② '검정 선택' 항목 중 '검정 사용자 정의(사용자 정의에 의한 검정)'를 선택한다.

③ '검정 사용자 정의(사용자 정의에 의한 검정)' 중 '평균과 가설값 비교(Wilcoxon 부호순위 검정)'

를 선택한다.

④ '가설 중위수' 칸에 '30'을 입력한다.

⑤ '검정 옵션' 항목을 선택한다.

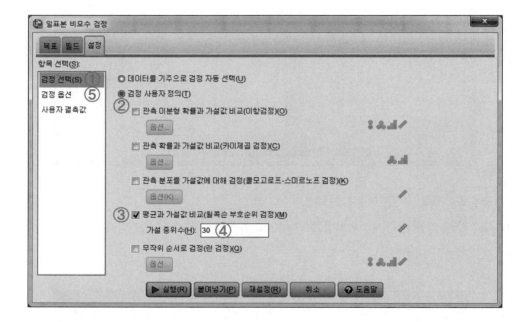

■ 일표본 Wilcoxon 부호순위 검정의 실행

① '설정' 탭의 '검정 옵션' 항목에서 유의수준 '0.05', 신뢰구간 '95.0'으로 설정된 것을 확인

한다.

② '실행' 단추를 눌러 분석을 실행한다.

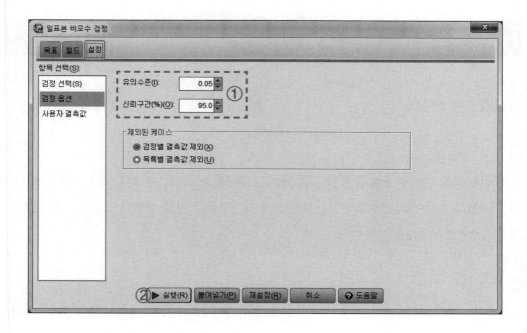

■ 일표본 Wilcoxon 부호순위 검정의 분석결과

일표본 Wilcoxon 부호순위 검정에서의 가설은 다음과 같다.

- H_0: 체지방률의 중앙값은 30이다.
- H_1: 체지방률의 중앙값은 30이 아니다.

분석결과를 보면 유의확률이 .263으로 .05보다 크게 나타나 영가설을 기각할 수 없다. 따라서 체지방률의 중앙값은 30과 차이가 없음을 알 수 있다.

가설검정 요약

	널 가설	검정	유의수준	의사결정
1	체지방률의 중위수가 30.000와(과) 같습니다.	일표본 Wilcoxon 서명된 순위 검정	.263	널 가설을 유지합니다.

근사 유의수준이 표시됩니다. 유의수준이 .05입니다.

1) 독립표본 t-검정

(1) 개요 및 적용목적
서로 다른(독립적인) 두 표본집단 간 평균 차이를 검정하는 목적으로 사용된다. 예를 들어 중년 여성들로 이루어진 서로 다른 두 집단 간에 체지방률의 평균 차이가 있는가를 분석하는 경우 독립표본 t-검정을 사용한다.

(2) 기본가정
독립표본 t-검정은 모수적 방법으로서 독립성·연속성·정규성·등분산성이 만족되어야 적용할 수 있다.

가. 독립성
비교할 두 표본집단이 서로 다른 모집단에서 상호 영향을 주지 않고 독립적으로 추출되어야 한다는 가정이다. 두 집단이 서로 독립적이지 못하면 독립표본 t-검정을 적용할 수 없다.

나. 연속성
종속변수가 연속형 변수인 등간변수나 비율변수이어야 한다는 가정이다. 종속변수가 명목변수인 경우에는 카이제곱 검정을 고려하고, 종속변수가 서열변수인 경우에는 비모수적 방법인 Mann-Whitney 검정을 적용한다.

다. 정규성
비교할 두 표본집단의 모집단이 각각 정규분포를 이루고 있어야 한다는 가정이다. 만약 정규성을 만족하지 못하면 비모수적 방법인 Mann-Whitney 검정을 적용한다. 각 집단의 정규성 만족 여부와 정규성 검정 실시 여부는 표본의 크기를 고려해서 다음과 같이 적용한다.
- 표본의 크기가 30 이상인 경우에는 '중심극한의 정리'에 의해 별도의 정규성 검정 없이도 정규성이 확보되었다고 가정하여 독립표본 t-검정을 적용한다.

- 표본의 크기가 10 미만이면 정규성을 보장하기 어렵다고 판단하여 비모수적 방법인 Mann-Whitney 검정을 적용한다.
- 표본의 크기가 10~30 사이인 경우에는 Kolmogorov-Smirnov 검정 및 Shapiro-Wilk 검정을 이용하여 정규성 여부를 판단한다. 여기서 정규성을 만족하면 독립표본 t-검정을 적용하고 정규성을 만족하지 못하면 비모수적 방법인 Mann-Whitney 검정을 적용한다(정규성 검정방법은 분석순서에서 설명하였다).

라. 등분산성

비교할 두 집단의 분산도가 같음을 의미한다. 하지만 두 집단의 분산도가 다를 경우에도 자유도를 수정하여 독립표본 t-검정을 적용할 수 있다. 또한 SPSS 프로그램을 이용해서 분석하는 경우 등분산성의 만족 여부에 따라 결과값을 구분해서 보여주므로 별도의 사전확인이 필요하지 않다.

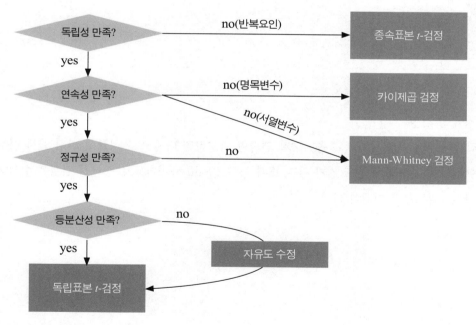

[그림 8-2] 독립표본 t-검정의 기본가정

(3) 분석순서 및 결과해석

중년 여성 두 집단에게 서로 다른 유산소성 운동 트레이닝 방법(A와 B)을 각각 12주간 적용한 후 체지방률의 차이를 비교하려고 한다. 유의수준 5% 이내로 검정하라(예제파일: 독립표본 t-검정.sav).

가. 정규성 검정

두 집단이 서로 독립적이고 종속변수가 연속형 변수라면 다음으로 정규성 검정 실시 여부를 판단한다. 두 집단의 표본 크기가 각각 13과 11로 10~30 사이이므로 정규성 검정을 실시하여 정규분포 여부를 확인해야 한다.

■ 정규성 검정 순서

① 메뉴에서 [분석]→[기술통계량]→[데이터 탐색]을 선택한다.

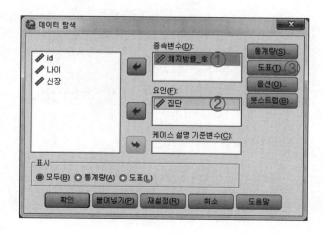

■ 정규성 검정의 대상변수 지정

① '데이터 탐색' 대화상자에서 '체지방률_후' 변수를 '종속변수' 칸으로 옮긴다.

② '집단' 변수를 '요인' 칸으로 옮긴다.

③ '도표' 단추를 누른다.

■ 정규성 검정의 선택

① '데이터 탐색: 도표' 대화상자의 '검정과 함께 정규성 도표'를 선택한다.
② '계속' 단추를 누른다.

■ 정규성 검정의 실행

① '데이터 탐색' 대화상자로 돌아오면 '확인' 단추를 눌러 분석을 실행한다.

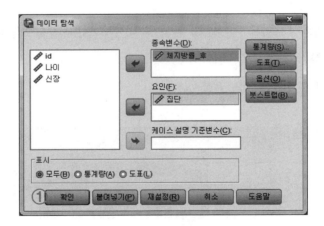

■ 정규성 검정의 분석결과

다음 표는 분석결과 중 '케이스 처리 요약' 부분이다. 체지방률을 비교한 두 집단의 표본의
크기가 각각 13명과 11명임을 보여준다.

		케이스					
		유효		결측		전체	
	집단	N	퍼센트	N	퍼센트	N	퍼센트
체지방률_후	트레이닝A	13	100.0%	0	0.0%	13	100.0%
	트레이닝B	11	100.0%	0	0.0%	11	100.0%

다음은 분석결과 중 두 집단 각각의 기술통계량을 보여주고 있다.

- 트레이닝 A집단은 왜도가 –0.098, 첨도가 0.188로 각각 –2~+2의 범위 내에 있음을 보여주므로 정규분포에 가까운 분포임을 알 수 있다.

- 트레이닝 B집단도 왜도가 0.051, 첨도가 –0.622로 각각 –2~+2의 범위 내에 있음을 보여주므로 정규분포에 가까운 분포임을 알 수 있다.

기술통계

집단			통계량	표준오차
체지방률_후	트레이닝A	평균	30.7692	1.14155
		평균의 95% 신뢰구간 하한	28.2820	
		상한	33.2564	
		5% 절삭평균	30.7880	
		중위수	31.5000	
		분산	16.941	
		표준편차	4.11590	
		최소값	22.90	
		최대값	38.30	
		범위	15.40	
		사분위수 범위	5.10	
		왜도	-.098	.616
		첨도	.188	1.191
	트레이닝B	평균	29.4636	1.40882
		평균의 95% 신뢰구간 하한	26.3246	
		상한	32.6027	
		5% 절삭평균	29.4152	
		중위수	29.6000	
		분산	21.833	
		표준편차	4.67253	
		최소값	22.40	
		최대값	37.40	
		범위	15.00	
		사분위수 범위	7.30	.
		왜도	.051	.661
		첨도	-.622	1.279

다음은 분석결과 중 정규성 검정 부분이다. 정규성 검정에서의 가설은 다음과 같다.

- H_0: 모집단은 정규분포를 따른다.
- H_1: 모집단은 정규분포를 따르지 않는다.

Kolmogorov-Smirnov 검정결과 두 집단의 유의확률이 모두 .200으로 .05보다 크므로 영가설을 받아들여 모집단은 정규분포가 성립됨을 알 수 있다. Shapiro-Wilk 검정에서도 두 집단의 유의확률이 각각 .981과 .960으로 .05보다 크므로 영가설을 받아들여 정규분포가 성립됨을 알 수 있다. 따라서 위의 검정결과 두 집단(A, B) 모두 모집단의 정규성이 성립되므로 독립표본 t-검정을 적용할 수 있다.

정규성 검정

	집단	Kolmogorov-Smirnov[a]			Shapiro-Wilk		
		통계량	자유도	유의확률	통계량	자유도	유의확률
체지방률_후	트레이닝A	.148	13	.200	.980	13	.981
	트레이닝B	.099	11	.200	.979	11	.960

*. 이것은 참인 유의확률의 하한값입니다.

a. Lilliefors 유의확률 수정

나. 독립표본 t-검정 적용

독립성, 연속성, 정규성 가정이 만족되었으므로 독립표본 t-검정을 적용한다. 한편 등분산성은 분석결과에서 확인한다.

■ 독립표본 t-검정 순서

① 메뉴에서 [분석]→[평균비교]→[독립표본 T검정]을 선택한다.

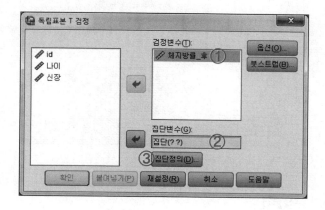

■ 독립표본 *t*-검정의 대상변수 지정

① '독립표본 T검정' 대화상자가 열리면 '체지방률_후' 변수를 '검정변수' 칸으로 옮긴다.

② '집단' 변수를 '집단변수' 칸으로 옮긴다.

③ '집단정의' 단추를 누른다. '집단정의' 단추 위에 '(? ?)'가 나타나는데 이것은 어느 집단끼리 비교할 것인가를 지정해주는 부분이다.

■ 독립표본 *t*-검정의 집단정의

① '집단정의' 대화상자가 열리면 '집단 1'에는 비교할 집단 중 하나인 '1'을 입력한다.

② '집단 2'에는 나머지 집단 '2'를 입력한다.

③ '계속' 단추를 누른다.

　만약 입력된 데이터에서 '집단 1'과 '집단 2'를 '1'과 '2'가 아닌 다른 값(또는 문자)으로 입력
하였다면 반드시 그 값을 지정해주어야 정확한 분석이 가능하다.

■ 독립표본 *t*-검정의 실행

① '독립표본 T검정' 대화상자로 돌아오면 집단변수가 지정된 것을 확인할 수 있다.

② '확인' 단추를 눌러 분석을 실행한다.

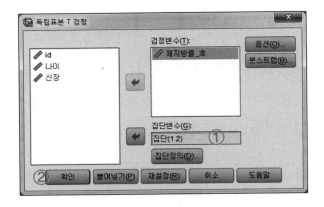

■ 독립표본 *t*-검정의 분석결과

다음 표는 분석결과 중 '집단통계량' 부분이다. 이 부분은 각 집단의 표본의 크기, 평균, 표준
편차, 표준오차 등을 계산해서 보여준다.

집단통계량

	집단	N	평균	표준편차	평균의 표준오차
체지방률_후	트레이닝A	13	30.7692	4.11590	1.14155
	트레이닝B	11	29.4636	4.67253	1.40882

다음은 분석결과 중 'Levene의 등분산 검정' 부분이다. 등분산 검정에서의 가설은 다음과 같다.

- H_0: 두 집단의 분산은 같다.
- H_1: 두 집단의 분산은 같지 않다.

Levene의 등분산 검정결과 유의확률이 .657로 .05보다 크므로 영가설을 받아들여 등분산이 성립됨을 알 수 있다.

독립표본 검정

		Levene의 등분산 검정		평균의 동일성에 대한 t-검정		
		F	유의확률	t	자유도	유의확률 (양쪽)
체지방률_후	등분산이 가정됨	.203	.657	.728	22	.474
	등분산이 가정되지 않음			.720	20.189	.480

등분산 검정 결과 두 집단의 분산이 같음을 확인하였으므로 그 뒤에 있는 독립표본 t-검정의 결과에서는 '등분산이 가정됨'에 해당되는 부분을 해석한다.

독립표본 t-검정에서의 가설은 다음과 같다.
- H_0: 두 모집단 간 체지방률의 평균 차이는 없다.
- H_1: 두 모집단 간 체지방률의 평균 차이는 있다.

분석결과 '등분산이 가정됨'에 해당되는 유의확률이 .474로 .05보다 크므로 영가설을 받아들여 두 집단 간 체지방률 평균의 차이가 없음을 알 수 있다. 즉, 두 트레이닝 방법에 따른 체지방률의 차이가 없음을 의미한다.

독립표본 검정

		Levene의 등분산 검정		평균의 동일성에 대한 t-검정		
		F	유의확률	t	자유도	유의확률 (양쪽)
체지방률_후	등분산이 가정됨	.203	.657	.728	22	.474
	등분산이 가정되지 않음			.720	20.189	.480

2) Mann-Whitney 검정

(1) 개요 및 적용목적
서로 독립적인 두 표본집단 간 평균 차이 비교에서 다음 중 하나 이상에 해당되는 경우 독립표본 *t*-검정을 적용할 수 없다.
- 두 표본 중 하나라도 모집단이 정규분포를 이루지 않을 경우
- 두 표본 중 하나라도 표본의 크기가 10 미만인 경우
- 두 표본 중 하나라도 종속변수가 연속형 변수가 아닌 경우

위와 같은 경우에는 비모수적 방법인 Mann-Whitney 검정을 적용한다(종속변수가 명목변수일 경우에는 적용 불가).

Mann-Whitney 검정은 다음의 절차로 진행된다.
① 두 집단의 모든 데이터를 모아서 크기순으로 정렬한다.
② 정렬된 개별 데이터에 순위를 부여한다(오름차순 또는 내림차순).
③ 순위의 동점은 평균 순위로 보정한다.
④ 원래의 집단별로 개별 데이터의 보정된 순위를 합산한다.
⑤ 집단별로 보정된 순위의 합산값에 대해 차이를 검정한다.

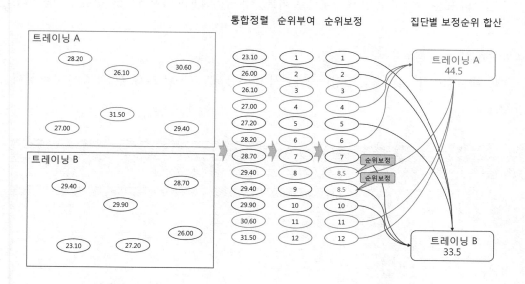

통합정렬　순위부여　순위보정　　　집단별 보정순위 합산

[그림 8-3] Mann-Whitney 검정의 절차

Mann-Whitney 검정은 데이터의 고유값을 순위로 환산하여 사용하므로 순위정보 이외의 정보는 없어진다. 따라서 가설검정에서 평균과 표준편차의 개념은 무의미하다.

(2) 분석순서 및 결과해석

두 집단의 중년 여성에게 서로 다른 유산소성 운동 트레이닝 방법(A와 B)을 각각 12주간 적용한 후 체지방률의 차이를 비교하려고 한다. 유의수준 5% 이내로 검정하라(예제파일: Mann-Whitney 검정.sav).

	id	집단	나이	신장	체지방률_후	변수	변수	변수	변수	변수	변수	변수
1	1.00	1.00	34.00	156.00	28.20							
2	2.00	1.00	54.00	159.00	27.00							
3	3.00	1.00	53.00	185.00	26.10							
4	4.00	1.00	50.00	155.00	31.50							
5	5.00	1.00	40.00	162.00	30.60							
6	6.00	1.00	35.00	156.00	29.40							
7	7.00	2.00	35.00	156.00	29.40							
8	8.00	2.00	42.00	160.00	23.10							
9	9.00	2.00	32.00	166.00	29.90							
10	10.00	2.00	47.00	162.00	27.20							
11	11.00	2.00	39.00	153.00	28.70							
12	12.00	2.00	44.00	154.00	26.00							
13												

각 집단의 표본 크기가 10명 미만이므로 비모수적 방법인 Mann-Whitney 검정을 적용한다.

■ Mann-Whitney 검정 순서

① 메뉴에서 [분석]→[비모수 검정]→[레거시 대화상자]→[독립 2 - 표본(2-독립표본)]을 선택
한다.

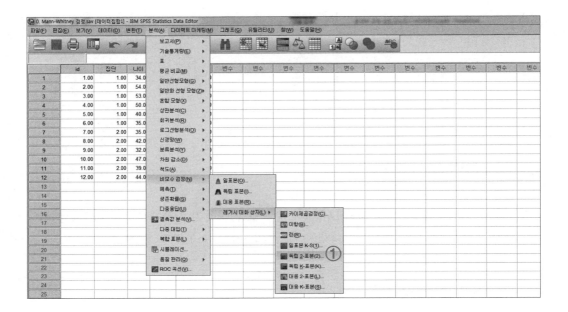

■ Mann-Whitney 검정의 대상변수 지정

① '독립 2-표본(2-독립표본) 비모수검정' 대화상자가 열리면 '체지방률_후' 변수를 '검정변수'
칸으로 옮긴다.

② '집단' 변수를 '집단변수' 칸으로 옮긴다.

③ '집단정의' 단추를 누른다.

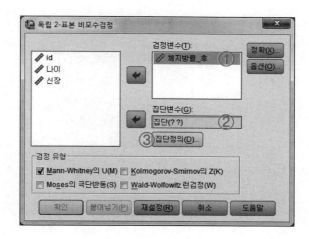

■ Mann-Whitney 검정의 독립변수 정의

① '독립 2-표본 비모수검정: 집단정의' 대화상자가 열리면 '집단 1'에 '1'을 입력한다.

② '집단 2'에 '2'를 입력한다.

③ '계속' 단추를 누른다.

■ Mann-Whitney 검정의 유형 선택

① '독립 2-표본(2-독립표본) 비모수검정' 대화상자로 돌아오면 '검정유형' 항목에서 'Mann-Whitney의 U'를 선택한다(기본설정).

② '확인' 단추를 눌러 분석을 실행한다.

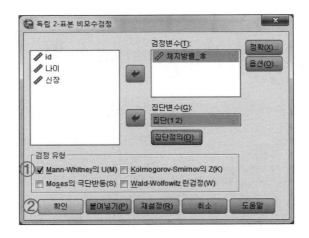

■ Mann-Whitney 검정의 분석결과

다음 표는 분석결과 중 '순위' 부분이다.

• 트레이닝 A 집단은 표본의 크기가 6명이며, 평균 순위가 7.42이고, 순위합은 44.5이다.

• 트레이닝 B 집단은 표본의 크기가 6명이며, 평균 순위가 5.58이고, 순위합은 33.5이다.

순위

	집단	N	평균순위	순위합
체지방률_후	트레이닝A	6	7.42	44.50
	트레이닝B	6	5.58	33.50
	합계	12		

다음은 분석결과 중 '검정 통계량' 부분이다. Mann-Whitney 검정에서 가설은 다음과 같다.

• H_0: 두 트레이닝 집단의 체지방률은 같다.

• H_1: 두 트레이닝 집단의 체지방률은 같지 않다.

유의확률이 .394로 .05보다 크므로 영가설을 기각할 수 없다. 따라서 두 트레이닝 집단 간 체지방률은 유의한 차이가 없다.

검정 통계량 [a]

	체지방률_후
Mann-Whitney의 U	12.500
Wilcoxon의 W	33.500
Z	-.882
근사 유의확률(양측)	.378
정확한 유의확률 [2*(단측 유의확률)]	.394[b]

a. 집단변수: 집단

b. 동률에 대해 수정된 사항이 없습니다.

8-3 동일 집단의 처치 전후 간 평균 차이 검정

1) 종속표본 t-검정

(1) 개요 및 적용목적

하나의 표본집단을 반복해서 두 번 측정한 경우 1차와 2차 측정자료 간의 평균 차이를 검정하는 목적으로 사용된다. 예를 들어 한 집단의 중년 비만여성들을 대상으로 12주간의 유산소성 운동 트레이닝 전후에 체지방률의 평균 차이가 있는가를 검정할 때 종속표본 t-검정을 사용한다.

(2) 기본가정

종속표본 t-검정의 기본가정은 연속성·정규성·등분산성이다. 종속표본 t-검정은 동일 집단의 1, 2차 측정 자료를 비교하는 것으로 다음과 같은 특징이 있다.

• 동일 집단의 반복측정 자료이므로 독립성이 성립되지 않는다.

• 1, 2차 자료가 모두 동일 집단에서 얻어진 것이므로 등분산성이 성립된다.

• 따라서 종속표본 t-검정에서는 연속성과 정규성의 만족 여부를 주로 파악한다.

가. 연속성

종속변수가 연속형 변수인 등간변수나 비율변수이면 곧바로 정규성 검정을 수행하고, 서열변수이면 비모수적 방법인 Wilcoxon 부호순위 검정을 적용한다.

나. 정규성

표본집단의 모집단이 정규분포를 이루어야 한다는 가정이다. 종속변수가 연속성을 만족하면 정규성 검정을 실시하는데, 이때 1, 2차 자료는 동일 집단에서 얻은 것이므로 1, 2차 자료의 차이 분포(즉, 사후-사전 또는 사전-사후)로 정규성 검정을 실시한다.

표본의 크기에 따라 다음과 같이 정규성 검정을 적용한다.

• 표본의 크기가 30 이상이면 '중심극한의 정리'에 따라 정규성이 확보되었다고 판단하여 정규성 검정 없이 종속표본 t-검정을 적용할 수 있다.

• 표본의 크기가 10 미만이면 정규성 만족이 어렵다고 판단하여 Wilcoxon 부호순위 검정을 적용한다.

• 표본의 크기가 10~30 사이이면 정규성 검정을 통해 모수적 또는 비모수적 방법의 적용을 판단한다.

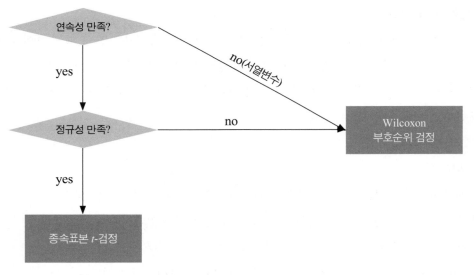

[그림 8-4] 종속표본 t-검정의 기본가정

(3) 분석순서 및 결과해석

중년 여성들로 이루어진 어느 집단에 12주간의 유산소성 운동 트레이닝을 실시하여 트레이닝 전후에 체지방률의 평균 차이가 있는가를 분석하려고 한다. 유의수준 5% 이내로 검정하라.
(예제파일: 종속표본 t-검정.sav).

가. 1, 2차 차이 분포의 정규성 검정

종속변수가 연속형 변수인 경우 정규성 검정을 수행한다. 먼저 1, 2차 자료의 차이 분포(사전-사후 분포)를 생성하기 위해 다음의 순서를 따른다.

■ 1, 2차 차이 변수 계산을 위한 순서

① 메뉴에서 [변환]→[변수 계산]을 선택한다.

■ 변수 계산의 수식 입력

① '변수 계산' 대화상자가 열리면 '대상변수(목표변수)' 칸에 '전후차이'라고 입력한다.

② '숫자표현식' 칸에 '체지방률_전-체지방률_후'를 입력한다(수식을 직접 입력할 경우 변수 이름을 정확히 기재하지 않으면 계산이 되지 않음).

③ '확인' 단추를 눌러 계산 및 생성을 실행한다.

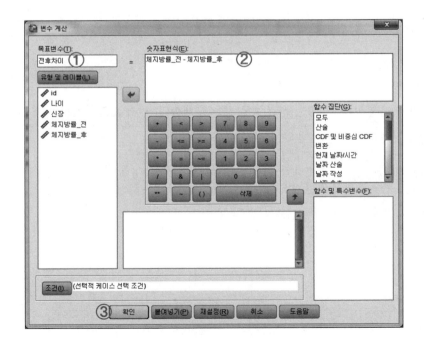

■ 전후차이 변수 생성의 결과 확인

데이터 시트로 돌아오면 변수열의 맨 마지막에 체지방률의 '사전-사후'에 해당되는 '전후차
이'라는 새로운 변수가 생성된 것을 확인할 수 있다.

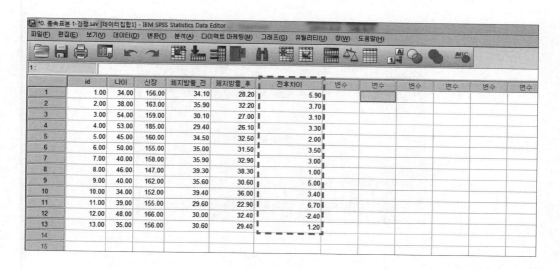

이제 새롭게 생성된 '전후차이' 분포가 정규성을 만족하는지 확인하기 위해 정규성 검정을
진행한다.

■ 정규성 검정 순서

① 메뉴에서 [분석]→[기술통계량]→[데이터 탐색]을 선택한다.

■ 정규성 검정의 대상변수 지정

① '데이터 탐색' 대화상자가 열리면 '전후차이' 변수를 '종속변수' 칸으로 옮긴다.

② '도표' 단추를 누른다.

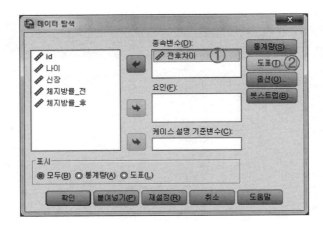

■ 정규성 검정의 선택

① '데이터 탐색: 도표' 대화상자가 열리면 '검정과 함께 정규성 도표'를 선택한다.

② '계속' 단추를 누른다.

■ 정규성 검정의 실행

① '데이터 탐색' 대화상자로 돌아오면 '확인' 단추를 눌러 분석을 실행한다.

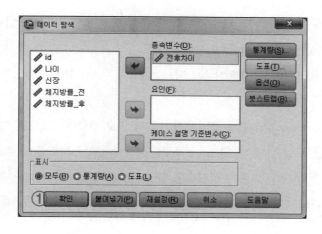

■ 정규성 검정의 분석결과

다음 표는 분석결과 중 '케이스 처리 요약' 부분이다. 1, 2차 체지방률의 차이 분포인 '전후차이' 분포의 표본 크기가 13명임을 보여준다.

케이스 처리 요약

	케이스					
	유효		결측		전체	
	N	퍼센트	N	퍼센트	N	퍼센트
전후차이	13	100.0%	0	0.0%	13	100.0%

다음은 분석결과 중 '전후차이' 분포의 기술통계량을 나타낸다. 분포의 왜도가 −0.748, 첨도가 1.628로 각각 −2~+2의 범위 내에 있음을 보여주고 있어 정규분포에서 멀지 않은 분포임을 알 수 있다.

기술통계

			통계량	표준오차
전후차이	평균		3.0308	.64295
	평균의 95% 신뢰구간	하한	1.6299	
		상한	4.4316	
	5% 절삭평균		3.1286	
	중위수		3.3000	
	분산		5.374	
	표준편차		2.31818	
	최소값		-2.40	
	최대값		6.70	
	범위		9.10	
	사분위수 범위		2.75	
	왜도		-.748	.616
	첨도		1.628	1.191

다음은 분석결과 중 정규성 검정 부분이다. 정규성 검정에서의 가설은 다음과 같다.

- H_0: 모집단은 정규분포를 따른다.
- H_1: 모집단은 정규분포를 따르지 않는다.

Kolmogorov-Smirnov 검정결과 유의확률이 .200으로 .05보다 크므로 영가설을 받아들여 정규분포가 성립함을 알 수 있다. Shapiro-Wilk 검정에서도 유의확률이 .448로 .05보다 크므로 영가설을 받아들여 정규분포가 성립됨을 알 수 있다. 따라서 위의 검정결과 '전후차이' 분포는 정규성이 성립되므로 종속표본 t-검정을 적용할 수 있다.

정규성 검정

	Kolmogorov-Smirnov[a]			Shapiro-Wilk		
	통계량	자유도	유의확률	통계량	자유도	유의확률
전후차이	.187	13	.200	.939	13	.448

*. 이것은 참인 유의확률의 하한값입니다.

a. Lilliefors 유의확률 수정

나. 종속표본 t-검정 적용

정규성 가정이 만족되었으므로 종속표본 t-검정을 적용한다.

■ 종속표본 t-검정 순서

① 메뉴에서 [분석]→[평균 비교]→[대응표본 T검정]을 선택한다. '대응표본 t-검정'과 '종속표본 t-검정'은 같은 용어이다.

■ 종속표본 *t*-검정의 대상변수 지정 및 실행

① '대응표본 T검정' 대화상자가 열리면 '체지방률_전' 변수와 '체지방률_후' 변수를 각각 '대
　응 변수' 칸으로 옮긴다. 그러면 '대응 변수' 칸의 '대응 1' 항목에 '변수 1'과 '변수 2'가 쌍
　을 이루며 지정된 것을 확인할 수 있다.

② '확인' 단추를 눌러 종속표본 *t*-검정을 실행한다.

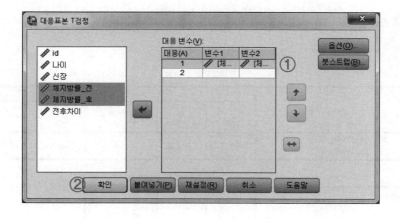

■ 종속표본 *t*-검정의 분석결과

다음 표는 분석결과 중 '대응표본 통계량' 부분이다. 1, 2차 데이터의 표본의 크기, 평균, 표준편차, 표준오차 등을 계산해서 보여준다.

대응표본 통계량

		평균	N	표준편차	평균의 표준오차
대응 1	체지방률_전	33.8000	13	3.54800	.98404
	체지방률_후	30.7692	13	4.11590	1.14155

종속표본 *t*-검정에서의 가설은 다음과 같다.

- H_0: 트레이닝 전후 간 체지방률 모평균의 차이는 없다.
- H_1: 트레이닝 전후 간 체지방률 모평균의 차이는 있다.

분석결과 유의확률이 .001로 .05보다 작으므로 영가설을 기각하여 트레이닝 전후 간 체지방률 모평균의 차이가 있음을 알 수 있다. 즉, 유산소성 운동 트레이닝에 의해 체지방률이 사전에 33.8±3.5%에서 사후에 30.8±4.1%로 유의하게 감소하였음을 의미한다.

한편 아래의 표에서 '대응차' 항목은 분석 입력 시 '대응 1'을 '사전-사후'로 입력하였으므로 '사전-사후' 분포의 평균, 표준편차, 표준오차, *t*-값에 해당한다. 따라서 평균이 3.0, *t*-값이 4.7로 양수인 것은 사전 값이 사후 값보다 크다는 것을 의미하므로 해석 시 '사전보다 사후에 감소하였다'고 해석한다.

대응표본 검정

		대응차				
					차이의 95% 신뢰구간	
		평균	표준편차	평균의 표준오차	하한	상한
대응 1	체지방률_전 - 체지방률_후	3.03077	2.31818	.64295	1.62991	4.43163

대응표본 검정

		t	자유도	유의확률 (양쪽)
대응 1	체지방률_전 - 체지방률_후	4.714	12	.001

2) Wilcoxon 부호순위 검정

(1) 개요 및 적용목적

단일표본집단의 처치 전후(반복측정) 간 평균 차이 비교에서 다음 중 하나 이상에 해당되는 경우 종속표본 t-검정을 적용할 수 없다.

- 표본의 모집단이 정규분포를 이루지 않을 경우
- 표본의 크기가 10 미만인 경우
- 종속변수가 연속형 변수가 아닌 경우

위와 같은 경우에는 비모수적 방법인 Wilcoxon 부호순위 검정을 적용한다(종속변수가 명목변수인 경우 적용 불가).

Wilcoxon 부호순위 검정은 다음의 절차로 진행된다.

① '처치 전–처치 후'의 '차이 분포(D)'를 생성한다.

② '차이 분포(D)'의 개별 '차이 데이터'를 절댓값 크기순으로 정렬한다.

③ 절댓값 크기순으로 정렬된 개별 '차이 데이터'에 순위를 부여한다(오름차순 또는 내림차순).

④ 순위의 동점은 평균 순위로 보정한다.

⑤ 보정된 순위에 개별 '차이 데이터'의 원래 부호(+ 또는 −)를 붙인다.

⑥ 최종 부호순위가 양수인 것끼리 순위를 합산한다.

⑦ 최종 부호순위가 음수인 것끼리 순위를 합산한다.

⑧ 양수 및 음수의 순위합산 데이터에 대해 차이를 검정한다.

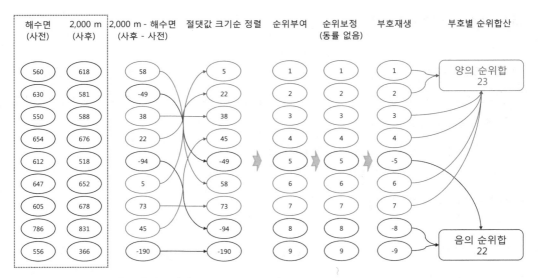

[그림 8-5] Wilcoxon 부호순위 검정 절차

Wilcoxon 부호순위 검정은 데이터의 고유값을 순위로 환산하여 사용하므로 순위정보 이외의 정보는 없어진다. 따라서 가설검정에서 평균과 표준편차의 개념은 무의미하다.

(2) 분석순서 및 결과해석

> 20대 여성 9명을 대상으로 자전거 에르고미터를 이용하여 해수면 수준과 2,000 m 고지환경에서 각각 운동부하검사를 실시하여 운동지속시간(단위: 초)을 기록하였다. 해수면 수준과 2,000 m 고지환경 간 운동지속시간의 차이가 있는지 유의수준 .05 이내로 검정하라(예제파일: Wilcoxon 부호순위 검정.sav).

	id	성별	연령	신장	체중	평지운동시간	이천운동시간	변수	변수	변수	변수	변수	변수
1	1	여	20.00	164.00	53.30	560.00	618.00						
2	2	여	20.00	166.00	52.00	630.00	581.00						
3	3	여	20.00	160.30	46.00	550.00	588.00						
4	4	여	22.00	162.10	56.00	654.00	676.00						
5	5	여	22.00	156.00	50.00	612.00	518.00						
6	6	여	20.00	157.00	57.10	647.00	652.00						
7	7	여	20.00	158.00	47.70	605.00	678.00						
8	8	여	24.00	173.00	63.00	786.00	831.00						
9	9	여	22.00	168.00	53.00	556.00	366.00						
10													
11													

표본의 크기가 10명 미만이므로 비모수적 방법인 Wilcoxon 부호순위 검정을 적용한다.

■ Wilcoxon 부호순위 검정 순서

① 메뉴에서 [분석]→[비모수 검정]→[레거시 대화상자]→[대응 2-표본(2-대응표본)]을 선택
   한다.

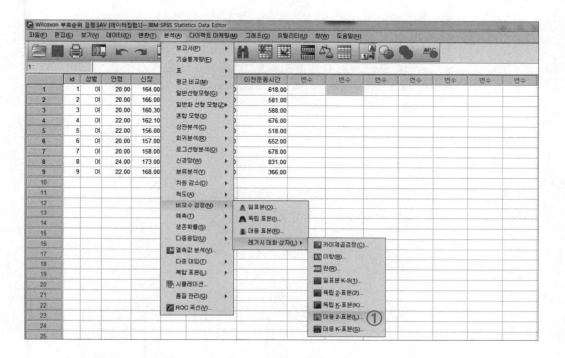

■ Wilcoxon 부호순위 검정의 대상변수 지정 및 실행

① '대응 2-표본(2-대응표본) 비모수검정' 대화상자가 열리면 '평지운동시간'과 '이천운동시간'
   을 묶는다('평지운동시간'을 클릭한 후 키보드의 'Ctrl' 키를 누른 상태로 '이천운동시간'을 클릭한
   다).

② 묶은 변수를 '검정 쌍(검정 대응)' 항목으로 옮긴다(하나씩 순서대로 옮겨도 된다).

③ '검정 유형' 항목에서 'Wilcoxon'을 선택한다(기본설정).

④ '확인' 단추를 눌러 분석을 실행한다.

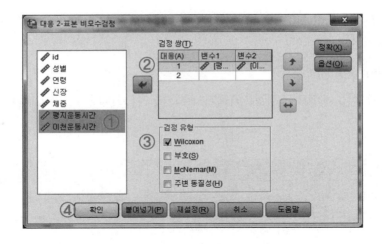

■ Wilcoxon 부호순위 검정의 분석결과

다음 표는 분석결과 중 '순위' 부분이다.

- '음의 순위'는 3개이며, 평균 순위는 7.33이고, 순위합은 22이다.
- '양의 순위'는 6개이며, 평균 순위는 3.83이고, 순위합은 23이다.
- '동률' 순위는 0개이다.

순위

		N	평균순위	순위합
이천운동시간 - 평지운동시간	음의 순위	3[a]	7.33	22.00
	양의 순위	6[b]	3.83	23.00
	동률	0[c]		
	합계	9		

a. 이천운동시간 < 평지운동시간
b. 이천운동시간 > 평지운동시간
c. 이천운동시간 = 평지운동시간

분석결과 중 '검정 통계량' 부분이다. 부호순위 검정에서 가설은 다음과 같다.

- H_0: 검사 전후 간(두 환경 간) 운동지속시간의 차이는 없다.
- H_1: 검사 전후 간(두 환경 간) 운동지속시간의 차이는 있다.

유의확률이 .953으로 .05보다 크므로 영가설을 기각할 수 없다. 따라서 두 환경 간(전후 측정 간) 운동지속시간은 유의한 차이가 없다.

검정 통계량 [a]

	이천운동시간 - 평지운동시간
Z	-.059[b]
근사 유의확률(양측)	.953

a. Wilcoxon 부호순위 검정

b. 음의 순위를 기준으로.

9장

세 개 이상의
집단 간 평균 차이
검정

세 개 이상의 집단 간 평균 차이 검정에도 t-검정을 사용할 수 있을까? 만약 t-검정을 사용한 다면 아래 그림처럼 두 집단씩 묶어서(쌍 비교) 반복적으로 t-검정을 실시해야 할 것이다.

• 세 개의 집단을 두 집단씩 묶어서 t-검정으로 비교하면 총 3회의 t-검정이 필요하다.
• 네 개의 집단을 두 집단씩 묶어서 t-검정으로 비교하면 총 6회의 t-검정이 필요하다.

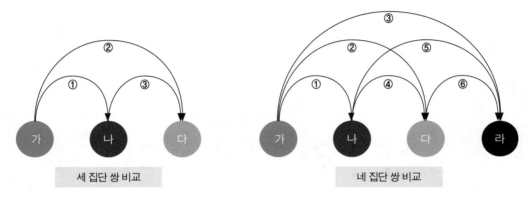

[그림 9-1] 3개 이상 집단의 쌍 비교방법

하지만 반복적인 t-검정 시 각각의 t-검정마다 α-오류가 존재하므로 최종 결론 시 α-오류가 증가하여 5% 수준을 넘어설 수 있다. 실제로 아래의 공식을 이용하여 반복적인 t-검정을 하는 경우 α-오류를 계산할 수 있다.

> ※ α-오류란?
>
> • '영가설을 기각했을 때 틀릴 확률'
> • 평균 차이 검정에서 영가설은? '집단 간 평균 차이가 없다.'
> • 영가설을 기각하기로 결론을 냈다면? '집단 간 평균 차이가 있다.'고 결론 낸 것!
> • '집단 간 평균 차이가 있다.'라는 결론이 틀릴 확률은? 'α-오류'

$$\alpha = 1 - (1-p)^{_AC_2}$$

$\alpha = \alpha$-오류, $p =$ 유의수준, $A =$ 집단 수

$$_AC_2 = \frac{A!}{(A-2)!2!} = \text{쌍 비교 횟수}$$

위의 공식을 이용하여 세 집단 이상에 대해서 반복적으로 t-검정을 적용할 때의 α-오류를 계산하면 다음과 같다(단, 개별 t-검정 시 유의수준은 .05 미만으로 가정한다).

- 3개의 집단에 대해 3회 t-검정하는 경우 α-오류는 최대 14.3%이다.
- 4개의 집단에 대해 6회 t-검정하는 경우 α-오류는 최대 26.5%이다.
- 5개의 집단에 대해 10회 t-검정하는 경우 α-오류는 최대 40.1%이다.

$$\alpha = 1 - (1-p)^{_AC_2}$$

* $\alpha = \alpha$-오류
* $p =$ 유의수준
* $A =$ 집단 수
* $_AC_2 = \dfrac{A!}{(A-2)!2!} = $ 쌍 비교 횟수

예) 3개 표본의 반복 쌍 비교	예) 4개 표본의 반복 쌍 비교	예) 5개 표본의 반복 쌍 비교
$\alpha = 1-(1-0.05)^{3C_2}$	$\alpha = 1-(1-0.05)^{4C_2}$	$\alpha = 1-(1-0.05)^{5C_2}$
$\alpha = 1-(0.95)^3$	$\alpha = 1-(0.95)^6$	$\alpha = 1-(0.95)^{10}$
$\alpha = 1-0.857$	$\alpha = 1-0.735$	$\alpha = 1-0.599$
$\alpha = 0.143$	$\alpha = 0.265$	$\alpha = 0.401$

[그림 9-2] 반복적인 t-검정 시 α-오류의 계산

따라서 세 집단 이상의 평균 차이를 검정하는 경우 유의수준 5%로 t-검정을 반복하는 것은 최종 결론의 α-오류를 증가시켜 잘못된 결론을 내릴 수 있으므로 바람직한 방법이 아니다. 하지만 Bonferroni 부등식을 이용하여 각 쌍 비교 시 유의수준을 수정하여 적용하면 최종 결론의 α-오류 증가를 방지할 수도 있다.

9-2   분산분석의 개념과 원리

세 집단 이상의 평균 차이를 검정하는 경우에는 t-검정이 아닌 '분산분석(analysis of variance, ANOVA)'을 적용한다. 분산분석은 F-분포를 이용하기 때문에 'F-검정'이라고도 하며, 변동되는 정도를 분석한다는 의미에서 '변량분석'이라고도 한다. 분산분석은 모수적 방법으로서 독립성·연속성·정규성·등분산성의 가정이 만족되어야 적용할 수 있다.

분산분석은 '집단 간 분산'이 '집단 내 분산'에 비해 얼마나 되는가의 비율(F-값)을 가지고 평균 차이가 있는가를 판단한다.

• '전체 분산'은 '집단 간 분산 + 집단 내 분산'으로 구성된다.
• '집단 간 분산'은 '전체 평균과 집단평균 간 분산'으로서 '독립변수(요인)로 설명이 가능한 분산'이다.

- '집단 내 분산'은 각 집단별 '집단평균과 관찰값 간 분산'으로서 '독립변수(요인)로 설명이 불가능한 분산'이며, '오차'를 의미한다.

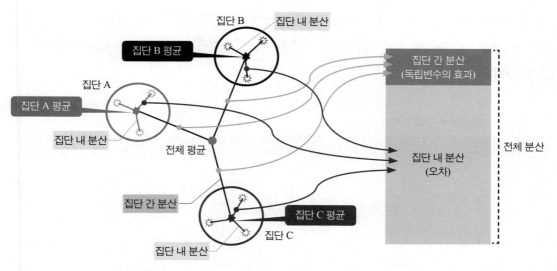

[그림 9-3] 분산분석의 기본개념

$$F = \frac{\text{집단 간 분산}}{\text{집단 내 분산}} = \frac{\text{요인으로 설명이 가능한 분산}}{\text{요인으로 설명이 불가능한 분산}} = \frac{\text{집단 간 분산}}{\text{오차 분산}}$$

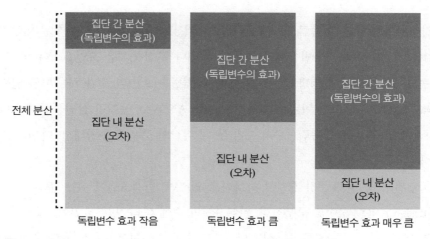

[그림 9-4] 분산과 독립변수의 효과 간 관계

분산분석에서는 다음과 같은 분산분석표를 계산할 수 있다. SPSS로 분산분석을 실행하는 경우 자동으로 계산된 표가 출력된다. 분산분석표는 분석결과의 검정력($1-\beta$, power)을 계산할 때에도 사용할 수 있다.

[표 9-1] 분산분석표와 F-값의 계산

요인	제곱합	자유도	평균 제곱합(분산)	F-값	유의확률
집단	SS_B	집단 수 -1	$MS_B = \dfrac{SS_B}{\text{집단 수} - 1}$	$F = \dfrac{MS_B}{MS_W}$	p값
오차	SS_W	$N-$ 집단 수	$MS_W = \dfrac{SS_W}{N - \text{집단 수}}$		
전체	$SS_T = SS_B + SS_W$	$N-1$			

$SS_B = ($각 집단 평균 $-$ 전체 평균$)^2$의 합, $SS_W = ($각 관찰값 $-$ 해당 집단 평균$)^2$의 합
$N = $ 전체 사례 수

앞의 t-검정에서는 표본의 독립성 여부(독립표본 t-검정)나 표본이 쌍을 이루고 있는가(종속표본 t-검정)를 기준으로 분석방법을 구분하였다. 그러나 분산분석은 요인(factor)이라고 불리는 '독립변수의 수'에 따라 분석방법을 구분한다. 독립변수(요인)의 수가 하나이면 일원분산분석(one-way ANOVA), 둘이면 이원분산분석(two-way ANOVA), 셋이면 삼원분산분석(three-way ANOVA) 등으로 구분하며, 독립변수의 수가 두 개 이상인 경우를 통칭해서 '다원분산분석'이라고 한다.

또한 독립변수 중 반복측정 요인이 하나라도 있으면 '반복요인이 있는 분산분석(repeated measure design ANOVA)'으로 구분한다. 반복요인의 수에 따라 '반복요인이 있는 일원분산분석', '반복요인이 하나인 이원분산분석', '반복요인이 둘인 이원분산분석' 등으로 구분한다.

9-5 사후분석

분산분석은 3개 이상의 표본집단 간 평균 차이 검정에 사용된다. 하지만 분산분석 결과만으로는 어느 집단 간 차이로 인해 세 집단 간 차이가 있다고 나왔는지 알 수는 없다. 따라서 분산분석 결과 집단 간 유의한 차이가 있는 것으로 나타났으면 어느 집단 간 차이로 인해 이러한 결과가 나타났는지 추가적인 분석이 필요하다. 이러한 분석을 사후분석(post hoc)이라고 한다.

분산분석 결과 유의한 차이가 나타나면 사후분석을 진행한다. 하지만 분산분석 결과 통계적으로 유의한 차이가 없으면 사후분석을 진행하는 것이 무의미하다.

SPSS 프로그램에서는 분산분석 메뉴 내에 사후분석 옵션을 선택할 수 있도록 구성되어 있다. 따라서 분산분석 시 사후분석도 함께 적용할 수 있다.

연구의 주목적이 모든 집단 간 비교라면 반드시 분산분석을 적용해야 한다. 하지만 경우에 따라서는 모든
집단 간 비교가 주목적이 아닌 경우도 있다. 따라서 집단이 3개 이상이라고 하더라도 연구자의 주목적이
어디에 있는가에 따라 분석방법을 달리할 수 있다.
• 모든 집단 간 비교에 주목적이 있는 경우: 분산분석 진행 후 사후분석 진행
• 모든 집단 간 비교에는 관심이 없고 특정 집단 간 비교에만 관심이 있는 경우: 분산분석 대신 특정 집단
  간 비교하는 '계획비교'를 진행
• 계획비교는 특정 집단 간 비교 시 α-오류가 지정 범위(.05)를 넘어가지 않도록 유의수준(.05)을 쌍 비교
  횟수로 나누어 비교하는 방법으로서 Bonferroni 부등식을 이용한다.

사후분석 방법을 선택할 때 집단 간 등분산 가정의 만족 여부를 고려한다.
• 집단 간 등분산 가정이 만족되는 경우에는 Scheffè, Tukey, Bonferroni, LSD, Duncan 등
  의 방법을 사용할 수 있다.
• 집단 간 등분산 가정이 만족되지 않는 경우에는 Dunnett의 T3, Tamhane의 T2 등을 사용
  하면 된다.

집단 간 등분산성(분산의 동질성)은 분산분석 옵션에서 지정하여 결과를 확인할 수 있으며
사후분석 방법 선택 시 활용할 수 있다. 통계분석에서 집단 간 등분산 가정이 만족될 경우 일
반적으로 가장 많이 사용되는 사후분석 방법은 Scheffè의 방법과 Tukey의 방법이다.
• Scheffè의 방법은 모든 집단 간 표본의 크기가 다른 경우에도 적용이 가능하다.
• Tukey의 방법은 모든 집단 간 표본의 크기가 같은 경우에 적용이 권장된다.

사후분석 방법은 엄격한 방법과 덜 엄격한 방법이 있다.
• 엄격한 방법은 α-오류를 관리하면서 각 쌍 비교를 엄격하게 하는 방법으로서 Scheffè,
  Tukey 등이 해당된다.
• 덜 엄격한 방법은 각 쌍 비교를 덜 엄격하게 하는 방법으로서 LSD(least significant
  difference), Duncan 등이 해당된다.

※ 분산분석 결과는 의미 있는 차이가 있는데 사후분석 결과는 의미 있는 차이가 하나도 없다고 나오면 어떻게 해야 하는가?

연구의 주목적이 모든 집단 간 비교라면 분산분석이 주된 분석방법이고, 사후검정은 그 결과를 보완 설명하는 것이다. 그런데 주된 분석의 결과와 보완 설명의 결과가 다르다는 것은 이치에 맞지 않는다.
　이러한 현상이 발생하는 원인은 표본의 크기와 쌍 비교 횟수를 고려하지 않고 사후검정을 엄격한 방법으로 적용했기 때문이다. 표본의 크기가 작거나 쌍 비교 횟수가 많다면 사후검정 방법은 덜 엄격한 방법을 고려하는 것이 바람직하다. 주된 분석결과가 의미 있게 나왔다면 보완 설명은 덜 엄격하게 적용해도 무리가 없을 것이다.

9-6　독립변수(요인)가 1개인 경우

1) 일원분산분석

(1) 개요 및 적용목적

집단구분 요인(독립변수) 하나에 의해 나누어진 서로 다른(독립적인) 3개 이상의 표본집단 간 평균 차이를 검정하는 목적으로 사용된다. 예를 들어 30대, 40대, 50대의 세 집단 간 최대심박수의 평균 차이 검정 시 집단 수는 3개이지만 독립변수는 '연령대' 하나이므로 일원분산분석을 사용한다.

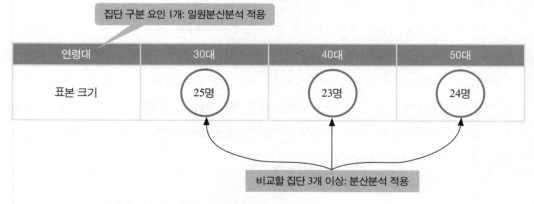

연령대	30대	40대	50대
표본 크기	25명	23명	24명

집단 구분 요인 1개: 일원분산분석 적용

비교할 집단 3개 이상: 분산분석 적용

[그림 9-5] 일원분산분석의 집단구분 요인(독립변수)과 집단 수의 분별

(2) 기본가정

일원분산분석은 모수적 방법으로서 독립성·연속성·정규성·등분산성이 만족되어야 적용할 수 있다.

가. 독립성

비교할 모든 표본집단이 서로 다른 모집단에서 상호 영향을 주지 않고 독립적으로 추출되어야 한다는 가정이다. 비교할 모든 집단이 서로 독립적이지 않으면 일원분산분석을 적용할 수 없다.

나. 연속성

종속변수가 연속형 변수인 등간변수나 비율변수이어야 한다는 가정이다. 종속변수가 명목변수인 경우에는 카이제곱 검정을 고려하고, 종속변수가 서열변수인 경우에는 비모수적 방법인 Kruskal-Wallis 검정을 적용한다.

다. 정규성

비교할 모든 표본집단의 모집단이 각각 정규분포를 이루고 있어야 한다는 가정이다. 만약 정규성을 만족하지 못하게 되면 비모수적 방법인 Kruskal-Wallis 검정을 적용한다. 각 집단의 정규성 만족 여부와 정규성 검정 실시 여부는 표본의 크기를 고려해서 다음과 같이 적용한다.

- 표본의 크기가 30 이상인 경우에는 '중심극한의 정리'에 의해 별도의 정규성 검정 없이도 정규성이 확보되었다고 가정하여 일원분산분석을 적용한다.
- 표본의 크기가 10 미만이면 정규성을 보장하기 어렵다고 판단하여 비모수적 방법인 Kruskal-Wallis 검정을 적용한다.
- 표본의 크기가 10~30 사이인 경우에는 Kolmogorov-Smirnov 검정 및 Shapiro-Wilk 검정을 이용하여 정규성 여부를 판단한다. 여기에서 정규성을 만족하면 일원분산분석을 적용하고 정규성을 만족하지 못하면 비모수적 방법인 Kruskal-Wallis 검정을 적용한다(정규성 검정방법은 분석순서에서 설명하였다).

라. 등분산성

비교할 모든 집단의 분산도가 같음을 의미한다. 모든 집단의 표본 크기가 같거나 비슷하다면 등분산성을 만족하지 못해도 결론에 큰 영향을 주지 않는다. 하지만 집단 간 표본의 크기가 크게 차이가 난다면 결론에 큰 영향을 줄 수 있다. 따라서 분산분석을 적용하기 전에 표본의 크기를 같거나 비슷하게 설정하는 것이 좋다.

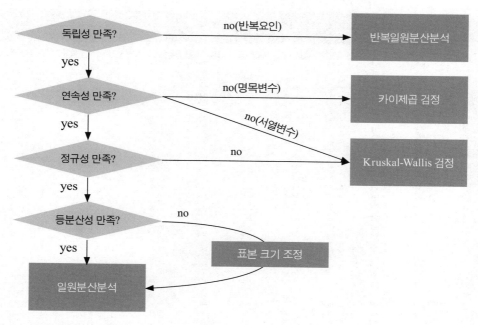

[그림 9-6] 분산분석의 기본가정

(3) 분석순서 및 결과해석

> 30대, 40대, 50대 여성들을 대상으로 연령대 간 최대심박수의 평균이 서로 다른가를 분석하고자 한다.
> 유의수준 .05 이내로 검정하라(예제파일: 일원분산분석.sav).

	ID	연령대	신장	체중	BMI	HRrest	HRmax	VO2max	변수	변수	변수	변수
1	1.00	30.00	164.80	56.30	20.73	87.48	185.33	25.00				
2	2.00	50.00	161.20	72.10	27.75	74.42	139.50	23.80				
3	3.00	50.00	166.50	74.50	26.87	57.83	158.33	27.33				
4	4.00	40.00	162.80	55.80	21.05	66.67	152.33	34.50				
5	5.00	40.00	154.90	57.30	23.88	71.64	167.75	25.45				
6	6.00	40.00	162.70	51.40	19.42	81.95	176.67	36.67				
7	7.00	40.00	152.70	55.50	23.80	66.09	130.50	25.17				
8	8.00	40.00	153.60	65.60	27.80	60.42	177.00	27.00				
9	9.00	40.00	156.80	51.60	20.99	76.33	184.33	34.50				
10	10.00	40.00	159.90	53.80	21.04	62.17	149.67	33.30				
11	11.00	40.00	165.90	67.00	24.34	67.83	195.00	25.33				
12	12.00	30.00	161.40	50.40	19.35	66.23	177.00	33.17				
13	13.00	50.00	147.30	51.60	23.78	60.31	153.80	30.40				
14	14.00	30.00	154.60	51.30	21.46	82.31	191.33	36.67				
15	15.00	30.00	163.70	61.00	22.76	95.00	180.17	26.62				
16	16.00	40.00	159.70	51.60	20.23	60.58	159.33	27.87				
17	17.00	30.00	155.60	49.70	20.53	68.85	180.50	30.33				
18	18.00	50.00	161.00	57.20	22.07	70.08	183.33	31.83				
19	19.00	30.00	156.60	62.20	25.36	75.83	169.60	31.60				
20	20.00	30.00	160.40	54.20	21.07	65.46	163.17	41.68				
21	21.00	50.00	153.60	49.60	21.02	74.08	148.17	38.00				
22	22.00	30.00	160.60	55.60	21.56	64.58	167.83	31.80				
23	23.00	30.00	167.20	61.40	21.96	82.00	194.00	28.35				
24	24.00	40.00	159.00	71.40	28.24	79.17	182.00	25.15				
25	25.00	40.00	159.80	56.10	21.97	67.92	165.67	31.78				
26	26.00	40.00	158.40	83.10	33.12	53.25	162.33	27.35				
27	27.00	30.00	154.40	59.70	25.04	67.08	151.17	32.08				
28	28.00	30.00	155.80	73.10	30.11	76.75	175.67	29.13				
29	29.00	30.00	156.70	68.00	27.69	70.67	161.50	22.88				
30	30.00	40.00	155.50	71.80	29.69	72.17	165.83	29.80				
31	31.00	40.00	153.00	51.20	21.87	75.42	174.50	24.08				
32	32.00	40.00	162.00	74.80	28.50	64.17	175.50	28.15				
33	33.00	40.00	161.20	51.90	19.97	68.08	181.67	34.20				
34	34.00	30.00	161.50	50.20	19.25	86.67	176.33	27.23				
35	35.00	40.00	163.30	54.00	20.25	76.58	173.17	37.47				

가. 정규성 검정

연령대별 집단이 서로 독립적이고 종속변수인 최대심박수(HRmax)가 연속형 변수이므로 다음으로 정규성 검정의 실시 여부를 판단한다. 세 집단의 표본 크기가 각각 25, 23, 24로 10~30 사이이므로 정규성 검정을 실시하여 정규분포 여부를 확인해야 한다.

- 정규성 검정 순서

① 메뉴에서 [분석]→[기술통계량]→[데이터 탐색]을 선택한다.

■ 정규성 검정의 대상변수 지정

① '데이터 탐색' 대화상자가 열리면 연령대별 정규성 검정이므로 '연령대' 변수를 '요인' 칸
으로 옮긴다.

② 'HRmax' 변수를 '종속변수' 칸으로 옮긴다.

③ '도표' 단추를 누른다.

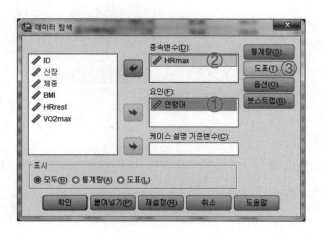

■ 정규성 검정의 선택

① '데이터 탐색: 도표' 대화상자가 열리면 '검정과 함께 정규성 도표'를 선택한다.

② '계속' 단추를 누른다.

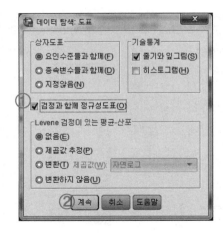

■ 정규성 검정의 실행

① '데이터 탐색' 대화상자로 돌아오면 '확인' 단추를 눌러 분석을 실행한다.

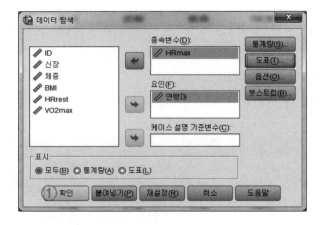

■ 정규성 검정의 분석결과

다음 표는 정규성 검정결과 중 '케이스 처리 요약' 부분이다. 30대는 25명, 40대는 23명, 50대는 24명의 표본 크기를 보여주고 있다.

케이스 처리 요약

		케이스					
		유효		결측		전체	
	연령대	N	퍼센트	N	퍼센트	N	퍼센트
HRmax	30.00	25	100.0%	0	0.0%	25	100.0%
	40.00	23	100.0%	0	0.0%	23	100.0%
	50.00	24	100.0%	0	0.0%	24	100.0%

다음은 정규성 검정결과 중 '기술통계' 부분을 나타낸 것이다. 30대와 50대 집단 각각의 왜도와 첨도가 모두 –2 ~ +2의 범위 내에 있으므로 정규분포에서 특별히 치우치지 않았음을 알 수 있다. 40대의 첨도가 +2를 초과하여 정규분포보다 다소 뾰족한 경향을 보이고 있다.

기술통계

연령대				통계량	표준오차
HRmax	30.00	평균		179.1397	2.11988
		평균의 95% 신뢰구간	하한	174.7645	
			상한	183.5149	
		5% 절삭평균		179.7810	
		중위수		180.3300	
		분산		112.347	
		표준편차		10.59938	
		최소값		151.17	
		최대값		194.00	
		범위		42.83	
		사분위수 범위		13.92	
		왜도		-.880	.464
		첨도		.592	.902
	40.00	평균		169.1041	2.78756
		평균의 95% 신뢰구간	하한	163.3230	
			상한	174.8851	
		5% 절삭평균		169.7484	
		중위수		173.1700	
		분산		178.721	
		표준편차		13.36867	
		최소값		130.50	
		최대값		195.00	
		범위		64.50	
		사분위수 범위		14.34	
		왜도		-.933	.481
		첨도		2.207	.935
	50.00	평균		164.2701	3.00865
		평균의 95% 신뢰구간	하한	158.0463	
			상한	170.4940	
		5% 절삭평균		164.9529	
		중위수		167.8350	
		분산		217.248	
		표준편차		14.73932	
		최소값		130.83	
		최대값		184.17	
		범위		53.34	
		사분위수 범위		20.86	
		왜도		-.660	.472
		첨도		-.239	.918

다음은 분석결과 중 '정규성 검정' 부분이다. 정규성 검정에서의 가설은 각 연령대 집단마다 다음과 같다.

- H_0: 모집단은 정규분포를 따른다.
- H_1: 모집단은 정규분포를 따르지 않는다.

정규성 검정 결과 Kolmogorov-Smirnov 검정에서는 30대, 40대, 50대 모두 유의확률이 .200으로서 .05보다 크게 나타났으므로 영가설을 받아들여 정규분포가 성립됨을 알 수 있다. Shapiro-Wilk 검정에서도 유의확률이 30대는 .160, 40대는 .209, 50대는 .219로서 모두 .05보다 크므로 영가설을 받아들여 정규분포가 성립됨을 알 수 있다. 왜도와 첨도에서 나타난 정규성 경향과 정규성 검정 결과가 서로 다를 때에는 통계적 검정을 거친 정규성 검정 결과를 따른다.

정규성 검정

	연령대	Kolmogorov-Smirnov[a]			Shapiro-Wilk		
		통계량	자유도	유의확률	통계량	자유도	유의확률
HRmax	30.00	.137	25	.200[*]	.941	25	.160
	40.00	.141	23	.200[*]	.943	23	.209
	50.00	.117	24	.200[*]	.946	24	.219

*. 이것은 참인 유의확률의 하한값입니다.

a. Lilliefors 유의확률 수정

나. 일원분산분석의 적용

정규성 가정이 만족되었으므로 일원분산분석을 적용한다. SPSS 프로그램으로 일원분산분석을 수행하는 방법은 두 가지가 있다.

■ '평균 비교' 메뉴를 이용하는 방법

① 메뉴에서 [분석]→[평균 비교]→[일원배치 분산분석]을 선택한다.

■ '일반선형모형' 메뉴를 이용하는 방법

① 메뉴에서 [분석]→[일반선형모형]→[일변량]을 선택한다.

위의 두 방법 모두 결과는 같다. 하지만 다음과 같은 특징이 있으므로 이를 고려하여 선택하는 것이 좋다.

- '평균 비교' 메뉴를 이용하면 한꺼번에 여러 개의 종속변수를 분석할 수 있으며, 효과크기를 별도의 필산으로 계산해야 한다.
- '일반선형모형' 메뉴를 이용하면 한 번에 한 개씩의 종속변수를 분석할 수 있으며, 효과크기 계산을 추가하는 옵션이 있다.

※ 효과크기(effect size)를 왜 계산해야 하는가?

최근 스포츠 의·과학 분야에서도 통계분석에서 유의수준뿐만 아니라 통계적 검정력에 대한 관심과 심사가 엄격해지고 있다. 따라서 분석결과의 통계적 검정력 계산에 필요한 효과크기는 반드시 계산할 필요가 있다. 더욱이 효과크기는 다른 연구자들의 연구결과를 종합하여 양적으로 분석하는 메타분석 연구에서도 표준화 척도로 활용되므로 그 중요성이 매우 크다.

여기에서는 '일반선형모형' 메뉴를 이용하여 일원분산분석을 진행한다.

■ 일원분산분석 순서

① 메뉴에서 [분석]→[일반선형모형]→[일변량]을 선택한다.

■ 일원분산분석의 대상변수 지정

① '일변량 분석' 대화상자가 열리면 '연령대' 변수를 '모수요인(고정요인)' 칸으로 옮긴다.

② 'HRmax' 변수를 '종속변수' 칸으로 옮긴다.

③ '사후분석' 단추를 누른다.

■ 일원분산분석의 사후분석 설정

① '일변량: 관측평균의 사후분석 다중비교' 대화상자가 열리면 '요인' 칸에 있는 '연령대' 변수를 '사후검정변수' 칸으로 옮긴다.

② 집단별 표본의 크기가 비슷하므로 등분산 가정이 큰 영향을 주지 않는다고 판단하여 '등분산을 가정함' 항목에서 방법을 선택한다(만약 집단별 표본의 크기가 크게 다르면 '등분산을 가정하지 않음' 항목에서 'Dunnett의 T3'를 선택한다). 집단별 표본의 크기가 동일하지 않았으므로 'Scheffè'를 선택한다(만약 비교할 집단 간 표본의 크기가 동일하다면 'Tukey 방법'을 선택한다).

③ '계속' 단추를 누른다.

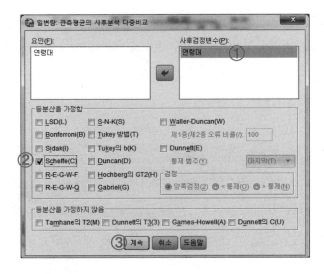

■ 일원분산분석의 옵션 선택

① '일변량 분석' 대화상자로 돌아오면 '옵션' 단추를 누른다.

■ 일원분산분석의 옵션 설정

① '일변량: 옵션' 대화상자가 열리면 '표시' 항목에서 '기술통계량'을 선택한다.

② '효과크기 추정값'을 선택한다.

③ '동질성 검정'을 선택한다.

④ '계속' 단추를 누른다.

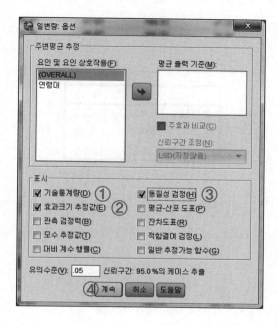

■ 일원분산분석의 실행

① '일변량 분석' 대화상자로 돌아오면 '확인' 단추를 눌러 분석을 실행한다.

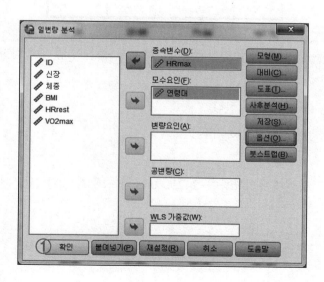

■ 일원분산분석의 분석결과

다음 표는 분석결과 중 '개체 간 요인'에 대한 부분이다. 연령대는 30대, 40대, 50대 집단이 포함되었으며, 각 집단 간 표본의 크기가 서로 다른 것을 알 수 있다.

개체-간 요인

		N
연령대	30.00	25
	40.00	23
	50.00	24

다음은 분석결과 중 '기술통계량' 부분이다. 이 부분은 '옵션'에서 '기술통계량'을 선택해야 출력된다. 종속변수가 'HRmax'이고 각 연령대 집단별 'HRmax'의 평균과 표준편차, 표본 수가 정리되어 있다.

기술통계량

종속 변수: HRmax

연령대	평균	표준편차	N
30.00	179.1397	10.59938	25
40.00	169.1041	13.36867	23
50.00	164.2701	14.73932	24
합계	170.9774	14.26652	72

다음은 분석결과 중 '분산의 동질성 검정' 부분이다. 분산의 동질성 검정(등분산성 검정)에서 가설은 다음과 같다.

- H_0: 집단 간 등분산성이 성립한다.
- H_1: 집단 간 등분산성이 성립하지 않는다.

분산의 동질성 검정결과 유의확률이 .242로 .05보다 크므로 집단 간 등분산성이 성립됨을 알 수 있다.

오차 분산의 동일성에 대한 Levene의 검정 [a]

종속 변수: HRmax

F	df1	df2	유의확률
1.449	2	69	.242

여러 집단에서 종속변수의 오차 분산이 동일한
영가설을 검정합니다.

a. Design: 절편 + 연령대

다음은 분석결과 중 '개체 간 효과 검정' 부분이다. 이 부분이 일원분산분석에서 집단 간 차이가 있는가를 검정한 부분이다. 일원분산분석에서의 가설은 다음과 같다.

- H_0: 연령대 집단 간 HRmax의 평균은 같다.
- H_1: 연령대 집단 간 HRmax의 평균은 같지 않다.

일원분산분석 결과 유의확률이 .001로 .05보다 작으므로 영가설을 기각하여 HRmax의 평균은 연령대 간 의미 있는 차이가 있음을 알 수 있다.

개체-간 효과 검정

종속 변수: HRmax

소스	제 III 유형 제곱합	자유도	평균 제곱	F	유의확률	부분 에타 제곱
수정 모형	2826.005[a]	2	1413.003	8.387	.001	.196
절편	2098930.686	1	2098930.686	12458.288	.000	.994
연령대	2826.005	2	1413.003	8.387	.001	.196
오차	11624.889	69	168.477			
합계	2119245.471	72				
수정 합계	14450.894	71				

a. R 제곱 = .196 (수정된 R 제곱 = .172)

다음은 분석결과 중 '사후분석' 부분이다. 일원분산분석 결과에서 연령대 간 의미 있는 차이가 있는 것으로 나타났으므로 사후분석을 진행한다. 사후분석은 각 집단을 둘씩 묶어서 개별적인 차이 검정을 반복적으로 하는 방법으로 '다중비교'라고도 한다. 따라서 각각의 검정마다 다음과 같은 가설이 적용된다.

- H_0: 두 집단 간 HRmax의 평균은 같다.
- H_1: 두 집단 간 HRmax의 평균은 같지 않다.

사후분석 결과 30대의 HRmax가 40대와 50대의 HRmax보다 유의하게 높은(평균 차가 양수이므로) 것으로 나타났다. 40대의 HRmax는 50대의 HRmax와 의미 있는 차이가 없는 것으로 나타났다.

다중 비교

종속 변수: HRmax

Scheffe

(I) 연령대	(J) 연령대	평균차(I-J)	표준오차	유의확률	95% 신뢰구간	
					하한값	상한값
30.00 →	40.00	10.0357	3.75022	.033	.6532	19.4182
	50.00	14.8696	3.70930	.001	5.5894	24.1497
40.00	30.00	-10.0357*	3.75022	.033	-19.4182	-.6532
	50.00	4.8339	3.78747	.447	-4.6418	14.3096
50.00	30.00	-14.8696*	3.70930	.001	-24.1497	-5.5894
	40.00	-4.8339	3.78747	.447	-14.3096	4.6418

관측평균을 기준으로 합니다.
오류 조건은 평균 제곱(오류) = 168.477입니다.

*. 평균차는 .05 수준에서 유의합니다.

2) Kruskal-Wallis 검정

(1) 개요 및 적용목적

서로 독립적인 셋 이상의 집단 간 평균 차이 비교에서 다음 중 하나 이상에 해당되는 경우 일원분산분석을 적용할 수 없다.

- 모집단이 정규분포를 이루지 않는 집단이 하나라도 있는 경우
- 표본의 크기가 10 미만인 집단이 하나라도 있는 경우
- 종속변수가 연속형 변수가 아닌 경우
- 위와 같은 경우에는 비모수적 통계방법인 Kruskal-Wallis 검정을 적용한다(종속변수가 명목변수인 경우에는 적용 불가).

Kruskal-Wallis 검정도 순위합 검정으로서 다음의 절차로 진행된다.

① 모든 집단의 모든 데이터를 모아서 크기순으로 정렬한다.

② 정렬된 개별 데이터에 순위를 부여한다(오름차순 또는 내림차순).

③ 순위의 동점은 평균 순위로 보정한다.

④ 원래의 집단별로 개별 데이터의 보정된 순위를 평균 처리한다.

⑤ 집단별 보정된 순위의 평균값에 대해 차이를 검정한다.

Kruskal-Wallis 검정은 데이터의 고유값을 순위로 환산하여 사용하므로 순위정보 이외의 정보는 없어진다. 따라서 가설검정에서 평균과 표준편차의 개념은 무의미하다.

(2) 분석순서 및 결과해석

> 30대, 40대, 50대 여성 7명씩을 대상으로 연령대 간 최대심박수(HRmax)의 차이가 있는가를 검정하고 자 한다. 유의수준 5% 이내로 검정하라(예제파일: Kruskal-Wallis 검정.sav).

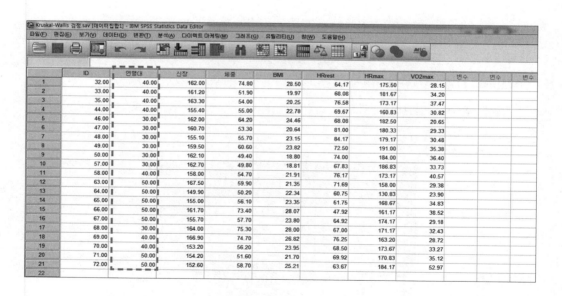

각 집단의 표본 크기가 10명 미만이므로 비모수적 방법인 Kruskal-Wallis 검정을 적용한 다.

■ Kruskal-Wallis 검정 순서

① 메뉴에서 [분석]→[비모수 검정]→[레거시 대화상자]→[독립 K-표본(K-독립표본)]을 선택
한다.

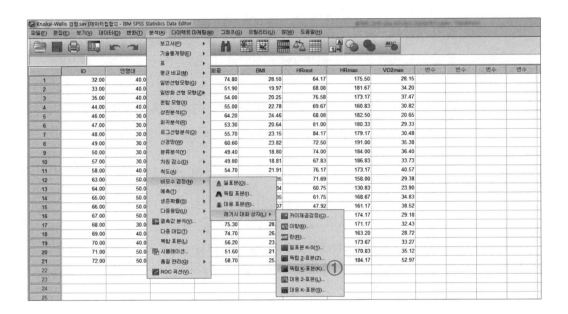

■ Kruskal-Wallis 검정의 독립변수 지정

① '독립 K-표본(K-독립 표본) 비모수검정' 대화상자가 열리면 '검정 유형' 항목에서 'Kruskal-
Wallis의 H'를 선택한다(기본설정).

② '연령대' 변수를 '집단변수' 칸으로 옮긴다.

③ '범위지정' 단추를 누른다.

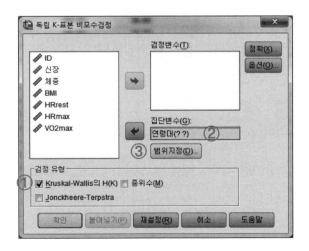

■ Kruskal-Wallis 검정의 독립변수 정의

① '독립 K-표본(K-독립 표본) 비모수검정: 범위지정' 대화상자가 열리면 '최소값'에 연령대의
   최소값인 '30'을 입력한다.

② '최대값'에 연령대의 최대값인 '50'을 입력한다.

③ '계속' 단추를 누른다.

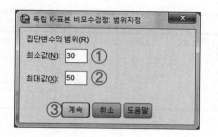

■ Kruskal-Wallis 검정의 종속변수 지정 및 실행

① '독립 K-표본 비모수검정' 대화상자로 돌아오면 '집단변수' 칸에 '연령대(30 50)'가 입력된
   것을 확인할 수 있다.

② 'HRmax' 변수를 '검정변수' 칸으로 옮긴다.

③ '확인' 단추를 눌러 분석을 실행한다.

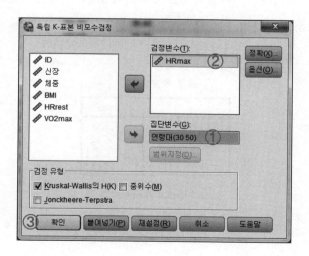

■ Kruskal-Wallis 검정의 분석결과

다음 표는 분석결과 중 '순위' 부분이다. 집단별 평균 순위를 보면 30대는 16.14, 40대는 9.57, 50대는 7.29이다. 평균 순위가 크다는 것은 HRmax가 높다는 의미다(오름차순으로 순위를 부여했기 때문이다. 만약 내림차순으로 순위를 부여했다면 평균 순위가 낮게 계산된다).

순위

	연령대	N	평균순위
HRmax	30.00	7	16.14
	40.00	7	9.57
	50.00	7	7.29
	합계	21	

다음은 분석결과 중 '검정 통계량' 부분이다. Kruskal-Wallis 검정에서의 가설은 다음과 같다.

- H_0: 연령대 집단 간 HRmax는 같다.
- H_1: 연령대 집단 간 HRmax는 같지 않다.

Kruskal-Wallis 검정결과 유의확률이 .021로 나타나 .05보다 작으므로 영가설을 기각하고 연령대 집단 간 HRmax의 차이가 있는 것으로 판단한다.

검정 통계량 [a,b]

	HRmax
카이제곱	7.693
자유도	2
근사 유의확률	.021

a. Kruskal Wallis 검정
b. 집단변수: 연령대

(3) 사후분석

SPSS 프로그램에서는 Kruskal-Wallis 검정 중 사후검정을 추가하는 옵션이 없다. 따라서 별도의 검정을 수행해야 한다. 30대, 40대, 50대 집단 간 비교이므로 두 집단씩 묶어서 반복적으로 비교한다. 이때 비교할 집단이 세 집단이므로 반복 쌍 비교 횟수는 3회이다. 3회의 쌍비교 시 최종 결론의 α-오류(1종 오류)를 5% 미만으로 유지하기 위해서 개별 쌍 비교 시 유의수준(p)을 Bonferroni 부등식에 따라 다음과 같이 보정한다.

- $p = \dfrac{\alpha}{3} = \dfrac{.05}{3} = .0167$ (개별 쌍 비교 시 유의수준을 .0167로 설정한다).
- 표본의 크기가 10 미만인 집단 간 비교이므로 비모수적 방법인 Mann-Whitney 검정을 사용한다.

구체적인 분석방법은 다음과 같다.

■ Mann-Whitney 검정 순서

① 메뉴에서 [분석]→[비모수 검정]→[레거시 대화상자]→[독립 2-표본(2-독립표본)]을 선택한다.

■ Mann-Whitney 검정의 독립변수 지정

① '독립 2-표본(2-독립 표본) 비모수검정' 대화상자가 열리면 '검정 유형' 항목에서 'Mann-Whitney의 U'를 선택한다(기본설정).

② '연령대' 변수를 '집단변수' 칸으로 옮긴다.

③ '집단정의' 단추를 누른다.

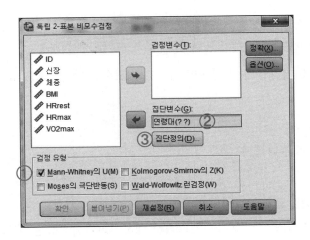

■ Mann-Whitney 검정의 독립변수 정의

① 30대와 40대를 먼저 비교하는 것으로 가정한다. '독립 2-표본(2-독립 표본) 비모수검정: 집단정의' 대화상자가 열리면 '집단 1' 칸에 '30'을 입력한다.

② '집단 2' 칸에 '40'을 입력한다(다른 집단 간 비교에서도 마찬가지로 적용).

③ '계속' 단추를 누른다.

■ Mann-Whitney 검정의 종속변수 지정 및 실행

① '독립 2-표본(2-독립 표본) 비모수검정' 대화상자로 돌아오면 'HRmax' 변수를 '검정변수'

칸으로 옮긴다.

② '확인' 단추를 눌러 분석을 실행한다.

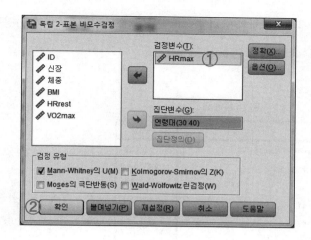

■ Mann-Whitney 검정의 분석결과

다음 표는 30대와 40대의 사후분석 결과 중 '순위' 부분이다. 30대의 순위합은 70, 40대의 순위합은 35이다.

순위

	연령대	N	평균순위	순위합
HRmax	30.00	7	10.00	70.00
	40.00	7	5.00	35.00
	합계	14		

다음은 30대와 40대의 사후분석 결과 중 '검정 통계량' 부분이다. Mann-Whitney 검정에서의 가설은 다음과 같다.

• H_0: 30대와 40대 집단 간 HRmax는 같다.

• H_1: 30대와 40대 집단 간 HRmax는 같지 않다.

• 가설검정에서의 유의수준은 Bonferroni 부등식으로 계산한 바와 같이 .05가 아닌 .0167을 적용한다.

유의확률이 .026으로 .0167보다 크므로 영가설을 기각하지 못하고 30대와 40대 집단 간 HRmax는 같다고 결론을 내린다. 위와 같은 방법으로 30대와 50대 간, 40대와 50대 간 비교를 실시하여 종합적인 결론을 내린다. 만약 Kruskal-Wallis 검정 결과와 사후검정의 결과가 다르다면 연구목적에 따른 해석이 가능하도록 Bonferroni 부등식의 사용 여부를 신중하게 판단하는 것이 좋을 것이다.

검정 통계량 [a]

	HRmax
Mann-Whitney의 U	7.000
Wilcoxon의 W	35.000
Z	-2.239
근사 유의확률(양측)	.025
정확한 유의확률 [2*(단측 유의확률)]	.026[b]

적용할 유의수준 ($\frac{.05}{3}$ =.0167)

a. 집단변수: 연령대
b. 동률에 대해 수정된 사항이 없습니다.

9-7 독립변수(요인)가 2개인 경우

1) 이원분산분석

(1) 개요 및 적용목적

집단구분 요인(독립변수) 2개에 의해 나누어진 서로 다른(독립적인) 세 표본집단 이상 간 평균 차이를 검정하는 목적으로 사용된다. 예를 들어 '성별(남녀)'과 '연령대(30대, 40대, 50대)'로 나누어진 집단 간 최대심박수의 평균 차이 검정 시 독립변수는 '성별'과 '연령대'로 2개이므로 이원분산분석을 사용한다.

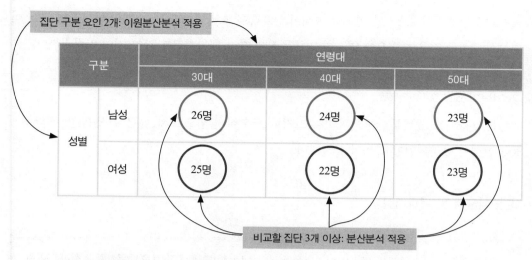

[그림 9-7] 이원분산분석의 집단구분 요인(독립변수)과 집단 수의 분별

이원분산분석은 일원분산분석과 달리 독립변수가 2개이므로 다음과 같은 정보를 제공한다.

- 두 독립변수가 동시에 종속변수에 영향을 주는가: 상호작용 효과(interaction)
- 각각의 독립변수가 종속변수에 영향을 주는가: 주 효과(main effect)

[표 9-2] 이원분산분석이 주는 정보

정보 명칭	정보 내용
상호작용 효과(성별×연령대)	성별과 연령대가 동시에 최대심박수에 영향을 주는가?
주 효과(성별)	성별(연령대는 무시)은 최대심박수에 영향을 주는가?
주 효과(연령대)	연령대(성별은 무시)는 최대심박수에 영향을 주는가?

이원분산분석의 주 목적은 독립변수 간에 상호작용 효과가 있는가를 확인하는 것이다. 따라서 결과해석의 순서는 다음과 같다.

- 상호작용 효과가 있는가를 가장 먼저 해석한다.
- 상호작용 효과가 있으면 주 효과는 해석하지 않는다.
- 상호작용 효과가 없으면 주 효과를 차례로 해석한다.

만약 독립변수가 2개지만 연구의 목적이 상호작용 효과를 확인하는 것이 아니라면 굳이 이원분산분석을 적용할 필요는 없으며 연구목적에 따라 계획비교를 하는 것이 바람직하다.

(2) 기본가정

이원분산분석도 일원분산분석과 마찬가지로 모수적 방법으로서 독립성·연속성·정규성·등분산성이 만족되어야 적용이 가능하다.

(3) 분석순서 및 결과해석

성별과 연령대(30대, 40대, 50대)로 나누어진 집단의 최대심박수 평균이 서로 다른가를 분석하고자 한다. 유의수준 .05 이내로 검정하라(예제파일: 이원분산분석.sav).

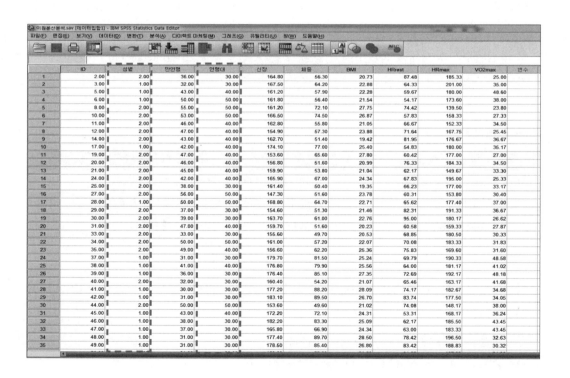

가. 정규성 검정

성별 및 연령대별 집단이 서로 독립적이고 종속변수인 최대심박수(HRmax)가 연속형 변수이므로 다음으로 정규성 검정의 실시 여부를 판단한다. 성별 및 연령대별 집단의 표본 크기가 모두 10~30 사이이므로 정규성 검정을 실시하여 정규분포 여부를 확인해야 한다.

■ 정규성 검정 순서

① 메뉴에서 [분석]→[기술통계량]→[데이터 탐색]을 선택한다.

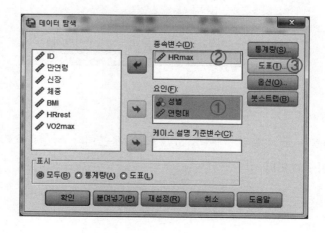

■ 정규성 검정의 대상변수 지정

① '데이터 탐색' 대화상자가 열리면 '성별' 변수와 '연령대' 변수를 '요인' 칸으로 옮긴다.
② 'HRmax' 변수를 '종속변수' 칸으로 옮긴다.
③ '도표' 단추를 누른다.

■ 정규성 검정의 선택

① '데이터 탐색: 도표' 대화상자가 열리면 '검정과 함께 정규성 도표'를 선택한다.

② '계속' 단추를 누른다.

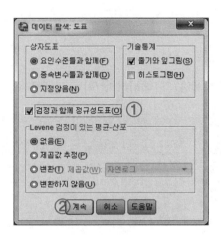

■ 정규성 검정의 실행

① '데이터 탐색' 대화상자로 돌아오면 '확인' 단추를 눌러 분석을 실행한다.

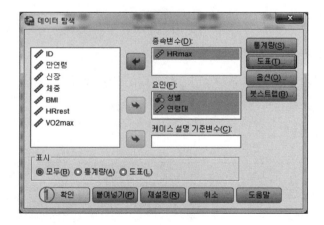

■ 정규성 검정의 분석결과

　다음 표는 검정결과 중 성별의 '케이스 처리 요약' 부분이다. 남성은 73명, 여성은 70명이
포함되었음을 보여주고 있다.

케이스 처리 요약

| | 성별 | 케이스 | | | | | |
| | | 유효 | | 결측 | | 전체 | |
		N	퍼센트	N	퍼센트	N	퍼센트
HRmax	1.00	73	100.0%	0	0.0%	73	100.0%
	2.00	70	100.0%	0	0.0%	70	100.0%

다음은 검정결과 중 성별의 '기술통계' 부분이다. 남성 및 여성 모두 왜도와 첨도가 –2 ~ +2의 범위 내에 있는 것으로 나타나 정규분포에서 특별한 치우침이 없음을 확인하였다.

기술통계

	성별		통계량	표준오차
HRmax	1.00	평균	179.3512	1.36300
		평균의 95% 신뢰구간 하한	176.6341	
		상한	182.0683	
		5% 절삭평균	179.2535	
		중위수	179.8300	
		분산	135.616	
		표준편차	11.64545	
		최소값	153.50	
		최대값	205.50	
		범위	52.00	
		사분위수 범위	17.84	
		왜도	.064	.281
		첨도	-.483	.555
	2.00	평균	172.1291	1.51649
		평균의 95% 신뢰구간 하한	169.1038	
		상한	175.1545	
		5% 절삭평균	172.5588	
		중위수	174.1700	
		분산	160.983	
		표준편차	12.68789	
		최소값	139.17	
		최대값	195.00	
		범위	55.83	
		사분위수 범위	18.56	
		왜도	-.514	.287
		첨도	-.059	.566

다음은 정규성 검정결과 중 성별의 '정규성 검정' 부분이다. 성별의 정규성 검정에서 가설은 각 성별마다 다음과 같다.

- H_0: 모집단은 정규분포를 따른다.
- H_1: 모집단은 정규분포를 따르지 않는다.

정규성 검정 결과 Kolmogorov-Smirnov 검정에서는 남녀 모두 유의확률이 .200으로 .05 보다 크게 나타났으므로 영가설을 받아들여 정규분포가 성립됨을 알 수 있다. Shapiro-Wilk 검정에서도 유의확률이 남성은 .848, 여성은 .171로 모두 .05보다 크므로 영가설을 받아들여 정규분포가 성립됨을 알 수 있다.

정규성 검정

	성별	Kolmogorov-Smirnov[a]			Shapiro-Wilk		
		통계량	자유도	유의확률	통계량	자유도	유의확률
HRmax	1.00	.057	73	.200	.990	73	.848
	2.00	.090	70	.200	.975	70	.171

*. 이것은 참인 유의확률의 하한값입니다.

a. Lilliefors 유의확률 수정

다음은 정규성 검정결과 중 연령대의 '케이스 처리 요약' 부분이다. 30대는 51명, 40대는 46명, 50대는 46명이 포함되었음을 보여주고 있다.

케이스 처리 요약

	연령대	케이스					
		유효		결측		전체	
		N	퍼센트	N	퍼센트	N	퍼센트
HRmax	30.00	51	100.0%	0	0.0%	51	100.0%
	40.00	46	100.0%	0	0.0%	46	100.0%
	50.00	46	100.0%	0	0.0%	46	100.0%

다음은 정규성 검정결과 중 연령대의 '기술통계' 부분이다. 모든 연령대의 왜도와 첨도가 –2 ~ +2의 범위 내에 있는 것으로 나타나 정규분포에서 특별한 치우침이 없음을 확인하였다.

연령대			통계량	표준오차
HRmax 30.00	평균		182.9236	1.55315
	평균의 95% 신뢰구간	하한	179.8040	
		상한	186.0432	
	5% 절삭평균		183.1658	
	중위수		184.0000	
	분산		123.026	
	표준편차		11.09169	
	최소값		151.17	
	최대값		205.50	
	범위		54.33	
	사분위수 범위		14.67	
	왜도		-.404	.333
	첨도		.352	.656
40.00	평균		174.2289	1.51587
	평균의 95% 신뢰구간	하한	171.1758	
		상한	177.2820	
	5% 절삭평균		174.2210	
	중위수		174.3350	
	분산		105.701	
	표준편차		10.28111	
	최소값		149.67	
	최대값		198.83	
	범위		49.16	
	사분위수 범위		13.10	
	왜도		-.003	.350
	첨도		.342	.688
50.00	평균		169.5227	1.87972
	평균의 95% 신뢰구간	하한	165.7367	
		상한	173.3086	
	5% 절삭평균		169.9421	
	중위수		170.3300	
	분산		162.534	
	표준편차		12.74889	
	최소값		139.17	
	최대값		191.67	
	범위		52.50	
	사분위수 범위		17.92	
	왜도		-.374	.350
	첨도		-.170	.688

다음은 정규성 검정결과 중 연령대의 '정규성 검정' 부분이다. 연령대의 정규성 검정에서 가설은 각 연령대마다 다음과 같다.

- H_0: 모집단은 정규분포를 따른다.
- H_1: 모집단은 정규분포를 따르지 않는다.

정규성 검정 결과 Kolmogorov-Smirnov 검정에서는 연령대 모두 유의확률이 .200으로 .05보다 크게 나타났으므로 영가설을 받아들여 정규분포가 성립됨을 알 수 있다. Shapiro-Wilk 검정에서도 유의확률은 30대가 .793, 40대가 .856, 50대가 .482로 모두 .05보다 크므로 영가설을 받아들여 정규분포가 성립됨을 알 수 있다.

정규성 검정

	연령대	Kolmogorov-Smirnov[a]			Shapiro-Wilk		
		통계량	자유도	유의확률	통계량	자유도	유의확률
HRmax	30.00	.061	51	.200*	.986	51	.793
	40.00	.094	46	.200*	.986	46	.856
	50.00	.082	46	.200*	.977	46	.482

*. 이것은 참인 유의확률의 하한값입니다.

a. Lilliefors 유의확률 수정

나. 이원분산분석의 적용

정규성 가정이 만족되었으므로 이원분산분석을 적용한다.

■ 이원분산분석 순서

① 메뉴에서 [분석]→[일반선형모형]→[일변량]을 선택한다.

■ 이원분산분석의 대상변수 지정

① '일변량 분석' 대화상자가 열리면 '성별' 변수와 '연령대' 변수를 '모수요인(고정요인)' 칸으로 옮긴다.

② 'HRmax' 변수를 '종속변수' 칸으로 옮긴다.

③ '사후분석' 단추를 누른다.

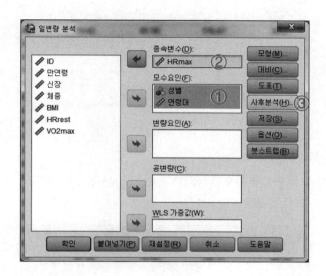

■ 이원분산분석의 사후검정 설정

① '일변량: 관측평균의 사후분석 다중비교' 대화상자가 열리면 '요인' 칸에 있는 '연령대' 변수를 '사후검정변수' 칸으로 옮긴다(성별은 남녀 두 범주만 있으므로 사후검정이 필요 없다).

② 집단별 표본의 크기가 비슷하므로 등분산 가정이 큰 영향을 주지 않는다고 판단하여 '등분산을 가정함' 항목에서 방법을 선택한다(만약 집단별 표본의 크기가 크게 다르면 '등분산을 가정하지 않음' 항목에서 'Dunnett의 T3'를 선택한다). 집단별 표본의 크기가 동일하지 않았으므로 'Scheffè'를 선택한다(만약 비교할 집단 간 표본의 크기가 동일하다면 'Tukey 방법'을 선택한다).

③ '계속' 단추를 누른다.

■ 이원분산분석의 옵션 선택

① '일변량 분석' 대화상자로 돌아오면 '옵션' 단추를 누른다.

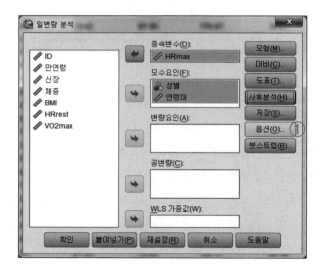

■ 이원분산분석의 옵션 설정

① '일변량: 옵션' 대화상자가 열리면 '표시' 항목에서 '기술통계량'을 선택한다.

② '효과크기 추정값'을 선택한다.

③ '동질성 검정'을 선택한다.

④ '계속' 단추를 누른다.

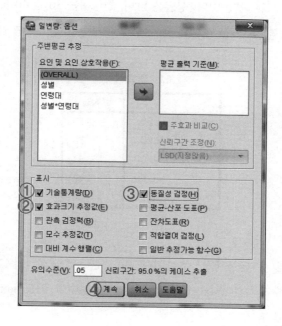

■ 이원분산분석의 실행

① '일변량 분석' 대화상자로 돌아오면 '확인' 단추를 눌러 분석을 실행한다.

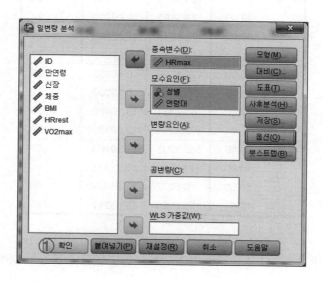

■ 이원분산분석의 분석결과

분석결과 중 '개체 간 요인' 부분이다. 성별은 남녀, 연령대는 30대, 40대, 50대 집단이 포함된 것을 알 수 있다. 또한 각 집단 간 표본의 크기가 서로 다른 것을 알 수 있다.

개체-간 요인

		N
성별	1.00	73
	2.00	70
연령대	30.00	51
	40.00	46
	50.00	46

다음은 분석결과 중 '기술통계량' 부분이다. 이 부분은 '옵션'에서 '기술통계량'을 선택해야 출력된다. 종속변수가 'HRmax'이고 각 성별 및 연령대별 'HRmax'의 평균과 표준편차, 표본 수가 정리되어 있다.

기술통계량

종속 변수: HRmax

성별	연령대	평균	표준편차	N
1.00	30.00	186.5619	10.49350	26
	40.00	177.3182	9.09797	24
	50.00	173.3213	11.32263	23
	합계	179.3512	11.64545	73
2.00	30.00	179.1397	10.59938	25
	40.00	170.8588	10.63206	22
	50.00	165.7241	13.19406	23
	합계	172.1291	12.68789	70
합계	30.00	182.9236	11.09169	51
	40.00	174.2289	10.28111	46
	50.00	169.5227	12.74889	46
	합계	175.8159	12.65357	143

다음은 분석결과 중 '분산의 동질성 검정' 부분이다. 분산의 동질성 검정(등분산성 검정)에서 가설은 다음과 같다.

- H_0: 집단 간 등분산성이 성립한다.
- H_1: 집단 간 등분산성이 성립하지 않는다.

분산의 동질성 검정결과 유의확률이 .503으로 .05보다 크므로 집단 간 등분산성이 성립됨을 알 수 있다.

오차 분산의 동일성에 대한 **Levene**의 검정 [a]

종속 변수: HRmax

F	df1	df2	유의확률
.870	5	137	.503

여러 집단에서 종속변수의 오차 분산이 동일한
영가설을 검정합니다.

a. Design: 절편 + 성별 + 연령대 + 성별 * 연령대

다음은 분석결과 중 '개체 간 효과 검정' 부분이다. 이 부분이 이원분산분석에서 독립변수 간 상호작용 효과와 개별 독립변수의 주 효과를 검정한 부분이다. 이원분산분석에서 독립변수 간 상호작용 효과에 대한 가설은 다음과 같다.

- H_0: 성별과 연령대 간 HRmax에 대한 상호작용 효과가 없다.
- H_1: 성별과 연령대 간 HRmax에 대한 상호작용 효과가 있다.

한편 이원분산분석에서 독립변수의 주 효과에 대한 가설은 다음과 같다.

- H_0: 성별(또는 연령대)의 HRmax에 대한 주 효과가 없다.
- H_1: 성별(또는 연령대)의 HRmax에 대한 주 효과가 있다.

■ 이원분산분석표의 해석

① 결과표에서 상호작용 효과 항목(성별*연령대)의 유의확률이 .964로 .05보다 크므로 영가설을 기각하지 못하여 HRmax에 대한 성별과 연령대의 상호작용 효과는 없는 것으로 판단한다. 즉, 연령대에 따른 HRmax의 차이는 성별의 영향을 받지 않는 것으로 나타났다(또는 성별의 HRmax 차이는 연령대의 영향을 받지 않는다).

② 상호작용 효과가 없으므로 주 효과를 차례로 해석한다. 성별 항목의 유의확률이 .000으로 .05보다 작으므로 영가설을 기각하여 HRmax에 대한 성별의 주 효과는 있는 것으로 판단한다. 즉, HRmax는 성별에 영향을 받는 것으로 나타났다.

③ 다음으로 연령대 항목에 대한 주 효과를 해석한다. 연령대 항목의 유의확률이 .000으로 .05보다 작으므로 영가설을 기각하여 HRmax에 대한 연령대의 주 효과는 있는 것으로 판단한다. 즉, HRmax는 연령대의 영향을 받는 것으로 나타났다.

개체-간 효과 검정

종속 변수: HRmax

소스	제 III 유형 제곱합	자유도	평균 제곱	F	유의확률	부분 에타 제곱
수정 모형	6358.940[a]	5	1271.788	10.639	.000	.280
절편	4390006.124	1	4390006.124	36723.951	.000	.996
② 성별	1826.808	1	1826.808	15.282	.000	.100
③ 연령대	4481.122	2	2240.561	18.743	.000	.215
① 성별 * 연령대	8.706	2	4.353	.036	.964	.001
오차	16377.073	137	119.541			
합계	4443043.046	143				
수정 합계	22736.013	142				

a. R 제곱 = .280 (수정된 R 제곱 = .253)

다. 사후분석

이원분산분석 과정 중 사후분석을 옵션으로 지정하였으므로 결과표에 함께 출력된다. 앞서 설명한 바와 같이 성별은 두 범주만 있으므로 유의한 차이가 있다면 남녀 간 차이이므로 사후분석을 생략하였다.

- 연령대 세 집단에 대한 사후분석 결과 30대의 HRmax가 40대와 50대의 HRmax보다 유의하게 높은(평균차가 양수이므로) 것으로 나타났다.

- 40대의 HRmax는 50대의 HRmax와 의미 있는 차이가 없는 것으로 나타났다.

다중 비교

종속 변수: HRmax

Scheffe

(I) 연령대	(J) 연령대	평균차(I-J)	표준오차	유의확률	95% 신뢰구간	
					하한값	상한값
30.00	40.00	8.6947	2.22321	.001	3.1928	14.1966
	50.00	13.4009	2.22321	.000	7.8990	18.9028
40.00	30.00	-8.6947	2.22321	.001	-14.1966	-3.1928
	50.00	4.7062	2.27979	.123	-.9357	10.3481
50.00	30.00	-13.4009	2.22321	.000	-18.9028	-7.8990
	40.00	-4.7062	2.27979	.123	-10.3481	.9357

관측평균을 기준으로 합니다.

오류 조건은 평균 제곱(오류) = 119.541입니다.

   *. 평균차는 .05 수준에서 유의합니다.

※ 이원분산분석에서 옵션으로 지정한 사후분석은 어떤 의미를 갖는가?

위의 예제를 볼 때 아래 표에서 보는 것처럼 이원분산분석은 2개의 독립변수로 구분된 6개의 작은 집단 간의 평균 차이를 비교한다. 또한 상호작용 효과는 두 독립변수가 상호 영향을 주는가에 대한 분석이다. 따라서 6개의 작은 집단끼리 비교하는 것이 상호작용 효과에 대한 사후분석의 개념이다.

[표 9-3] 이원분산분석의 구조

구분		연령대		
		30대	40대	50대
성별	남성	26명	24명	23명
	여성	25명	22명	23명

하지만 이원분산분석 과정에 옵션으로 지정한 사후분석은 6개 집단의 개별비교 결과를 설명하는 것이 아니다. 이것은 '성별' 또는 '연령대'별로 묶어서 평균 차이를 검정한 주 효과에 대한 사후분석이다. (계속)

연구의 목적이 상호작용 효과의 검정에 있다면 다음과 같이 분석을 진행하는 것이 바람직하다.

• 이원분산분석을 통해 독립변수 간 상호작용 효과를 확인한다.
• 상호작용 효과가 의미 있게 나타나면 연구의 목적을 달성할 수 있도록 필요한 집단끼리 묶어서 별도의 개별분석을 실시한다.
• 이때 반복적인 비교에서 α-오류가 증가될 수 있으므로 Bonferroni 부등식에 따라 개별비교 시 유의수준을 '$p = \dfrac{.05}{\text{비교횟수}}$'로 보정하는 것을 고려한다. 하지만 쌍비교 횟수가 많으면 이원분산분석과 사후검정의 결과가 달라질 수 있으므로 연구목적에 따라 해석이 가능하도록 Bonferroni 부등식의 사용 여부를 신중하게 판단해야 한다.

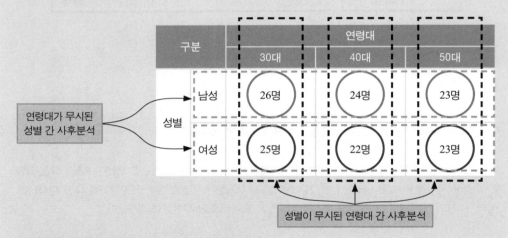

[그림 9-8] 이원분산분석에서 주 효과의 사후분석 개념

만약 독립변수가 2개지만 연구의 목적이 상호작용 효과의 확인이 아니라면 다음과 같이 사전에 나누어서 계획비교(사전비교)를 하는 것이 바람직하다.
• 연령대별 HRmax의 차이를 보는 것이 목적이면 남녀별로 나누어서 일원분산분석을 적용한다.
• 남녀별 HRmax의 차이를 보는 것이 목적이면 30대, 40대, 50대별로 나누어서 독립 t-검정을 적용한다.
• 이때 α-오류의 관리를 위해 Bonferroni 부등식을 이용한다.

분산분석에서 독립변수 중 하나 이상이 반복측정 요인일 경우, 반복요인이 있는 분산분석이라고 한다. 반복분산분석은 스포츠 의·과학 분야에서 트레이닝 효과, 스포츠 보조제 섭취에 대한 효과 등을 검정할 때 자주 이용된다.

1) 반복일원분산분석

(1) 개요 및 적용목적

동일 집단에게 2회 이상 반복적인 처치를 실시하며 처치 간 평균 차이 검정을 목적으로 사용한다. 예를 들어 동일 집단에게 서로 다른 3개 이상의 고지환경을 적용하면서 유산소성 운동능력을 측정하여 고지환경 간 유산소성 운동능력의 차이를 검정하고자 할 때 반복일원분산분석을 사용한다.

(2) 기본가정

반복일원분산분석의 기본가정은 독립성을 제외하고 일원분산분석의 기본가정과 같다. 비교할 데이터가 반복측정 형태이므로 독립성을 만족하지 못한다.

(3) 분석순서 및 결과해석

해수면 수준, 2,000 m, 3,000 m에 해당하는 고지환경을 조성하여 각각의 고지환경에서 남녀 총 172명의 신체적 운동능력(Physical Work Capacity, PWC)을 측정하였다. 이들의 신체적 운동능력이 고지환경에 따라 달라지는가를 유의수준 .05 이내로 검정하라(예제파일: 반복일원분산분석.sav).

	id	연령	평지PWC75	이천PWC75	삼천PWC75	변수	변수	변수	변수	변수	변수	변수
1	2	20.00	86.00	96.00	87.00							
2	3	27.00	148.00	149.00	150.00							
3	4	20.00	96.00	100.00	82.00							
4	5	20.00	85.00	90.00	74.00							
5	6	24.00	152.00	147.00	143.00							
6	7	24.00	196.00	179.00	143.00							
7	8	21.00	140.00	162.00	168.00							
8	10	25.00	144.00	128.00	98.00							
9	13	24.00	138.00	134.00	121.00							
10	14	22.00	180.00	192.00	161.00							
11	15	23.00	128.00	115.00	123.00							
12	16	23.00	185.00	162.00	162.00							
13	17	24.00	135.00	147.00	127.00							
14	19	22.00	100.00	101.00	94.00							
15	21	24.00	172.00	148.00	134.00							
16	24	25.00	217.00	214.00	183.00							
17	25	22.00	93.00	80.00	86.00							
18	26	20.00	100.00	102.00	84.00							
19	27	20.00	95.00	125.00	83.00							
20	28	24.00	127.00	138.00	162.00							
21	29	22.00	85.00	100.00	71.00							
22	30	22.00	77.00	73.00	80.00							
23	31	22.00	83.00	76.00	79.00							
24	32	22.00	108.00	106.00	94.00							
25	33	19.00	82.00	83.00	81.00							
26	34	19.00	108.00	109.00	100.00							
27	35	19.00	132.00	118.00	97.00							
28	38	27.00	196.00	188.00	162.00							

가. 정규성 검정

종속변수인 신체적 운동능력이 연속형 변수이므로 다음으로 정규성 검정의 실시 여부를 판단한다. 반복측정 자료이므로 '해수면–2,000 m' 차이 분포와 '2,000 m–3,000 m' 차이 분포를 가지고 정규성 검정을 실시해야 한다. 하지만 표본의 크기가 172명으로 30명 이상이므로 '중심극한의 정리'에 의해 정규성이 확보되었다고 판단하여 정규성 검정을 생략한다.

나. 반복일원분산분석의 적용

정규성 가정이 만족되었으므로 반복일원분산분석을 적용한다.

■ 반복일원분산분석 순서

① 메뉴에서 [분석]→[일반선형모형]→[반복측정(측도)]을 선택한다.

■ 반복요인의 정의

① '반복측정(측도) 요인 정의' 대화상자가 열리면 '개체-내 요인이름' 칸에 반복요인의 이름을 만들어 넣는다. 여기서는 고지환경 간 비교이므로 '고도'로 입력한다.

② '수준의 수(수준 수)' 칸에는 반복측정의 횟수를 입력한다. 해수면, 2,000 m, 3,000 m 간 비교이므로 '3'을 입력한다.

③ '추가' 단추를 누른다.

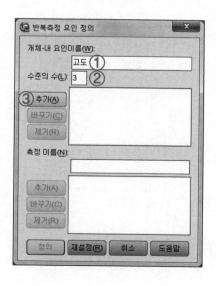

■ 반복측정된 종속변수의 이름 입력

① 개체 내 요인이 '고도(3)'으로 입력된 것을 확인한다.

② '측정(측도) 이름' 칸에 'PWC'라고 입력한다. 분석자의 편의대로 구분할 수 있는 다른 이름을 입력해도 상관없다.

③ '추가' 단추를 누른다.

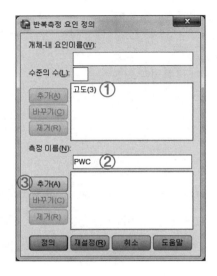

■ 반복요인의 정의 완료

① '정의' 단추를 눌러 반복요인에 대한 정의를 끝낸다.

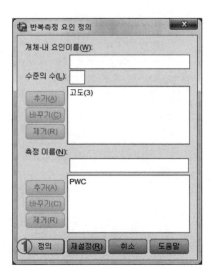

■ 반복측정의 대상변수 지정

① '반복측정(측도)' 대화상자가 열리면 '평지PWC75', '이천PWC75', '삼천PWC75' 변수를 '개체-내 변수' 칸으로 정의된 순서에 맞추어 각각 옮긴다(반복측정에서는 순서가 바뀌면 결과도 바뀌므로 순서에 주의한다).

② '옵션' 단추를 누른다.

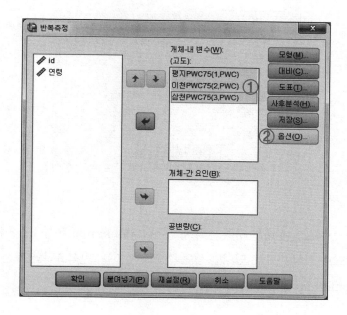

■ 반복일원분산분석의 옵션 설정

① '반복측정(측도): 옵션' 대화상자가 열리면 '표시' 항목에서 '기술통계량'을 선택한다.

② '효과크기 추정값'을 선택한다[개체 간(집단 간) 요인이 없으므로 '동질성 검정'은 선택하지 않는다].

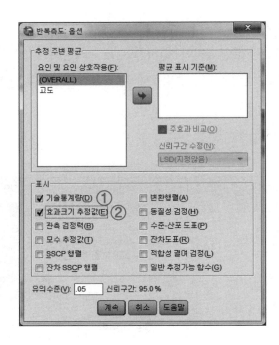

　여기서부터는 반복요인에 대한 사후분석 방법이다. Bonferroni 부등식을 이용하여 사후분석을 나중에 별도로 진행할 수도 있지만 집단 간 요인이 없이 반복요인만 있는 경우에는 아래 절차에 따라 Bonferroni 방법으로 사후분석이 가능하다.

■ 반복요인의 사후검정방법 지정

① '요인 및 요인 상호작용' 칸에 있는 반복요인인 '고도'를 '평균 출력(표시) 기준' 칸으로 옮긴다.

② '주효과 비교'를 선택한다.

③ '신뢰구간 조정(수정):' 항목에서 'Bonferroni'를 선택한다.

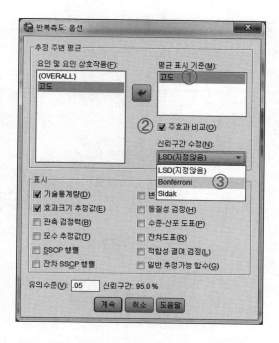

■ 반복 쌍 비교에 대한 Bonferroni 부등식의 적용

① 3개의 고지환경 간 사후검정이므로 개별 비교 시 유의수준을 보정하여($\frac{.05}{3}$ = .0167) '유의
수준:' 칸의 '.05'를 '.0167'로 바꾸어 입력한다.

② '계속' 단추를 누른다.

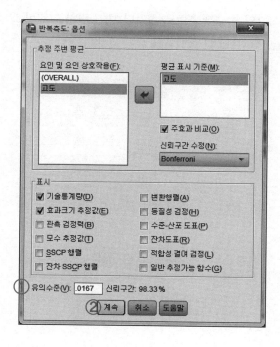

■ 반복일원분산분석의 도표 선택

① '반복측정(측도)' 대화상자로 돌아오면 '도표' 단추를 누른다.

■ 반복일원분산분석의 도표 설정

① '반복측정(측도): 프로파일 도표' 대화상자가 열리면 '고도'를 '수평축 변수' 칸으로 옮긴다. 일반적으로 반복요인을 수평축으로 옮기면 보기 편한 그림이 그려진다.

② '추가' 단추를 누른다.

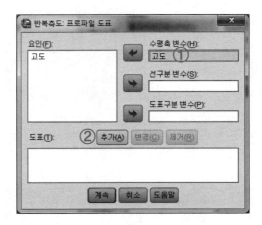

■ 반복일원분산분석의 도표 설정 확인

① '도표' 항목에 '고도'가 입력된 것을 확인한다.

② '계속' 단추를 누른다.

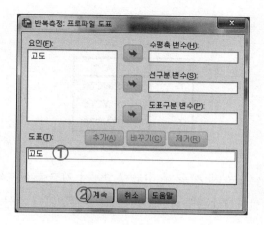

■ 반복일원분산분석의 실행

① '반복측정(측도)' 대화상자로 돌아오면 '확인' 단추를 눌러 분석을 실행한다.

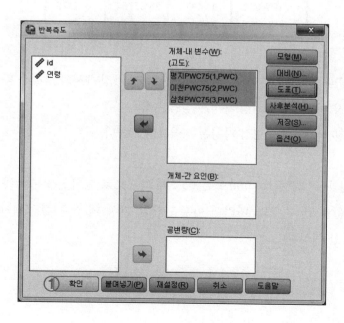

■ 반복일원분산분석의 분석결과

다음 표는 분석결과 중 '개체 내 요인' 부분이다. 반복요인의 정의에서 설정한 바와 같이 개체 내 요인으로 '고도'가 입력된 것을 알 수 있다. '고도'는 '평지PWC75', '이천PWC75', '삼천PWC75'의 세 가지 반복측정 범주이다.

개체-내 요인

측도: PWC

고도	종속 변수
1	평지PWC75
2	이천PWC75
3	삼천PWC75

다음은 분석결과 중 '기술통계량' 부분이다. 옵션에서 기술통계량을 선택하였으므로 출력되었다. 각 고지환경의 신체적 운동능력 평균(watt)과 표준편차가 계산되었다.

기술통계량

	평균	표준편차	N
평지PWC75	137.6105	40.88673	172
이천PWC75	131.0872	36.57754	172
삼천PWC75	123.6628	34.83213	172

다음은 분석결과 중 '구형성 검정' 부분이다. '구형성 가정'에서의 가설은 다음과 같다.

- H_0: 반복측정 데이터의 구형성 가정은 성립한다.
- H_1: 반복측정 데이터의 구형성 가정은 성립하지 않는다.

구형성 검정결과 유의확률이 .000으로 .05보다 작으므로 영가설을 기각하여 구형성 가정이 성립되지 않음을 알 수 있다. 따라서 이후 단계의 '개체 내 효과 검정'에서 'Greenhouse-Geisser'의 결과를 해석한다.

Mauchly의 구형성 검정 [a]

측도: PWC

개체-내 효과	Mauchly의 W	근사 카이제곱	자유도	유의확률	엡실런 [b]		
					Greenhouse-Geisser	Huynh-Feldt	하한값
고도	.619	81.650	2	.000	.724	.728	.500

정규화된 변형 종속변수의 오차 공분산행렬이 단위행렬에 비례하는 영가설을 검정합니다.

a. Design: 절편
   개체-내 계획: 고도

b. 유의성 평균검정의 자유도를 조절할 때 사용할 수 있습니다. 수정된 검정은 개체내 효과검정 표에 나타납니다.

※ **구형성 가정이란?**

'구형성(sphericity)'은 동일 대상으로 반복측정을 실시하므로 반복측정 쌍(1-2차, 2-3차, 1-3차)마다 상관성(등상관성)과 분산성(등분산성)이 같다는 가정이다. 등상관성과 등분산성을 합하여 '구형성 가정'이라고 한다. 따라서 '구형성 가정'은 3회 이상 반복 측정한 자료에서 만족 여부를 확인한다. '구형성 가정'이 만족되지 않는 경우에는 이후의 분석결과 중 자유도를 수정하여 분석한 결과로 해석한다. 대표적인 방법으로 'Greenhouse-Geisser'의 방법이 많이 사용된다.

다음은 분석결과 중 '개체-내 효과 검정' 부분이다. 이 부분이 반복일원분산분석에 대한 주요 결과이다. 반복일원분산분석에서의 가설은 다음과 같다.

- H_0: 반복측정 간(고도 간) 신체적 운동능력의 평균 차이는 없다.
- H_1: 반복측정 간(고도 간) 신체적 운동능력의 평균 차이는 있다.

'구형성 검정'에서 구형성 가정이 성립되지 않음을 확인하였으므로 '개체 내 효과 검정' 부분에서 '구형성 가정'을 보지 않고 자유도를 수정한 'Greenhouse-Geisser' 부분을 해석한다. 'Greenhouse-Geisser' 부분의 유의확률이 .000으로 .05보다 낮으므로 영가설을 기각하여 반복측정 간(고도 간) 신체적 운동능력의 평균 차이가 있는 것으로 판단한다.

개체-내 효과 검정

측도: PWC

소스		제 III 유형 제곱합	자유도	평균 제곱	F	유의확률
고도	구형성 가정	16753.516	2	8376.758	36.092	.000
	Greenhouse-Geisser	16753.516	1.448	11571.633	36.092	.000
	Huynh-Feldt	16753.516	1.457	11499.308	36.092	.000
	하한값	16753.516	1.000	16753.516	36.092	.000
오차(고도)	구형성 가정	79376.484	342	232.095		
	Greenhouse-Geisser	79376.484	247.575	320.615		
	Huynh-Feldt	79376.484	249.132	318.612		
	하한값	79376.484	171.000	464.190		

다음은 '도표' 부분이다. 고도가 증가할수록 신체적 운동능력이 지속적으로 감소하는 현상을 보여주고 있다.

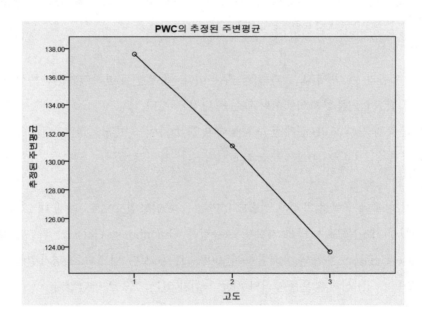

다. 사후분석

반복일원분산분석 결과 신체적 운동능력은 고지환경 간 의미 있는 차이가 있는 것으로 나타났으므로 사후분석을 진행한다. 반복측정 데이터의 사후분석은 Bonferroni 부등식으로 유의수준을 보정하여 개별 쌍 비교를 실시한다. 하지만 반복일원분산분석에 한해서 분석 중 '옵션'을 통해 결과를 출력할 수 있다.

다음 표는 Bonferroni 부등식으로 유의수준을 보정하여 사후검정을 실시한 '대응별 비교' 부분이다. 각 쌍 비교에서 유의수준은 .0167임이 명시되어 있다. 고도 1은 '평지', 고도 2는 '2,000 m', 고도 3은 '3,000 m'를 의미한다.

- 평지와 2,000 m 및 3,000 m 간 신체적 운동능력 비교에서는 평지가 2,000 m와 3,000 m에 비해 각각 의미 있게 높은 것으로 나타났다.
- 2,000 m와 3,000 m 간 신체적 운동능력의 비교에서는 2,000 m가 3,000 m에 비해 의미 있게 높은 것으로 나타났다.

즉, 고도가 올라갈수록 신체적 운동능력은 의미 있게 감소하는 것으로 나타났다.

대응별 비교

측도: PWC

(I) 고도	(J) 고도	평균차(I-J)	표준오차	유의확률[b]	차이에 대한 98.33% 신뢰구간[b] 하한값	상한값
1	2	6.523	1.902	.002	1.183	11.864
	3	13.948	1.856	.000	8.737	19.159
2	1	-6.523*	1.902	.002	-11.864	-1.183
	3	7.424	1.017	.000	4.568	10.281
3	1	-13.948*	1.856	.000	-19.159	-8.737
	2	-7.424*	1.017	.000	-10.281	-4.568

추정된 주변평균을 기준으로

*. 평균차는 .0167 수준에서 유의합니다.

b. 다중비교에 대한 조정: Bonferroni

2) Friedman 검정

(1) 개요 및 적용목적

반복측정이 3회 이상인 데이터의 평균 차이 비교에서 다음 중 하나 이상에 해당되는 경우 반복일원분산분석을 적용할 수 없다.

• 표본의 모집단이 정규분포를 이루지 않을 경우
• 표본의 크기가 10 미만인 경우
• 종속변수가 연속형 변수가 아닌 경우

위와 같은 경우에는 비모수적 방법인 Friedman 검정을 적용한다(종속변수가 명목변수일 경우에는 적용 불가).

Friedman 검정은 3개 이상의 반복측정 표본 간 종속변수의 차이가 있는가를 검정하는 방법으로서 Wilcoxon 부호순위 검정의 확장 개념이다.

(2) 분석순서 및 결과해석

> 20대 7명을 대상으로 해수면 수준, 2,000 m, 3,000 m 고지환경에서의 신체적 운동능력을 측정하였다. 고지환경 간 신체적 운동능력에 차이가 있는가를 유의수준 .05 이내로 검정하라.
> (예제파일: Friedman 검정.sav)

	id	연령	평지PWC75	이천PWC75	삼천PWC75	변수	변수	변수	변수	변수	변수	변수	변수
1	2	20.00	86.00	96.00	87.00								
2	3	27.00	148.00	149.00	150.00								
3	4	20.00	96.00	100.00	82.00								
4	5	20.00	85.00	90.00	74.00								
5	6	24.00	152.00	147.00	143.00								
6	7	24.00	196.00	179.00	143.00								
7	8	21.00	140.00	162.00	168.00								
8													
9													
10													
11													
12													

표본의 크기가 10명 미만이므로 비모수적 방법인 Friedman 검정을 적용한다.

■ Friedman 검정 순서

① 메뉴에서 [분석]→[비모수 검정]→[레거시 대화상자]→[대응 K-표본(K-대응표본)]을 선택한다.

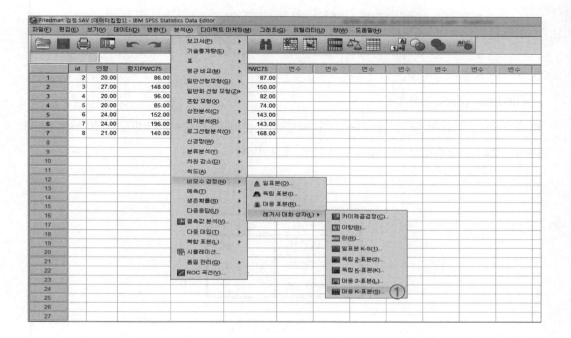

■ Friedman 검정의 대상변수 지정, 유형 선택, 실행

① '대응 K-표본(K-대응표본) 비모수검정' 대화상자가 열리면 '평지PWC75', '이천PWC75', '삼천PWC75' 변수를 '검정변수' 칸으로 옮긴다.

② '검정 유형' 항목에서 'Friedman'을 선택한다(기본설정).

③ '확인' 단추를 눌러 분석을 실행한다.

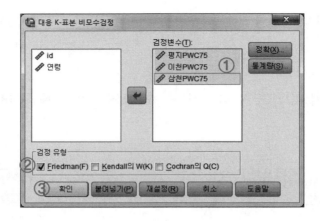

■ Friedman 검정의 분석결과

다음 표는 분석결과 중 '순위' 부분이다. 해수면 수준의 평균 순위는 1.86, 2,000 m의 평균 순위는 2.43, 3,000 m의 평균 순위는 1.71로 계산되었다.

순위

	평균순위
평지PWC75	1.86
이천PWC75	2.43
삼천PWC75	1.71

다음은 분석결과 중 '검정 통계량' 부분이다. Friedman 검정에서의 가설은 다음과 같다.

- H_0: 고지환경 간 신체적 운동능력의 차이는 없다.
- H_1: 고지환경 간 신체적 운동능력의 차이는 있다.

유의확률이 .368로 .05보다 크므로 영가설을 기각하지 못하여 고지환경 간 신체적 운동능력에 차이가 없다고 판단한다.

검정 통계량 ^a

N	7
카이제곱	2.000
자유도	2
근사 유의확률	.368

a. Friedman 검정

(3) 사후검정

3회 이상 반복측정 데이터의 사후검정은 두 개의 측정시기씩 한 쌍으로 묶어서 Wilcoxon 부호순위 검정을 적용한다. 본 데이터는 3회 반복측정이므로 쌍 비교 횟수는 3회이다. 3회 쌍 비교이므로 Bonferroni 부등식에 의해 개별 쌍 비교 시 유의수준은 .0167로 보정한다($\frac{.05}{3}$ = .0167).

분석절차와 방법은 Wilcoxon 부호순위 검정에서 설명하였으므로 생략한다. 또한 Friedman 검정에서 유의한 차이가 없었으므로 사후검정을 생략해도 좋다.

3) 반복이원분산분석

반복이원분산분석은 다음과 같은 경우로 구분할 수 있다.
• '반복요인 하나 × 집단요인 하나'의 조합
• 반복요인 둘의 조합

스포츠 의·과학 분야에서는 일반적으로 '반복요인 하나 × 집단요인 하나'의 조합이 많이 관찰된다. 따라서 여기서는 반복요인 둘의 조합에 대한 설명은 생략한다.

(1) 개요 및 적용목적

서로 다른 (독립적인) 집단에게 각각 반복적인 처치를 실시하며 처치효과의 집단 간 차이를 비교할 목적으로 사용한다. 예를 들어 남녀에게 각각 고지환경을 달리하면서 유산소성 운동능력을 측정하여 고지환경 간 유산소성 운동능력의 남녀 간 차이를 비교하고자 할 때 반복이원분산분석을 사용한다.

(2) 기본가정

반복이원분산분석의 기본가정은 독립성을 제외하고 반복일원분산분석의 기본가정과 같다. 비교할 데이터가 반복측정 형태이므로 독립성을 만족하지 못한다. 추가로 집단 간 요인이 존재하므로 집단 간 요인의 반복측정 시 분산 구조가 같다는 조건이 필요하다. 이것은 분석과정에서 옵션기능을 통해 'Box의 동일성 검정'에서 확인할 수 있다.

(3) 분석순서 및 결과해석

남녀 30명씩을 대상으로 해수면 수준과 5,000 m 고지환경에서 각각 점증부하 자전거 운동을 시켜 목표심박수(최대심박수의 75%)에 도달하는 시간(초)을 측정하였다. 해수면 수준과 5,000 m 고지환경 간 목표심박수 도달시간 변화에 성별의 차가 존재하는지 유의수준 .05 이내로 검정하라.
(예제파일: 반복이원분산분석.sav)

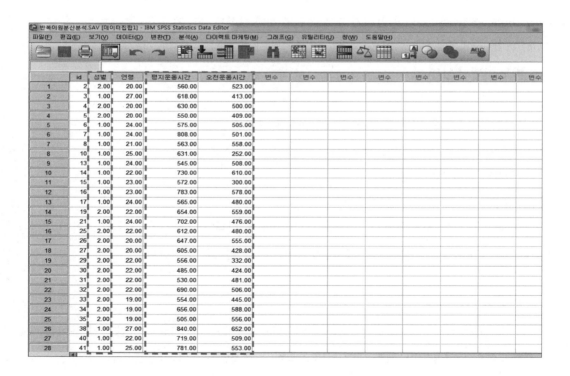

가. 정규성 검정

종속변수인 목표심박수 도달시간이 연속형 변수이므로 다음으로 정규성 검정의 실시 여부를 판단한다. 반복측정 자료이므로 '해수면–5,000 m' 차이 분포를 가지고 남녀별로 정규성 검정을 실시해야 한다. 하지만 표본의 크기가 남녀 모두 30명씩으로 '중심극한의 정리'에 의해 정규성이 확보되었다고 판단하여 정규성 검정을 생략한다.

나. 반복이원분산분석의 적용

정규성 가정이 만족되었으므로 반복이원분산분석을 적용한다.

■ 반복이원분산분석 순서

① 메뉴에서 [분석]→[일반선형모형]→[반복측정(측도)]을 선택한다.

■ 반복요인의 정의

① '반복측정 요인 정의' 대화상자가 열리면 '개체 내 요인이름' 칸에 반복요인의 이름을 만들어 넣는다. 여기서는 고지환경 간 비교이므로 '고도'를 입력한다.

② '수준의 수' 칸에는 반복측정 횟수인 '2'를 입력한다.

③ '추가' 단추를 누른다.

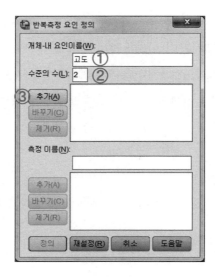

■ 반복 측정된 종속변수의 이름 입력

① 개체 내 요인이 '고도(2)'로 입력된 것을 확인한다.

② '측정 이름' 칸에 비교할 종속변수의 이름을 만들어 넣는다. 여기서는 '운동시간'으로 입력한다.

③ '추가' 단추를 누른다.

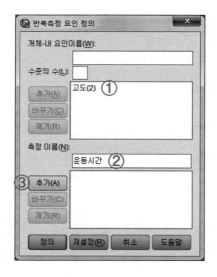

■ 반복요인의 정의 완료

① '정의' 단추를 눌러 반복요인의 정의를 완료한다.

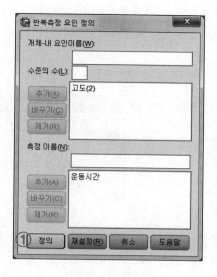

■ 반복측정의 대상변수 지정

① '반복측정(측도)' 대화상자가 열리면 '평지운동시간' 변수와 '오천운동시간' 변수를 '개체-내 변수' 칸으로 정의된 반복순서에 맞추어 옮긴다.

② '성별' 변수를 '개체-간 요인' 칸으로 옮긴다.

③ '도표' 단추를 누른다.

■ 반복이원분산분석의 도표 설정

① '반복측정(측도): 프로파일 도표' 대화상자가 열리면 '성별' 변수를 '선구분 변수'로 옮긴다.

② '고도'를 '수평축 변수'로 옮긴다(반복측정 요인을 수평축으로 옮기면 보기 편한 그래프가 만들어진다).

③ '추가' 단추를 누른다.

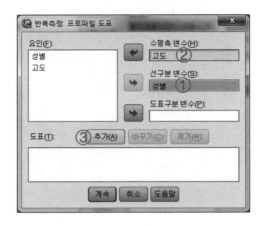

■ 반복이원분산분석의 도표 설정 확인

① '도표' 칸에 '고도*성별'이 입력된 것을 확인한다.

② '계속' 단추를 누른다.

■ 반복이원분산분석의 옵션 선택

① '반복측정(측도)' 대화상자로 돌아오면 '옵션' 단추를 누른다.

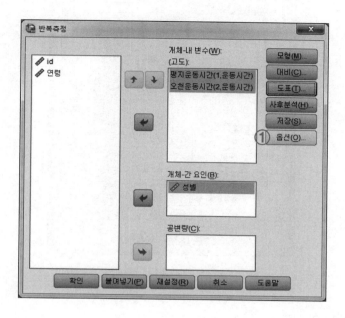

■ 반복이원분산분석의 옵션 설정

① '반복측정(측도): 옵션' 대화상자가 열리면 '표시' 항목에서 '기술통계량'을 선택한다.

② '효과크기 추정값'을 선택한다.

③ '동질성 검정'을 선택한다.

④ '계속' 단추를 누른다.

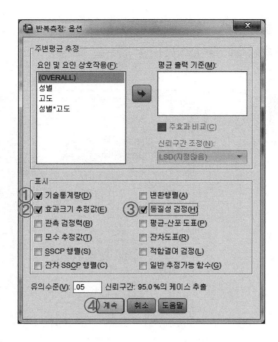

■ 반복이원분산분석의 실행

① '반복측정' 대화상자로 돌아오면 '확인' 단추를 눌러 분석을 실행한다.

■ 반복이원분산분석의 분석결과

다음 표는 분석결과 중 '개체 내 요인' 부분이다. 반복요인인 '고도'에 '평지운동시간'과 '오천 운동시간'이 포함되었음을 알 수 있다.

개체-내 요인

측도: 운동시간

고도	종속 변수
1	평지운동시간
2	오천운동시간

다음은 분석결과 중 '개체 간 요인' 부분이다. '성별'이 개체 간 요인으로 포함되었음을 알 수 있다.

개체-간 요인

		변수값 설명	N
성별	1.00	남	30
	2.00	여	30

다음은 분석결과 중 '기술통계량' 부분이다. '평지운동시간'과 '오천운동시간'을 남녀별로 구분하여 평균과 표준편차 등을 계산하였다.

기술통계량

	성별	평균	표준편차	N
평지운동시간	남	671.5333	87.65675	30
	여	570.3333	70.09567	30
	합계	620.9333	93.78462	60
오천운동시간	남	479.6000	93.81331	30
	여	414.5667	118.54802	30
	합계	447.0833	110.94529	60

다음은 분석결과 중 'Box의 동일성 검정' 부분이다. 동일성 검정에서의 가설은 다음과 같다.

- H_0: 남녀 간 목표심박수 도달시간 분산의 구조는 같다.
- H_1: 남녀 간 목표심박수 도달시간 분산의 구조는 같지 않다.

'Box의 동일성 검정' 결과 유의확률이 .235로 .05보다 크므로 영가설을 기각하지 못하여 남녀 간 분산의 구조가 같음을 알 수 있다.

**공분산행렬에 대한
Box의 동일성 검정** [a]

Box의 M	4.422
F	1.419
df1	3
df2	605520.000
유의확률	.235

여러 집단에서
종속변수의 관측
공분산행렬이 동일한
영가설을 검정합니다.

a. Design: 절편 + 성별
개체-내 계획: 고도

다음은 분석결과 중 '구형성 검정' 부분이다. 반복측정이 2회뿐이므로 구형성 검정에 해당되지 않는다(구형성 가정을 만족하는 것으로 간주한다).

Mauchly의 구형성 검정 [a]

측도: 운동시간

					엡실런[b]		
개체-내 효과	Mauchly의 W	근사 카이제곱	자유도	유의확률	Greenhouse-Geisser	Huynh-Feldt	하한값
고도	1.000	.000	0	.	1.000	1.000	1.000

정규화된 변형 종속변수의 오차 공분산행렬이 단위행렬에 비례하는 영가설을 검정합니다.

a. Design: 절편 + 성별
개체-내 계획: 고도

b. 유의성 평균검정의 자유도를 조절할 때 사용할 수 있습니다. 수정된 검정은 개체내 효과검정 표에 나타납니다.

다음은 분석결과 중 '개체 내 효과 검정' 부분이다. 이 부분에서는 반복요인인 '고도'와 집단요인인 '성별'의 상호작용 효과가 설명되어 있다.

반복이원분산분석의 상호작용 효과 검정에 대한 가설은 다음과 같다.

- H_0: 목표심박수 도달시간에 대한 '고도'와 '성별'의 상호작용 효과는 없다.
- H_1: 목표심박수 도달시간에 대한 '고도'와 '성별'의 상호작용 효과는 있다.

상호작용 효과의 분석결과를 보면 유의확률이 .133으로 .05보다 크므로 영가설을 기각하지 못하여 목표심박수 도달시간에 대한 '고도'와 '성별' 간 상호작용 효과는 없는 것으로 판단한다. 즉, 해수면 수준과 5,000 m 고지환경 간 목표심박수 도달시간 변화는 '성별'의 영향을 받지 않는다.

개체-내 효과 검정

측도: 운동시간

소스		제 III 유형 제곱합	자유도	평균 제곱	F	유의확률
고도	구형성 가정	906714.675	1	906714.675	214.598	.000
	Greenhouse-Geisser	906714.675	1.000	906714.675	214.598	.000
	Huynh-Feldt	906714.675	1.000	906714.675	214.598	.000
	하한값	906714.675	1.000	906714.675	214.598	.000
고도 * 성별	구형성 가정	9810.208	1	9810.208	2.322	.133
	Greenhouse-Geisser	9810.208	1.000	9810.208	2.322	.133
	Huynh-Feldt	9810.208	1.000	9810.208	2.322	.133
	하한값	9810.208	1.000	9810.208	2.322	.133
오차(고도)	구형성 가정	245060.617	58	4225.183		
	Greenhouse-Geisser	245060.617	58.000	4225.183		
	Huynh-Feldt	245060.617	58.000	4225.183		
	하한값	245060.617	58.000	4225.183		

상호작용 효과가 없으므로 주 효과를 해석한다. 먼저 반복요인인 '고도'에 대한 주 효과의 해석이다(성별 무시). '고도'의 주 효과에 대한 가설은 다음과 같다.

- H_0: 목표심박수 도달시간에 대한 '고도'의 주 효과는 없다.
- H_1: 목표심박수 도달시간에 대한 '고도'의 주 효과는 있다.

'고도'의 주 효과에 대한 검정결과 유의확률이 .000으로 .05보다 작으므로 영가설을 기각하여 '고도'에 대한 의미 있는 주 효과가 있음을 알 수 있다. 즉, 해수면 수준보다 5,000 m 고지환경에서의 목표심박수 도달시간이 의미 있게 낮아짐을 알 수 있다(수치의 변화는 기술통계량 부분을 참조한다).

개체-내 효과 검정

측도: 운동시간

소스		제 III 유형 제곱합	자유도	평균 제곱	F	유의확률
고도	구형성 가정	906714.675	1	906714.675	214.598	.000
	Greenhouse-Geisser	906714.675	1.000	906714.675	214.598	.000
	Huynh-Feldt	906714.675	1.000	906714.675	214.598	.000
	하한값	906714.675	1.000	906714.675	214.598	.000
고도 * 성별	구형성 가정	9810.208	1	9810.208	2.322	.133
	Greenhouse-Geisser	9810.208	1.000	9810.208	2.322	.133
	Huynh-Feldt	9810.208	1.000	9810.208	2.322	.133
	하한값	9810.208	1.000	9810.208	2.322	.133
오차(고도)	구형성 가정	245060.617	58	4225.183		
	Greenhouse-Geisser	245060.617	58.000	4225.183		
	Huynh-Feldt	245060.617	58.000	4225.183		
	하한값	245060.617	58.000	4225.183		

다음은 집단요인인 '성별'에 대한 주 효과의 해석이다(고도 무시). 집단요인의 주 효과 해석은 분석결과 중 '개체-간 효과 검정' 부분을 이용한다. '성별'의 주 효과에 대한 가설은 다음과 같다.

- H_0: 목표심박수 도달시간에 대한 '성별'의 주 효과는 없다.
- H_1: 목표심박수 도달시간에 대한 '성별'의 주 효과는 있다.

'성별'의 주 효과에 대한 검정결과 유의확률이 .000으로 .05보다 작으므로 영가설을 기각하여 목표심박수 도달시간의 성별 간 차이가 있는 것으로 판단한다.

개체-간 효과 검정

측도: 운동시간

변환된 변수: 평균

소스	제 III 유형 제곱합	자유도	평균 제곱	F	유의확률	부분 에타 제곱
절편	34219788.01	1	34219788.01	2534.676	.000	.978
성별	207251.408	1	207251.408	15.351	.000	.209
오차	783038.083	58	13500.657			

다음은 '도표' 부분이다. 성별로 고도 증가에 따라 목표심박수 도달시간이 감소하는 현상을 보여주고 있다.

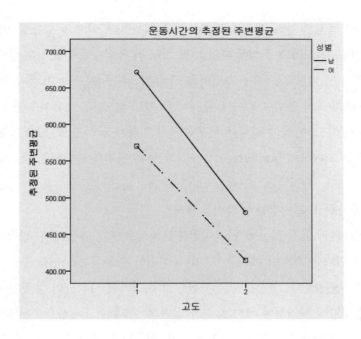

다. 사후분석

독립변수가 둘 이상인 경우에는 각 범주에 해당되는 표본의 비교를 SPSS 프로그램상에서 지정할 수 없음을 앞서 지적하였다. 따라서 연구목적에 부합되도록 필요한 집단끼리 묶어서 개별비교를 하는 것이 좋다. '고도', '성별' 모두 두 범주씩 있으므로 2×2로 총 4개의 작은 집단이 있다. 4개의 작은 집단을 대상으로 한 사후분석은 다음과 같이 구분된다.

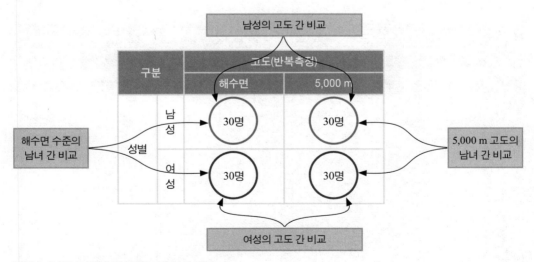

[그림 9-9] 반복이원분산분석의 사후분석 개념

따라서 연구의 목적에 따라 필요한 사후분석을 적용한다. 이때 α-오류를 .05 이내로 관리하기 위해서는 Bonferroni 부등식에 따라 개별 비교 시 유의수준을 보정된 값으로 사용한다. 만약 네 가지를 모두 비교하는 경우 개별비교 시 유의수준은 $\frac{.05}{4}$ = .0125가 된다(각 cell의 대각선으로도 비교하면 6회의 쌍 비교가 된다). 따라서 각 개별 쌍 비교 시 유의수준을 .0125로 적용하면 된다. 하지만 분산분석의 결과와 사후분석의 결과가 달라질 수 있으므로 표본의 크기 및 쌍비교 횟수를 고려하여 Bonferroni 부등식의 사용 여부를 판단하는 것이 좋다.

라. 사전값을 공분산으로 지정한 공분산분석

사전값이 동질화되어 있지 않은데 반복이원분산분석을 적용하는 경우 반복처치의 효과에 집단 간 차이가 있다는 해석이 어려울 수 있다. 이러한 경우에는 사전값을 공분산으로 지정한 공분산분석이 권장된다. 사전값을 공분산으로 지정하면 사전값이 동질화되며, 사후값에서도 사전값의 영향이 제거됨에 따라 순수한 집단 간 효과를 효과적으로 비교할 수 있다. 위의 예제도 해수면 환경의 목표심박수 도달시간이 남녀 간 동질화되어 있지 않았기 때문에 해석상에 주의가 필요하다. 따라서 위의 예제를 가지고 사전값을 공분산으로 지정하여 공분산분석을 적용해보았다(예제파일: 사전값 공분산분석.sav).

■ 사전값 공분산 지정 공분산분석의 순서

① 메뉴에서 [분석]→[일반선형모형]→[일변량]을 선택한다.

■ 사전값 공분산 지정 공분산분석의 대상변수 지정

① '일변량 분석' 대화상자가 열리면 '성별' 변수를 '고정요인' 칸으로 옮긴다.

② '오천운동시간' 변수를 '종속변수' 칸으로 옮긴다.

③ '평지운동시간' 변수를 '공변량' 칸으로 옮긴다.

④ '확인' 단추를 눌러 분석을 실행한다.

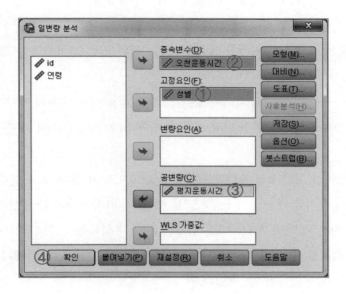

■ 사전값 공분산 지정 공분산분석의 분석결과

다음 표는 분석결과 중 '개체 간 요인' 부분이다. 남녀의 표본 크기가 각각 30명인 것을 알 수 있다.

개체-간 요인

		값 레이블	N
성별	1.00	남	30
	2.00	여	30

다음은 분석결과 중 '개체 간 효과 검정' 부분이다. 여기서는 사전값인 '평지운동시간'을 공분산으로 지정하여 공분산분석을 실행한 결과를 설명하고 있다.

사전값을 공분산으로 지정한 공분산분석에서의 공분산(사전값)에 대한 가설은 다음과 같다.

- H_0: 공분산인 '평지운동시간'은 '오천운동시간'에 영향을 주지 않는다.
- H_1: 공분산인 '평지운동시간'은 '오천운동시간'에 영향을 준다.

또한 사전값을 공분산으로 지정한 공분산분석에서의 집단요인(성별)에 대한 가설은 다음과 같다.

- H_0: 사전값(공분산)의 영향이 제거된 성별 간 사후값(오천운동시간)의 차이는 없다.
- H_1: 사전값(공분산)의 영향이 제거된 성별 간 사후값(오천운동시간)의 차이는 있다.

사전값(평지운동시간, 공분산)의 유의확률을 보면 .000으로 .05보다 낮아 영가설을 기각하여 '오천운동시간'에 유의한 영향을 주는 것을 알 수 있다. 따라서 이러한 영향을 제거한 후 남녀 간 '오천운동시간'의 차이가 있는가를 검정한 결과, 유의확률이 .734로서 .05보다 높게 나타나 영가설을 기각할 수 없으므로 사전값인 '평지운동시간'의 효과를 제거하면 '오천운동시간'은 남녀의 차이가 없음을 알 수 있다.

개체-간 효과 검정

종속변수: 오천운동시간

소스	제 III 유형 제곱합	자유도	평균제곱	F	유의확률
수정된 모형	261501.181[a]	2	130750.590	16.037	.000
절편	95.545	1	95.545	.012	.914
평지운동시간	198061.164	1	198061.164	24.293	.000
성별	949.394	1	949.394	.116	.734
오차	464721.402	57	8153.007		
전체	12719233.00	60			
수정된 합계	726222.583	59			

a. R 제곱 = .360 (수정된 R 제곱 = .338)

'2회 반복요인×집단요인' 설계의 분석방법을 정리하면 다음과 같다.
- 집단 간 사전값이 동질화되어 있다면 반복이원분산분석의 결과해석이 가능하다.

- 집단 간 사전값이 동질화되어 있지 않다면 사전값을 공분산으로 한 공분산분석이 권장된다.
- 여러 교재 등에서 제시하는 종합적인 의견에서는 사전값을 공분산으로 한 공분산분석의 사용이 권장된다.

한편 이 책에서는 소개하지 않았지만 '3회 이상 반복요인×집단요인' 설계에서는 사전값을 공분산으로 지정한 반복이원분산분석의 사용이 권장된다. 이 방법은 앞서 설명한 반복이원분산분석의 절차 중 '공변량' 칸에 사전값을 지정해주고 나머지 반복측정 자료를 이용하여 분석하는 방법으로서 그 분석절차는 동일하다.

10장

선형자료의
관계성 분석하기

선형자료란 변수 간 선형(linear)을 이루고 있는 자료를 말한다. 즉, 선형을 이루고 있는 변수 간 관계성에 대해 분석하는 것이 선형자료의 관계성 분석이며, 대표적인 것이 상관분석과 선형 회귀분석이다.

10-1 Pearson의 상관분석

1) 개요 및 적용목적

상관분석은 두 변수 간 선형 관계성을 분석하는 방법이다. 따라서 여러 변수가 있는 경우에도 두 변수씩 묶어서 선형 관계성을 분석한다. 예를 들어 지방섭취량과 체지방률의 관계, 연령과 골밀도의 관계를 분석하고자 할 때 상관분석을 사용한다.

상관분석 중 널리 사용되는 것은 모수적 방법인 Pearson의 상관분석이다. 모수적 방법이므로 모집단에 대한 기본가정이 필요하다. 만약 수집된 자료가 기본가정을 만족하지 못하는 경우에는 비모수적 방법인 Spearman의 순위상관분석을 적용한다.

Pearson의 상관분석은 두 변수 간 상관계수(correlation coefficient, r)를 계산하여 '관계의 방향성'과 '관계의 강도'를 파악하는 방법이다.

- 상관계수는 −1~+1의 범위를 가진다.
- 상관계수의 '부호'를 이용하여 '관계의 방향성'을 파악한다.
- 상관계수의 '절댓값 크기'를 이용하여 '관계의 강도'를 파악한다.

(1) 관계의 방향성

두 변수 간 상관관계의 방향성은 '양의 방향'과 '음의 방향'으로 구분된다.

- 상관계수가 양수(+)이면 두 변수는 양(+)의 상관관계를 가진다.
- 상관계수가 음수(−)이면 두 변수는 음(−)의 상관관계를 가진다.

양의 상관관계란 한 변수의 값이 크면 다른 한 변수의 값도 큰 관계로, 지방섭취량과 체지방률의 관계가 양의 상관관계에 해당된다.

음의 상관관계란 한 변수의 값이 크면 다른 한 변수의 값은 작은 관계로, 연령과 골밀도의 관계가 음의 상관관계에 해당된다.

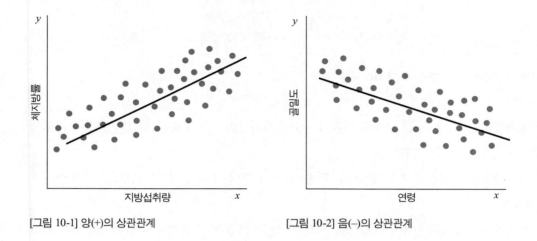

[그림 10-1] 양(+)의 상관관계   [그림 10-2] 음(−)의 상관관계

(2) 관계의 강도

두 변수 간 상관관계의 강도는 상관계수의 절댓값으로 판단하며, 0~1의 범위를 가진다.

- 상관계수의 절댓값이 1에 가까울수록 두 변수 간 관계는 매우 강하다.
- 상관계수의 절댓값이 0에 가까울수록 두 변수 간 관계는 매우 약하다.

   상관관계의 강도는 두 변수 간 관계가 선형에 얼마나 가까운가를 알려준다.

- 상관계수의 절댓값이 1에 가까울수록 두 변수 간 관계는 선형에 매우 가깝다.
- 상관계수의 절댓값이 0에 가까울수록 두 변수 간 관계는 선형에서 멀어진다.

   일반적으로 상관계수의 절댓값에 따라 상관관계의 강도를 다음과 같이 해석할 수 있다. 하지만 아래의 기준이 절대적인 것은 아니며 연구 및 조사영역에 따라 달리 적용되는 경우가 많다.

- 자연과학 연구에서는 비교적 높은 절댓값의 상관계수가 관찰된다.
- 인문·사회과학 연구에서는 비교적 낮은 절댓값의 상관계수가 관찰된다.
- 연구영역에 따라 의사결정을 위한 상관계수 절댓값의 하한선은 달라질 수 있다.

$0.0 \leq |r| < 0.2$	매우 낮은 상관관계
$0.2 \leq |r| < 0.4$	낮은 상관관계
$0.4 \leq |r| < 0.6$	보통 상관관계
$0.6 \leq |r| < 0.8$	강한 상관관계
$0.8 \leq |r| < 1.0$	매우 강한 상관관계

[그림 10-3] 상관관계의 강도 해석에 대한 예시

상관계수는 두 변수 간 관계의 기울기가 아니라 두 변수 간 분포가 얼마나 선형에 가깝게 밀집해 있는가에 대한 개념이다.

- 상관계수의 절댓값이 0에 가깝다는 것은 두 변수 간 분포에 선형성이 없고 흩어져 있다는 의미다.
- 상관계수의 절댓값이 1에 가깝다는 것은 두 변수 간 분포가 선형에 가깝게 밀집되어 있다는 의미다.

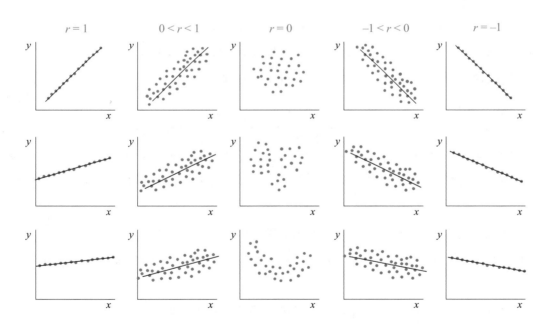

[그림 10-4] 상관계수와 선형성의 관계

(3) 분석목적에 따른 해석

표본에서의 상관계수는 표본에 대해서 설명하는 기술통계량에 해당된다. 따라서 상관분석의 목적에 따라 해석 내용이 달라질 수 있다.

- 목적 1: 표본집단의 특성을 설명하는 것(기술통계에 해당)
- 목적 2: 표본집단을 이용하여 모집단의 특성을 추리하는 것(추리통계에 해당). 대부분의 상관분석이 '목적 2'를 위해서 진행된다.

상관분석의 목적이 표본집단의 특성을 설명하는 것이라면 다음의 내용을 해석한다.

- 상관계수의 부호를 보고 관계의 방향성(양의 방향 또는 음의 방향) 해석
- 상관계수의 절댓값을 보고 관계의 강도 해석

상관분석의 목적이 모집단의 특성을 추리하는 것이라면 다음의 절차를 따라 해석한다.

- 표본의 상관계수를 가지고 모집단의 상관관계가 있는가를 추리하기 위해 영가설을 수립한다.
- 영가설은 '모집단의 상관계수는 0이다.'로 수립한다.
- 유의확률을 보고 영가설의 기각 여부를 판단한다.
- '상관관계가 유의하다.'라는 표현은 더 정확하게 표현하면 '표본에서의 상관관계가 모집단에도 적용될 수 있다.'라는 추리의 결과를 의미한다.

(4) 설명력(r^2)

상관계수(r)를 제곱한 r^2을 두 변수 간 설명력(또는 결정계수)이라고 한다. 설명력이란 한 변수로 다른 한 변수를 설명하는 정도(비율)를 의미한다. 예를 들어 두 변수 간 상관계수가 0.9(또는 −0.9)일 경우 r^2=0.81이 되는데, 이것은 한 변수로 다른 변수를 81% 설명할 수 있다는 의미다. r^2은 선형 회귀분석에서 만들어지는 회귀모형의 설명력을 의미하기도 한다.

2) 기본가정

Pearson의 상관분석은 모수통계이므로 기본가정이 만족되어야 적용이 가능하다. Pearson의 상관분석에서 요구하는 기본가정은 선형성, 등분산성, 표본추출의 독립성, 연속성, 정규성이다.

(1) 선형성

Pearson의 상관분석을 적용하기 위해서는 두 변수가 선형적인 관계를 이루어야 한다. 만약 두 변수가 선형적 관계를 유지하지 못하면 상관분석의 적용이 어렵다. 선형성은 아래 그림처럼 두 변수 간 산점도를 그려보면 확인할 수 있다.

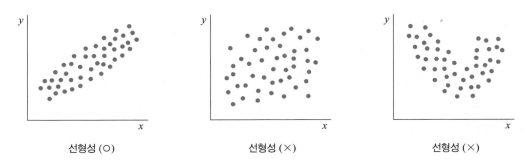

선형성 (○)　　　　　선형성 (×)　　　　　선형성 (×)

[그림 10-5] 두 변수 간 선형성의 확인

(2) 등분산성

등분산성은 x 변수에 대한 y 변수의 퍼짐 정도가 x 변수의 어느 지점에서도 같아야 한다는 가정이다. 등분산성은 두 변수 간 산점도를 그려서 확인할 수 있으며, 만약 등분산성이 성립되지 않는다면 산점도의 모양을 보고 어떠한 분포인가를 판단하여 분석방법과 해석을 달리 적용해야 한다.

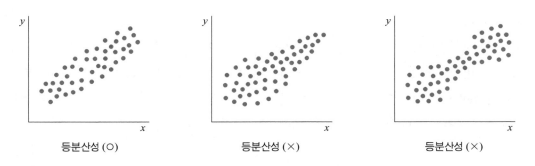

등분산성 (○)　　　　　등분산성 (×)　　　　　등분산성 (×)

[그림 10-6] 두 변수 간 등분산성의 확인

(3) 표본추출의 독립성

표본의 상관분석 결과를 모집단에 대한 설명으로 확대하고자 한다면 표본이 모집단을 대표할 수 있어야 한다. 표본을 추출할 때 모집단을 대표할 수 있도록 하는 방법에는 확률적 방법에 의한 무작위 추출이 있다. 만약 이 가정이 만족되지 않으면 표본의 상관계수로 모집단을 추정하는 데 있어서 신뢰성이 떨어지므로 비모수적 방법인 Spearman의 순위상관분석을 고려해야 한다.

(4) 연속성

Pearson의 상관분석을 적용하기 위해서는 두 변수 모두 연속형 변수이어야 한다. 만약 두 변수 중 하나라도 연속형 변수가 아닌 순서변수인 경우 모집단에 대한 추정을 할 수 없으므로 비모수적 방법인 Spearman의 순위상관분석을 적용한다.

(5) 정규성

표본의 상관분석 결과를 모집단에 대한 설명으로 확대하고자 한다면 두 변수 모두 모집단에서 정규분포를 이루어야 한다. 만약 두 변수 중 하나라도 정규성을 만족하지 못하면 비모수적 방법을 적용한다.

정규성은 왜도와 첨도를 이용하는 방법, Q-Q plot을 이용하는 방법, 정규성 검정을 하는 방법 등으로 확인할 수 있다.

- 왜도와 첨도는 각각 –2~+2의 범위 안에 있으면 분포가 특별히 치우치지 않은 것으로 판단할 수 있다.
- Q-Q plot은 정규분포를 확인하는 그래프로서 Q-Q plot의 직선상에 데이터들이 위치하면 정규분포로 판단한다.

정규성 검정은 Shapiro-Wilk 검정과 Kolmogorov-Smirnov 검정이 주로 사용된다.
- 표본 크기가 작은 실험연구에서는 주로 Shapiro-Wilk 검정이 사용된다.
- 표본 크기가 큰 설문연구에서는 주로 Kolmogorov-Smirnov 검정이 사용된다.

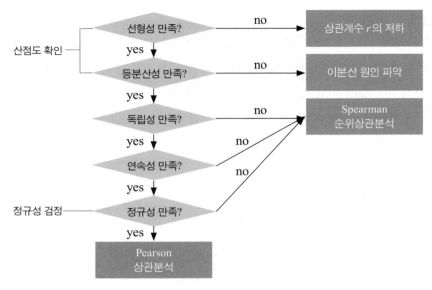

[그림 10-7] 상관분석의 기본 가정

3) 분석순서 및 결과해석

> 경력 10년 이상의 대학 농구선수 12명을 대상으로 신장과 근육량에 대해 상관관계를 분석하라(예제파일: Pearson 상관분석.sav). 아울러 상관분석 결과를 모집단에 적용할 수 있는지의 여부를 유의수준 5% 미만으로 검정하라.

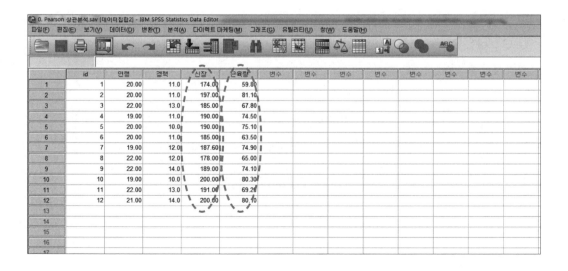

(1) 선형성과 등분산성 확인

상관관계의 선형성과 등분산성은 두 변수 간 산점도를 이용하여 쉽게 확인할 수 있다.

■ 선형성 확인을 위한 산점도 그리기 순서

① 메뉴에서 [그래프]→[레거시 대화상자]→[산점도/점도표]를 선택한다.

■ 산점도 유형의 선택

① '산점도/점도표' 대화상자가 열리면 '단순 산점도'를 선택한다.

② '정의' 단추를 누른다.

■ 산점도의 대상변수 지정 및 실행

① '단순 산점도' 대화상자가 열리면 'Y-축'으로 '근육량' 변수를 옮긴다.

② 'X-축'으로 '신장' 변수를 옮긴다(바꾸어 넣어도 상관없음).

③ '확인' 단추를 눌러 산점도 그리기를 실행한다.

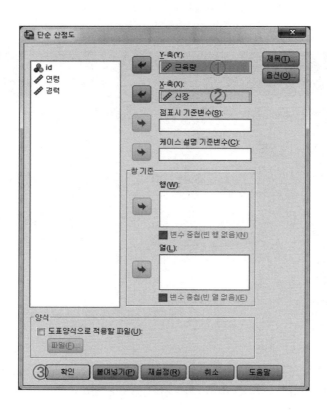

■ 산점도 확인

산점도를 보면 '신장'과 '근육량'의 분포가 뚜렷한 선형성을 갖는 것으로 판단되며, 등분산성
도 특별히 벗어나는 것으로 판단하기는 어렵다.

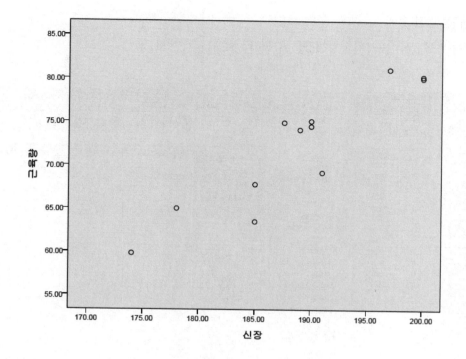

(2) 독립성과 연속성 확인

상관관계를 분석한 표본집단이 모집단으로부터 확률적 방법에 의해 추출되었다면 독립성이 만족된 것으로 간주한다. 한편 상관분석을 하고자 하는 두 변수가 모두 등간변수 이상의 연속형 변수이면 연속성이 만족된 것으로 간주한다.

(3) 정규성 검정

모수적 방법인 Pearson의 상관분석을 적용하기 위해서는 두 변수 모두 정규성을 만족해야 한다. 정규성 검정은 다음의 절차를 따른다.

■ 정규성 검정 순서

① 메뉴에서 [분석] → [기술통계량] → [데이터 탐색]을 선택한다.

■ 정규성 검정의 대상변수 지정

① '데이터 탐색' 대화상자가 열리면 '신장'과 '근육량' 변수를 '종속변수' 칸으로 옮긴다.

② '도표' 단추를 선택한다.

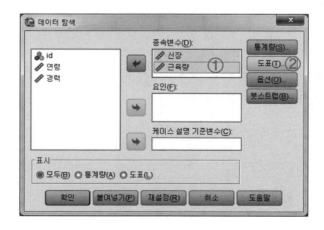

■ 정규성 검정의 선택

① '데이터 탐색: 도표' 대화상자에서 '검정과 함께 정규성 도표'를 선택한다.

② '계속' 단추를 누른다.

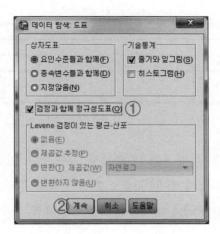

■ 정규성 검정의 실행

① '데이터 탐색' 대화상자로 돌아오면 '확인' 단추를 눌러 분석을 실행한다.

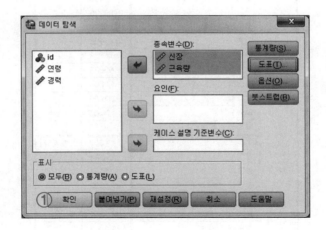

■ 정규성 검정의 분석결과

다음 표는 정규성 검정 결과 중 '케이스 처리 요약' 부분이다. '신장'과 '근육량' 변수 모두 표본의 크기가 12명임을 알 수 있다.

케이스 처리 요약

| | 케이스 | | | | | |
| | 유효 | | 결측 | | 전체 | |
	N	퍼센트	N	퍼센트	N	퍼센트
신장	12	100.0%	0	0.0%	12	100.0%
근육량	12	100.0%	0	0.0%	12	100.0%

다음은 정규성 검정 결과 중 분포의 '기술통계' 부분이다. 신장 분포의 왜도가 −0.309, 첨도가 −0.111로 각각 −2~+2의 범위 내에 있으며, 근육량 분포의 왜도가 −0.355, 첨도가 −0.992로 각각 −2~+2의 범위 내에 있음을 보여주고 있어 두 변수 모두 특별히 치우침이 없는 분포임을 알 수 있다.

기술통계

			통계량	표준오차
신장	평균		188.8833	2.28930
	평균의 95% 신뢰구간	하한	183.8446	
		상한	193.9220	
	5% 절삭평균		189.0926	
	중위수		189.5000	
	분산		62.891	
	표준편차		7.93036	
	최소값		174.00	
	최대값		200.00	
	범위		26.00	
	사분위수 범위		10.50	
	왜도		-.309	.637
	첨도		-.111	1.232
근육량	평균		72.1167	2.02521
	평균의 95% 신뢰구간	하한	67.6592	
		상한	76.5741	
	5% 절삭평균		72.3019	
	중위수		74.3000	
	분산		49.218	
	표준편차		7.01555	
	최소값		59.80	
	최대값		81.10	
	범위		21.30	
	사분위수 범위		13.15	
	왜도		-.355	.637
	첨도		-.992	1.232

다음은 정규성 검정 결과 중 '정규성 검정' 부분이다. 정규성 검정에서의 가설은 두 변수 모두에 대해 각각 다음과 같다.

- H_0: 모집단은 정규분포를 따른다.
- H_1: 모집단은 정규분포를 따르지 않는다.

정규성 검정 결과 Kolmogorov-Smirnov 검정에서는 '신장'과 '근육량' 모두 유의확률이 .200으로 .05보다 크게 나타났으므로 영가설을 받아들여 정규분포가 성립됨을 알 수 있다. Shapiro-Wilk 검정에서도 유의확률이 '신장'은 .567, '근육량'은 .425로 모두 .05보다 크므로 영가설을 받아들여 정규분포가 성립됨을 알 수 있다.

정규성 검정

	Kolmogorov-Smirnov[a]			Shapiro-Wilk		
	통계량	자유도	유의확률	통계량	자유도	유의확률
신장	.146	12	.200*	.945	12	.567
근육량	.195	12	.200*	.934	12	.425

*. 이것은 참인 유의확률의 하한값입니다.

a. Lilliefors 유의확률 수정

(4) Pearson의 상관분석 적용

Pearson의 상관분석을 위한 기본가정이 모두 만족되면 다음 절차에 따라 상관분석을 실행한다.

■ Pearson 상관분석 순서

① 메뉴에서 [분석]→[상관분석]→[이변량 상관계수(이변량 상관)]를 선택한다.

■ Pearson 상관분석의 대상변수 지정

① '이변량 상관계수' 대화상자가 열리면 변수들 중 상관분석을 하려는 두 변수(두 변수 이상을 옮겨도 결과표에서는 각 두 변수씩 비교한 결과를 보여준다)를 '변수' 칸으로 옮긴다. 여기서는 '신장'과 '근육량' 변수를 옮긴다.

② '상관계수' 항목에서 'Pearson'이 선택되어 있는 것을 확인한다(기본설정).

③ 만약 변수의 상관계수뿐만 아니라 평균과 표준편차도 결과표에 함께 표시하고 싶다면 '옵션' 단추를 누른다(두 변수 간 상관계수만 알고 싶으면 '옵션'에 들어가지 않고 '확인'을 누른다).

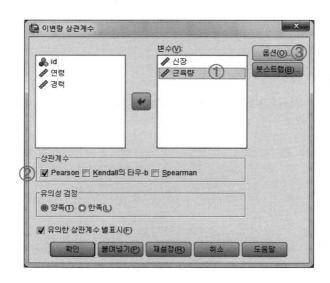

■ Pearson 상관분석의 옵션 설정

① '이변량 상관계수: 옵션' 대화상자에서 '통계량' 항목 중 '평균과 표준편차'를 선택한다.

② '계속' 단추를 누른다.

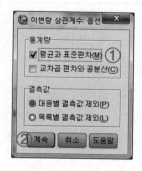

■ Pearson 상관분석의 실행

① '이변량 상관계수' 대화상자로 돌아오면 '확인' 단추를 눌러 분석을 실행한다.

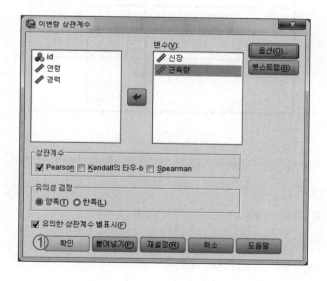

■ Pearson 상관분석의 결과

다음 표는 상관분석 결과 중 '기술통계량' 부분이다. 앞에서 평균과 표준편차를 알기 위해 '옵션' 메뉴를 이용했다. 기술통계량을 보면 신장의 평균은 188.9 cm, 표준편차는 7.9 cm, 표본의 크기는 12명이며, 근육량의 평균은 72.1 kg, 표준편차는 7.0 kg, 표본의 크기는 12명인 것으로 나타났다.

기술통계량

	평균	표준편차	N
신장	188.8833	7.93036	12
근육량	72.1167	7.01555	12

다음은 상관분석표이다. 대학 농구선수 12명의 '신장'과 '근육량' 간 상관계수 r은 0.915로 계산되었다. 이것은 다음과 같이 해석한다.

- 상관계수의 부호가 양수(+)이므로 두 변수는 '양의 상관관계'이다.
- 상관계수의 절댓값이 1에 가까우므로 두 변수는 '매우 강한 상관관계'를 가진다.

상관분석표는 대각선을 중심으로 좌우가 대칭이므로 한쪽만 활용하여 해석하면 된다.

상관계수

		신장	근육량
신장	Pearson 상관계수	1	.915**
	유의확률 (양쪽)		.000
	N	12	12
근육량	Pearson 상관계수	.915**	1
	유의확률 (양쪽)	.000	
	N	12	12

다음은 모집단 상관계수의 추정이다. 12명의 표본에 대한 상관분석 결과 '신장'과 '근육량'이 매우 높은 상관관계가 있음을 확인하였다. 이러한 상관관계가 12명뿐만 아니라 모집단에도 존재하는가를 확인하기 위해 다음의 가설에 대해 검정한다.

- H_0: 모집단의 상관계수 ρ(로)는 0이다.
- H_1: 모집단의 상관계수 ρ(로)는 0이 아니다.

영가설에 대한 검정결과 유의확률이 .000으로(실제로는 소수점 셋째 자리 아래에서 '0'이 아닌 수가 있음) 유의수준 .05보다 작으므로 영가설을 기각한다. 따라서 '모집단에서도 신장과 근육량 간 상관관계가 존재한다.'라고 결론 내린다.

※ '**' 표시의 의미

상관계수표의 상관계수 상단에 '**'표가 붙은 것은 유의확률 수준에 대해 시각적으로 나타낸 것이므로 유의확률이나 별표 중 어느 것을 보고 해석해도 된다.
- 별표가 하나인 경우는 유의수준 .05 미만으로 검정했을 때의 결과이다.
- 별표가 둘인 경우는 유의수준 .01 미만으로 검정했을 때의 결과이다.

통계분석에서 유의수준이나 신뢰수준이 특별히 제시되지 않는 경우에는 일반적으로 신뢰수준 95% 이상(유의수준 5% 미만)으로 인식한다. 더욱이 본 예제에서는 유의수준 5% 미만으로 검정을 요구했으므로 굳이 1%, 0.1%로의 검정결과를 제시할 필요는 없다.

상관계수

		신장	근육량
신장	Pearson 상관계수	1	.915**
	유의확률 (양쪽)		.000
	N	12	12
근육량	Pearson 상관계수	.915**	1
	유의확률 (양쪽)	.000	
	N	12	12

**. 상관계수는 0.01 수준(양쪽)에서 유의합니다.

※ 유의확률 = .000

보고서 작성 시 유의확률이 .000인 것에 대해 0이라는 오해를 받을 수 있어서 .001 또는 .0001 등과 같이 작성자 임의로 1이라는 숫자를 넣어 표기하는 경우가 간혹 있다. 이는 최종결론에 영향을 주지는 않겠지만 엄밀하게는 데이터 조작이므로 바람직하지 않다.

0이 아닌 값이 소수점 셋째 자리 아래에서 존재하고 있는 것이므로 그 값을 기록해주는 것이 가장 정확하다. 하지만 지면의 한계 등을 고려하여 '유의확률 .000($p<.05$)'과 같이 유의수준과 함께 표기하는 것이 적합하다.

1) 적용목적

두 변수 간 상관관계 분석에서 다음 중 하나 이상에 해당되는 경우에는 Pearson의 상관분석을 적용할 수 없다.

- 표본이 모집단에서 확률적 방법에 의해 독립적으로 추출되지 않은 경우
- 두 변수 중 하나라도 모집단이 정규분포를 이루지 않는 경우
- 표본의 크기가 10 미만인 경우
- 두 변수 중 하나라도 연속형 변수가 아닌 경우
- 위와 같은 경우에는 비모수적 방법인 Spearman의 순위상관분석을 적용한다(변수가 명목변수인 경우에는 적용 불가).

    Spearman 순위상관분석은 다음의 절차로 진행된다.

① X변수와 Y변수 각각에 크기순으로 순서를 부여한다.

② 순위의 동점은 평균 순위로 보정한다.

③ X-Y 쌍의 순위차(d)를 계산한다.

④ X-Y 쌍의 순위차(d)를 가지고 상관계수[ρ (로)]를 계산한다.

⑤ X와 Y의 순위가 모두 같으면 순위차(d)는 모두 0이 되고 ρ (로)는 1이 된다.

⑥ X와 Y의 순위차(d)가 커질수록 ρ (로)는 1에서 멀어진다.

$$\text{Spearman의 순위상관계수}[\rho (\text{로})] = 1 - \frac{6 \sum d^2}{n(n^2 - 1)}$$

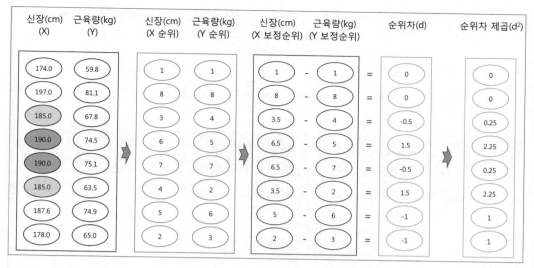

[그림 10-8] Spearman의 순위상관분석 절차

$$\rho\,(로) = 1 - \frac{6 \times 7}{8(8^2 - 1)} = 1 - \frac{42}{504} = 1 - 0.083 = 0.917$$

2) 분석순서 및 결과해석

대학 엘리트 농구선수 8명에 대해 신장(cm)과 근육량(kg)의 상관관계가 있는지 알아보고자 한다. 유의수준 .05 이내로 검정하라(예제파일: Spearman 순위상관분석.sav).

	id	연령	경력	신장	근육량	변수	변수	변수	변수	변수	변수	변수	변수
1	1	20.00	11.0	174.00	59.80								
2	2	20.00	11.0	197.00	81.10								
3	3	22.00	13.0	185.00	67.80								
4	4	19.00	11.0	190.00	74.50								
5	5	20.00	10.0	190.00	75.10								
6	6	20.00	11.0	185.00	63.50								
7	7	19.00	12.0	187.60	74.90								
8	8	22.00	12.0	178.00	65.00								
9													
10													
11													
12													
13													

표본의 크기가 10명 미만이므로 비모수적 방법인 Spearman 순위상관분석을 적용한다.

- Spearman 순위상관분석 순서

① 메뉴에서 [분석]→[상관분석]→[이변량 상관계수(이변량 상관)]를 선택한다.

- Spearman 순위상관분석의 대상변수 지정 및 실행

① '이변량 상관계수' 대화상자가 열리면 '신장'과 '근육량' 변수를 '변수' 칸으로 옮긴다.

② '상관계수' 항목에서 'Spearman'을 선택한다.

③ '확인' 단추를 눌러 분석을 실행한다.

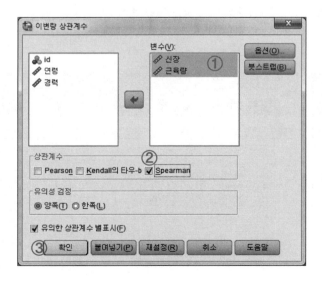

■ Spearman 순위상관분석의 결과

다음 표는 Spearman 순위상관분석의 상관계수표이다. Spearman 순위상관계수가 0.916으로 1에 가깝게 계산되어 신장과 근육량 간에 높은 상관관계가 있음을 알 수 있다.

상관계수

			신장	근육량
Spearman의 rho	신장	상관계수	1.000	.916**
		유의확률(양측)	.	.001
		N	8	8
	근육량	상관계수	.916**	1.000
		유의확률(양측)	.001	.
		N	8	8

**. 상관 유의수준이 0.01입니다(양측).

다음은 모집단 상관계수의 추정이다. Spearman 순위상관분석에서의 가설은 다음과 같다.

- H_0: 모집단의 상관계수 ρ(로)는 0이다.
- H_1: 모집단의 상관계수 ρ(로)는 0이 아니다.

Spearman 순위상관분석 결과 유의확률이 .001로 .05보다 작으므로 영가설을 기각하여 '신장'과 '근육량'의 상관관계는 통계적으로 의미 있는 결과임을 알 수 있다.

상관계수

			신장	근육량
Spearman의 rho	신장	상관계수	1.000	.916**
		유의확률(양측)	.	.001
		N	8	8
	근육량	상관계수	.916**	1.000
		유의확률(양측)	.001	.
		N	8	8

**. 상관 유의수준이 0.01입니다(양측).

1) 선형 회귀분석의 개념

선형 회귀분석(linear regression analysis)은 변수 간 선형성과 인과관계(선후관계)를 이용하여 하나 또는 여러 개의 원인변수(독립변수, x변수)로 결과변수(종속변수, y변수)를 예측하는 분석방법이다.

선형 회귀분석에서 결과변수(종속변수)는 연속형 변수이어야 하며, 원인변수(독립변수)는 연속형 변수와 범주형 변수 모두 사용이 가능하다. 선형 회귀분석에서는 예측을 위해 선형 회귀방정식($y = \beta_1 x + \beta_0 + \varepsilon$)을 사용하는데 선형방정식($y = ax + b$)과 달리 예측에 따른 오차($\varepsilon$, 엡실론)'가 존재한다. 오차를 포함한 이러한 회귀방정식을 '회귀모형'이라고 부른다.

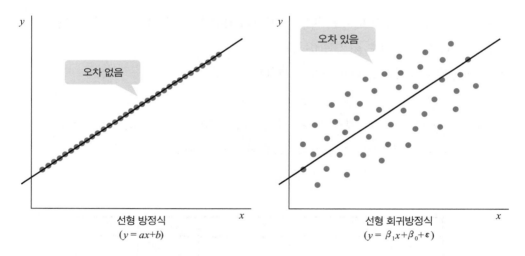

[그림 10-9] 선형방정식과 선형 회귀방정식의 비교

2) 선형 회귀모형의 구조

선형 회귀방정식은 단순회귀모형의 경우 '$y = \beta_1 x + \beta_0 + \varepsilon$'의 형태로 표현되며[독립변수($x$)가 한 개], 다중회귀모형의 경우 '$y = \beta_1 x_1 + \beta_2 x_2 + \beta_3 x_3 + \cdots \beta_p x_p + \beta_0 + \varepsilon$'의 형태로 표현된다[독립변수 ($x$)가 여러 개].

- 'β(베타)$_1$', 'β_2', 'β_3', $\cdots$, 'β_p'는 방정식에서 각 독립변수(x)의 기울기이다. 이것은 다른 독립변수(x)의 변화가 없다는 가정 하에서 해당 독립변수(x)의 값이 1 증가할 때 종속변수(y)의 값이 증가하는 양을 의미한다. 즉, 다른 독립변수(x)의 영향을 배제한(통제한) 상태에서 해당 독립변수(x)가 종속변수(y)에 주는 영향력을 의미하므로 종속변수(y)에 대한 특정 독립변수(x)의 고유효과를 확인하는 지표로 활용된다.
- 'β_0'는 y절편으로서 모든 독립변수(x) 값이 0일 때의 종속변수(y) 값을 의미한다.
- 'ε(엡실론)'은 회귀모형의 오차로 실제 종속변수(y) 값과 예측된 종속변수($\hat{y}$) 값과의 차이에 대한 평균을 의미한다.

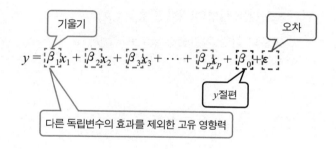

[그림 10-10] 선형 회귀방정식의 구조

이러한 '$\beta_1 \sim \beta_p$' 및 'β_0'는 미지수로서 이들을 '회귀계수(regression coefficient)'라고 부른다. 회귀계수는 'ε(엡실론)'을 최소화하는 값으로 추정된다. 회귀계수를 모집단에서는 'β_1', 'β_2', 'β_3', $\cdots$, 'β_p', 'β_0'로 표시하며, 표본집단에서는 'b_1', 'b_2', 'b_3', $\cdots$, 'b_p', 'b_0'로 표시한다. 또한 'ε(엡실론)'을 모집단에서는 '오차(error)'라고 부르고, 표본에서는 '잔차(residual error)'라고 부르며, 'e'로 표시한다.

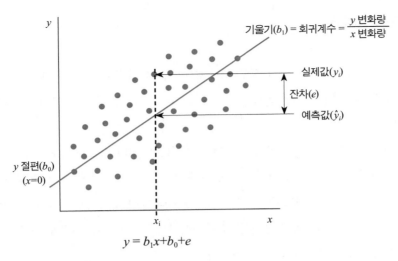

기울기(b_1) = 회귀계수 = $\dfrac{y\,변화량}{x\,변화량}$

실제값(y_i)

잔차(e)

예측값$(\hat{y}_i)$

y 절편(b_0)
$(x=0)$

x_i

x

$y = b_1x+b_0+e$

[그림 10-11] 선형 회귀모형의 잔차

모집단과 표본의 선형 회귀방정식 비교

모집단의 선형 회귀방정식: $y = \beta_1x+\beta_0+\varepsilon$

표본의 선형 회귀방정식: $y = b_1x+b_0+e$

3) 선형 회귀모형의 성능

(1) 결정계수(R^2)

선형 회귀모형의 성능을 평가하는 통계량 중 하나는 결정계수(R^2)이다. 결정계수는 '예측된
종속변수($\hat{y}$) 값으로 실제 종속변수(y) 값을 설명할 수 있는 비율'로 '설명력'이라고도 한다.

선형 회귀모형의 결정계수

$$R^2 = \dfrac{회귀방정식으로\ 설명할\ 수\ 있는\ 부분}{전체}$$

[그림 10-12]를 보면 실제 y값을 예측할 때 선형 회귀방정식으로 계산된 $\hat{y}$값만큼은 설명이 가능하지만 나머지 부분($y-\hat{y}$)은 설명이 불가능하다. 이렇게 전체 중에서 설명 가능한 부분의 비율이 결정계수(R^2)이다.

결정계수(R^2)를 가지고 회귀모형의 성능을 다음과 같이 평가할 수 있다.

- 전체에서 설명 가능한 비율이 높으면(결정계수가 높으면) 선형 회귀방정식의 성능은 높은 것이다.
- 전체에서 설명 가능한 비율이 낮으면(결정계수가 낮으면) 선형 회귀방정식의 성능은 낮은 것이다.

결정계수(R^2)는 비율값으로서 0~1 사이의 값을 가지며 '상관계수(r)의 제곱'과 같은 값을 가진다. 결정계수(R^2)의 값에 따라 분포의 선형성을 다음과 같이 설명할 수 있다.

- 결정계수(R^2)가 0에 가까우면(회귀모형의 설명력이 낮으면), x vs. y 분포가 선형에 가깝지 않은 분포이다.
- 결정계수가 1에 가까우면(회귀모형의 설명력이 높으면), x vs. y 분포가 선형 회귀방정식의 직선 (회귀선)상에 가까이 모여 있는 분포이다.

결정계수(R^2)는 독립변수(x) 값을 이용하여 종속변수(y) 값을 정확히 맞추는 개념이 아니고 예측된 종속변수($\hat{y}$) 값이 갖는 '정확도의 비율'임을 주의하자.

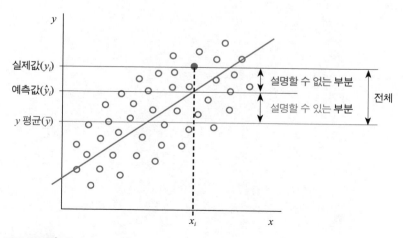

[그림 10-12] 결정계수(R^2)의 원리

(2) 수정된 결정계수(adj R^2)

결정계수(R^2)는 표본 크기가 증가하거나 독립변수의 개수가 증가하면 함께 커지는 경향을 보인다. 이러한 경우 다음과 같은 문제점이 생긴다.

- 회귀모형의 설명력(결정계수)이 변수 간 관계성과 상관없이 표본 크기에 따라 달라진다는 것은 바람직한 현상이 아니다.
- 독립변수 중 그 역할이 미미하거나 아예 영향을 주지 못하는 변수가 존재할 수 있다.

'수정된 결정계수(adjusted R^2)'는 표본 크기와 독립변수 개수를 보정하여 불필요한 설명력 증가현상을 제거한 것으로서 'adj R^2', 'R^2_{adj}' 등으로 표현한다. 수정된 결정계수(adj R^2)는 결정계수(R^2)보다 항상 작은 값이 나오지만 최근에는 회귀모형의 설명에서 수정된 결정계수(adj R^2)를 선호하는 추세이다.

(3) 추정의 표준오차

회귀모형의 성능을 평가하는 또 하나의 통계량은 '추정의 표준오차(Standard Error of Estimation, SEE)'이다. 추정의 표준오차는 '잔차(오차)의 표준편차'로서 잔차(오차)의 대푯값이다. 따라서 회귀모형이 전체 분포를 설명하는 데 발생하는 '실제적 오차값의 수준'을 나타낸다. 추정의 표준오차는 결정계수(R^2)와 더불어 회귀모형의 성능을 평가하는 지표로 사용된다.

4) 극단값

선형 회귀분석에서 극단값(outlier)이 존재하면 회귀방정식의 기울기는 그 극단값의 방향으로 치우치게 되므로 선형 회귀모형의 성능에 영향을 주게 된다.

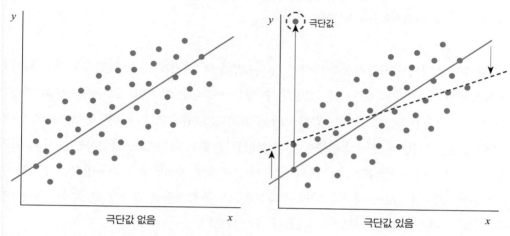

[그림 10-13] 선형 회귀모형에서 극단값의 영향

단일 변수의 분포(x분포 또는 y분포)에서 극단값은 그 분포가 정규분포일 경우 '표준화 절댓 값이 3 이상인 값'으로 정의하며, 극단값이 발견될 경우에는 제거 또는 대체한다. 한편 x vs. y 형태의 결합분포인 선형 회귀분석에서 극단값은 '표준화 잔차의 절댓값이 3 이상인 값'으로 정의하며, 극단값이 발견될 경우에는 제거 후 회귀분석을 적용한다. 하지만 표준화 잔차를 구 하기 위해서는 잔차를 계산해야 하므로 본격적인 회귀분석에 앞서 회귀분석을 여러 번 시행 하게 된다.

5) 선형 회귀분석의 가설검정

선형 회귀분석에서 만들어진 방정식은 표본의 회귀방정식($y = b_1 x + b_0 + e$)이다. 이 방정식이 모 집단에서도 의미 있는가를 확인하는 과정이 '선형 회귀분석의 가설검정'이다. 선형 회귀분석 의 가설검정은 표본의 회귀방정식($y = b_1 x + b_0 + e$)으로 모집단의 회귀방정식($y = \beta_1 x + \beta_0 + \varepsilon$) 을 추정하는 것이다.

표본의 선형 회귀방정식: $y = b_1x + b_0 + e$

추정

모집단의 선형 회귀방정식: $y = \beta_1x + \beta_0 + \varepsilon$

[그림 10-14] 선형 회귀분석의 가설검정 개요

　선형 회귀분석에서 가설검정의 대상은 각 독립변수의 '회귀계수 β(베타)'이다. 선형 회귀분석은 독립변수(x)가 종속변수(y)를 설명할 수 있는가에 대한 분석이므로 독립변수의 기울기(영향 정도)를 나타내는 '회귀계수 β'가 매우 중요하다. 회귀계수 β가 0이면(독립변수의 기울기가 0이면) 해당 독립변수가 종속변수를 전혀 설명할 수 없는 의미 없는 변수라는 것이고, 회귀계수 β가 0이 아니면(독립변수의 기울기가 0이 아니면) 해당 독립변수가 종속변수를 설명할 수 있는 의미 있는 변수라는 것이다. 따라서 독립변수가 종속변수를 설명할 수 있다는 것은 '영향을 준다', '예측이 가능하다', '유의미하다'라는 말이다.

| $\beta_1 = 0$ | 독립변수가 종속변수를 설명(예측)하지 못한다. |
| $\beta_1 \neq 0$ | 독립변수가 종속변수를 설명(예측)한다. |

[그림 10-15] '회귀계수(β)=0'의 개념

　따라서 선형 회귀분석의 가설검정에서는 모집단 독립변수의 회귀계수 β가 0인가, 0이 아닌가를 검정한다.
　선형 회귀분석의 가설검정은 다음과 같이 두 단계로 구분하여 진행한다.
- 1단계: 회귀모형의 종합적인 유의미성에 대해 검정한다.
- 2단계: 개별 독립변수의 유의미성에 대해 검정한다.

[1단계] 회귀모형의 종합적인 유의미성 검정
회귀모형의 종합적인 유의미성 검정은 회귀모형에 투입된 모든 독립변수 중 종속변수에 영향을 주는 독립변수가 있는가를 검정하는 것이다.

- 종속변수에 영향을 주는 독립변수가 하나 이상 있다: 회귀모형은 유의미한 모형이다.
- 종속변수에 영향을 주는 독립변수가 하나도 없다: 회귀모형은 무의미한 모형이다.

선형 회귀모형의 종합적인 유의미성 검정에는 분산분석을 이용하는데 '회귀방정식으로 설명이 가능한 분산'의 '회귀방정식으로 설명이 불가능한 분산'에 대한 비율을 F-통계량으로 제시하고 검정한다. 따라서 회귀방정식으로 설명이 가능한 분산이 설명이 불가능한 분산에 비해 높을수록(F-값이 클수록) 선형 회귀모형의 유의미성은 높아진다.

$$F = \frac{\text{회귀방정식으로 설명할 수 있는 분산}}{\text{회귀방정식으로 설명할 수 없는 분산}}$$

[그림 10-16] 선형 회귀모형의 종합적인 유의미성 검정을 위한 F-값의 개념

이러한 원리를 바탕으로 다음과 같은 가설을 검정한다. 단순회귀분석의 경우에는 독립변수가 하나이므로 아래와 같은 가설을 검정한다.
- H_0: 모집단에서 독립변수의 회귀계수는 0이다($\beta_1=0$).
- H_1: 모집단에서 독립변수의 회귀계수는 0이 아니다($\beta_1 \neq 0$).

위의 가설은 다른 말로 다양하게 표현할 수 있다.
- H_0: 모집단에서 독립변수는 종속변수에 영향을 주지 않는다.
- H_1: 모집단에서 독립변수는 종속변수에 영향을 준다.

- H_0: 회귀모형은 모집단에서 의미 있는 모형이 아니다.
- H_1: 회귀모형은 모집단에서 의미 있는 모형이다.

한편 다중회귀분석의 경우에는 독립변수의 개수가 2개 이상이므로 아래와 같은 가설을 검정한다.
- H_0: 모집단에서 모든 독립변수의 회귀계수는 0이다($\beta_1=\beta_2=\cdots \beta_p=0$).
- H_1: 모집단에서 독립변수의 회귀계수 중 적어도 하나는 0이 아니다.

위의 가설은 다른 말로 다양하게 표현할 수 있다.

- H_0: 모집단에서 모든 독립변수는 종속변수에 영향을 주지 않는다.
- H_1: 모집단에서 독립변수 중 적어도 하나는 종속변수에 영향을 준다.

- H_0: 회귀모형은 모집단에서 의미 있는 모형이 아니다.
- H_1: 회귀모형은 모집단에서 의미 있는 모형이다.

분산분석 결과에서 위의 영가설(H_0)이 기각된다면 해당 회귀모형은 독립변수로 종속변수를 설명할 수 있는 의미 있는 모형이라고 판단한다.

[2단계] 개별 독립변수의 유의미성 검정

개별 독립변수의 유의미성에 대한 검정은 회귀모형에 투입된 독립변수 각각에 대하여 종속변수에 영향을 주는가를 검정함으로써 의미 있는 독립변수를 찾는 단계이다. 개별 독립변수의 유의미성 검정은 t-검정을 이용하여 각각의 독립변수가 종속변수에 영향을 주는가를 검정한다.

단순회귀분석의 경우에는 독립변수가 하나이므로 종합적인 회귀모형의 유의미성에 대한 결과(1단계)와 개별적인 독립변수의 유의미성에 대한 해석결과(2단계)가 일치한다. 따라서 2단계의 해석을 생략하기도 한다.

다중회귀분석의 경우에는 독립변수가 여러 개이므로 1단계와 2단계의 해석 결과가 일치하지 않을 수 있다. 따라서 2단계인 개별 독립변수들에 대한 유의미성 검정 결과를 반드시 해석한다.

2단계에서는 p개의 독립변수에 대해 다음의 가설들을 검정한다.

- H_0: 모집단에서 독립변수 1의 회귀계수는 0이다($\beta_1 = 0$).
- H_1: 모집단에서 독립변수 1의 회귀계수는 0이 아니다($\beta_1 \neq 0$).

- H_0: 모집단에서 독립변수 2의 회귀계수는 0이다($\beta_2 = 0$).
- H_1: 모집단에서 독립변수 2의 회귀계수는 0이 아니다($\beta_2 \neq 0$).

- H_0: 모집단에서 독립변수 3의 회귀계수는 0이다($\beta_3 = 0$).
- H_1: 모집단에서 독립변수 3의 회귀계수는 0이 아니다($\beta_3 \neq 0$).

  $\vdots$

- H_0: 모집단에서 독립변수 p의 회귀계수는 0이다($\beta_p = 0$).
- H_1: 모집단에서 독립변수 p의 회귀계수는 0이 아니다($\beta_p \neq 0$).

각 독립변수별 t-검정 결과에서 위의 영가설(H_0)이 기각된다면 해당 독립변수는 종속변수에 영향을 주는 변수라고 판단한다.

6) 선형 회귀분석의 분류

선형 회귀분석은 독립변수의 개수에 따라 단순회귀분석(simple regression analysis)과 다중회귀분석(multiple regression analysis)으로 구분된다. 단순회귀분석은 하나의 독립변수(x)로 종속변수(y)를 예측하는 방법이며, 다중회귀분석은 두 개 이상의 독립변수(x_1, x_2, …)로 종속변수(y)를 예측하는 방법이다. 단순회귀분석이나 다중회귀분석은 종속변수(y)가 연속형 변수일 경우에 적용할 수 있으며, 종속변수(y)가 범주형 변수인 경우에는 로지스틱 회귀분석(logistic regression analysis)을 적용한다. 한편 단순회귀분석이나 다중회귀분석의 독립변수(x)는 연속형 변수와 범주형 변수 모두 사용이 가능하다.

7) 단순회귀분석

(1) 적용목적
하나의 독립변수(x)로 종속변수(y)를 예측하기 위한 목적으로 사용된다. 이와 더불어 독립변수(x)가 종속변수(y)에 어느 정도 영향을 주는지 파악할 수 있다.

(2) 기본가정
회귀분석의 기본가정은 선형성, 오차(잔차)의 독립성, 오차(잔차)의 등분산성, 오차(잔차)의 정규성 등이다.

가. 선형성

선형성은 독립변수(x)와 종속변수(y)가 서로 선형적 관계에 있어야 한다는 가정으로서 두 변수 간 산점도를 통해 확인할 수 있다.

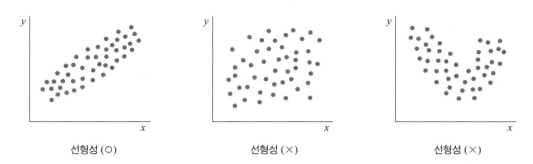

선형성 (○)   선형성 (×)   선형성 (×)

[그림 10-17] 두 변수 간 선형성의 확인

나. 오차(잔차)의 독립성

오차(잔차)의 독립성은 모든 x값에 대한 y값의 오차(잔차)가 서로 독립적이어야 한다는 가정이다. 오차(잔차)의 독립성은 자기상관으로 측정하는데, 자기상관이 없어야 분포가 독립적이다.

자기상관은 잔차에 대한 'Durbin-Watson 지수'로 확인할 수 있다.

• 잔차의 'Durbin-Watson 지수'가 0에 가까우면 '양의 자기상관'이 있는 것이다.
• 잔차의 'Durbin-Watson 지수'가 4에 가까우면 '음의 자기상관'이 있는 것이다.
• 잔차의 'Durbin-Watson 지수'가 2에 가까우면 '자기상관이 없는 것'이며 오차(잔차)의 독립성이 확보된 것으로 판단한다.

　'Durbin-Watson 지수'는 측정순서에 영향을 받으므로 입력된 데이터의 순서를 바꾸는 경우(데이터 정렬을 하는 경우) 'Durbin-Watson 지수'도 함께 변한다. 따라서 'Durbin-Watson 지수'를 분석할 때에는 입력된 데이터의 순서를 원래대로 둔 상태에서 분석해야 한다. 'Durbin-Watson 분석'에서 자기상관성이 있는 것으로 나오면 오차(잔차)의 독립성이 확보되지 않은 것이므로 회귀분석을 적용할 수 없다.

다. 오차(잔차)의 등분산성

오차(잔차)의 등분산성은 모든 x값에서 y값의 퍼짐 정도가 같아야 한다는 가정이다. 일차적으로 두 변수 간 '산점도'를 이용하여 육안으로 확인할 수 있다.

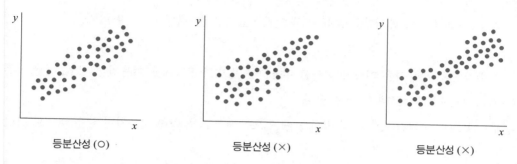

[그림 10-18] 두 변수 간 등분산성의 확인

오차(잔차)의 등분산성은 '표준화 잔차의 등분산 그래프'로도 알 수 있다. '등분산 그래프'는 '예측값($\hat{y}$) vs. 잔차(e)'의 그래프로서 'x vs. y 분포 산점도'를 회귀선이 x축이 되도록 회전시킨 그래프와 구조적으로 같다. 따라서 'x vs. y 분포 산점도'를 가지고도 오차(잔차)의 등분산성 만족 여부를 일차적으로 확인할 수 있다.

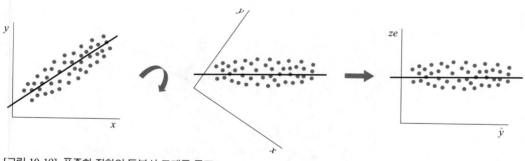

[그림 10-19] 표준화 잔차의 등분산 그래프 구조

'표준화 잔차의 등분산 그래프'에 나타난 산점도가 평균 0을 중심으로 ±3 범위 안에서 특정규칙, 경향, 주기 등을 보이지 않고 무작위로 배치되어 있다면 '오차(잔차)의 등분산성'이 만족되는 것으로 판단한다.

라. 오차(잔차)의 정규성

오차(잔차)의 정규성은 모든 x값에서 y값의 오차(잔차)가 정규분포를 이루고 있어야 하며, 그 오차(잔차)의 평균이 회귀선상에 있어야 한다는 가정이다. 오차(잔차)의 정규성 확인은 종속 변수로 하는 경우도 있으나 실제로는 '표준화 잔차'를 계산해서 이것을 가지고 아래의 방법에 적용하도록 한다(표준화 잔차를 구하는 방법은 '분석순서 및 결과해석'에서 설명하였다).

오차(잔차)의 정규성은 왜도와 첨도를 이용하는 방법, P-P plot을 이용하는 방법, 정규성 검정을 하는 방법 등으로 확인할 수 있다.

- 왜도와 첨도는 각각 –2~+2의 범위 안에 있으면 분포가 특별히 치우치지 않은 것으로 판단할 수 있다.
- P-P plot은 정규분포를 확인하는 그래프로서 P-P plot의 직선상에 데이터들이 위치하면 정규분포로 판단한다.

정규성 검정에는 Shapiro-Wilk 검정과 Kolmogorov-Smirnov 검정이 주로 사용되는데 계산된 표준화 잔차를 가지고 정규성 검정을 실시하여 정규분포 여부를 확인한다.

- 표본 크기가 작은 실험연구에서는 주로 Shapiro-Wilk 검정이 사용된다.
- 표본 크기가 큰 설문연구에서는 주로 Kolmogorov-Smirnov 검정이 사용된다.

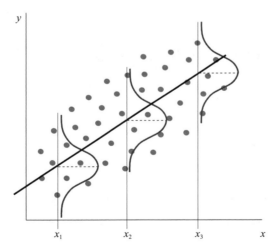

[그림 10-20] 선형 회귀모형의 오차(잔차)의 정규성 모식도

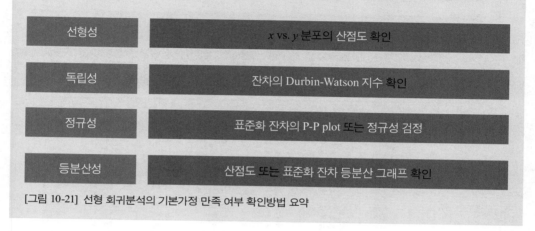

※ 회귀분석의 기본가정 만족 여부를 확인하는 방법 요약

- '선형성'은 'x vs. y 분포의 산점도'를 통해 확인이 가능하다.
- '오차(잔차)의 독립성'은 '잔차의 Durbin-Watson 지수'를 통해 확인할 수 있다.
- '오차(잔차)의 등분산성'은 '표준화 잔차의 등분산 그래프' 또는 '산점도'를 이용하여 확인할 수 있다.
- '오차(잔차)의 정규성'은 표준화 잔차를 이용한 'P-P plot'이나 '정규성 검정'을 통해 확인할 수 있다.

선형성	x vs. y 분포의 산점도 확인
독립성	잔차의 Durbin-Watson 지수 확인
정규성	표준화 잔차의 P-P plot 또는 정규성 검정
등분산성	산점도 또는 표준화 잔차 등분산 그래프 확인

[그림 10-21] 선형 회귀분석의 기본가정 만족 여부 확인방법 요약

    이렇게 잔차를 이용하여 회귀분석의 기본가정 만족 여부를 확인하는 방법을 '잔차분석'이라고 하는데 '잔차분석'은 회귀모형의 적합성을 검정하는 것이므로 반드시 확인해야 한다. 적합하지 않은 회귀모형을 사용하는 경우에는 예상보다 큰 오차가 발생할 수 있다.

(3) 분석순서 및 결과해석

> 신체성분 정보를 이용해 최대산소섭취량(VO₂max, mL/kg/min)을 간편하게 확인할 수 있는 방법을 만들기 위해 64명의 남녀를 대상으로 신체성분 검사와 최대운동부하검사를 실시하였다. 변수들 간의 상관관계를 분석한 결과 체지방률과 최대산소섭취량 간의 상관관계가 도출되었다. 체지방률을 독립변수로 하고 최대산소섭취량을 종속변수로 한 단순회귀분석을 실시하라(예제파일: 회귀분석.sav).

	ID	성별	만연령	신장	체중	체지방률	근육량	VO2max	변수
1	1.00	2.00	36.00	164.80	56.30	27.90	37.30	25.00	
2	2.00	1.00	32.00	167.50	64.20	21.00	47.00	35.00	
3	3.00	2.00	30.00	162.50	64.80	33.50	39.40	24.00	
4	4.00	1.00	43.00	161.20	57.90	16.40	45.00	48.60	
5	5.00	1.00	50.00	161.80	56.40	13.40	45.30	38.00	
6	6.00	2.00	55.00	161.20	72.10	35.60	42.30	23.80	
7	7.00	1.00	67.00	168.80	57.30	15.40	45.10	48.00	
8	8.00	2.00	53.00	166.50	74.50	29.80	48.10	27.33	
9	9.00	2.00	46.00	162.80	55.80	24.90	38.70	34.50	
10	10.00	2.00	47.00	154.90	57.30	30.70	36.50	25.45	
11	11.00	2.00	43.00	162.70	51.40	19.50	38.40	36.67	
12	12.00	2.00	47.00	162.70	63.00	31.30	39.70	20.75	
13	13.00	2.00	46.00	152.70	55.50	30.10	35.60	25.17	
14	14.00	1.00	42.00	174.10	77.00	20.50	56.80	35.17	
15	15.00	2.00	45.00	161.70	65.90	.30	41.40	29.17	
16	16.00	2.00	47.00	153.60	65.60	34.60	39.20	27.00	
17	17.00	2.00	46.00	156.80	51.60	25.90	32.40	34.50	
18	18.00	2.00	53.00	159.90	53.80	26.20	36.60	25.17	
19	19.00	2.00	49.00	154.40	62.20	31.00	39.40	20.83	
20	20.00	2.00	42.00	165.90	67.00	29.00	43.80	25.33	
21	21.00	2.00	38.00	161.40	50.40	23.00	35.90	33.17	
22	22.00	2.00	51.00	165.90	65.80	29.30	42.80	29.33	
23	23.00	2.00	56.00	147.30	51.60	32.20	32.60	30.40	
24	24.00	1.00	50.00	168.80	64.70	21.50	47.10	37.00	
25	25.00	2.00	37.00	154.60	51.30	26.30	34.80	36.67	
26	26.00	2.00	39.00	163.70	61.00	26.20	41.50	26.62	
27	27.00	2.00	47.00	159.70	51.60	23.10	36.70	27.87	
28	28.00	2.00	60.00	158.70	55.90	26.30	38.00	38.20	
29	29.00	2.00	33.00	155.60	49.70	24.30	34.80	30.33	

가. 표본 크기의 확인

일반적으로 회귀분석을 안정적으로 적용하기 위해 권장되는 표본 크기는 독립변수 개수의 10배 이상이며, 최소한의 표본 크기는 5배 이상이다. 본 분석에서는 독립변수가 1개이므로 회귀분석을 위한 권장 표본 크기는 10명, 최소한의 표본 크기는 5명이다. 본 분석에 사용되는 표본 크기는 64명이므로 회귀분석을 위한 충분한 표본 크기가 확보되었음을 알 수 있다.

나. 선형성 확인

x vs. y 분포의 산점도를 통해 선형성을 확인한다.

■ 선형성 확인을 위한 산점도 그리기 순서

① 메뉴에서 [그래프]→[레거시 대화상자]→[산점도/점도표]를 선택한다.

	ID	성별	만연령	신장	체중			2max	변수
1	1.00	2.00	36.00	164.80	56.30			25.00	
2	2.00	1.00	32.00	167.50	64.20			35.00	
3	3.00	2.00	30.00	162.50	64.80			24.00	
4	4.00	1.00	43.00	161.20	57.90			48.60	
5	5.00	1.00	50.00	161.80	56.40			38.00	
6	6.00	2.00	55.00	161.20	72.10			23.80	
7	7.00	1.00	67.00	168.80	57.30			48.00	
8	8.00	2.00	53.00	166.50	74.50			27.33	
9	9.00	2.00	46.00	162.80	55.80			34.50	
10	10.00	2.00	47.00	154.90	57.30			25.45	
11	11.00	2.00	43.00	162.70	51.40			36.67	
12	12.00	2.00	47.00	162.70	63.00			20.75	
13	13.00	2.00	46.00	152.70	55.50	30.10	35.60	25.17	
14	14.00	1.00	42.00	174.10	77.00	20.50	56.80	35.17	
15	15.00	2.00	45.00	161.70	65.90	.30	41.40	29.17	
16	16.00	2.00	47.00	153.60	65.60	34.60	39.20	27.00	
17	17.00	2.00	46.00	156.80	51.60	25.90	32.40	34.50	

그래프 메뉴: 도표 작성기(C)..., 그래프보드 양식 선택기(G)..., 레거시 대화 상자(L) ▶ 막대도표(B)..., 3차원 막대도표(3)..., 선도표(L)..., 영역도표(A)..., 원(P)..., 상한-하한 도표(H)..., 상자도표(X)..., 오차막대(O)..., 모집단 피라미드도표(Y)..., 산점도/점도표(S)... ①, 히스토그램(I)...

■ 산점도 유형의 선택

① '산점도/점도표' 대화상자에서 '단순 산점도'를 선택한다.

② '정의' 단추를 누른다.

산점도/점도표

단순 산점도 ① / 행렬 산점도 / 단순 점도표 / 겹쳐그리기 산점도 / 3차원 산점도

② 정의 / 취소 / 도움말

■ 산점도의 대상변수 지정

① '단순 산점도' 대화상자가 열리면 'VO₂max' 변수를 'Y-축' 칸으로 옮긴다.

② '체지방률' 변수를 'X-축' 칸으로 옮긴다.

③ '확인' 단추를 누른다.

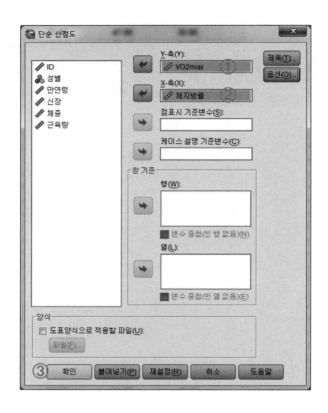

■ 산점도의 확인

아래 그림은 산점도의 결과이다. 산점도를 보면 'VO₂max'와 '체지방률'의 분포가 뚜렷한 음의 선형성을 갖는 것으로 나타났으며, 등분산성도 비교적 만족하는 것으로 판단된다. 또한분포의 왼쪽 하단에 극단값으로 의심되는 케이스가 있는 것도 확인할 수 있다.

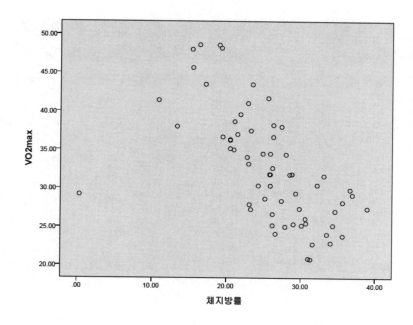

다. 잔차의 독립성 검사: 잔차의 자기상관성 검사

잔차의 자기상관성을 검사하기 위하여 Durbin-Watson 지수를 산출한다. SPSS에서 Durbin-Watson 지수의 산출은 회귀분석 과정 중에 선택할 수 있으므로 회귀분석을 진행하며 알아본다.

■ 잔차의 독립성 검사를 위한 단순회귀분석 순서

① 메뉴에서 [분석]→[회귀분석]→[선형]을 선택한다.

■ 단순회귀분석의 대상변수 지정

① '선형 회귀분석(선형 회귀)' 대화상자가 열리면 'VO₂max' 변수를 '종속변수' 칸으로 옮긴다.

② '체지방률' 변수를 '독립변수' 칸으로 옮긴다.

③ '통계량' 단추를 누른다.

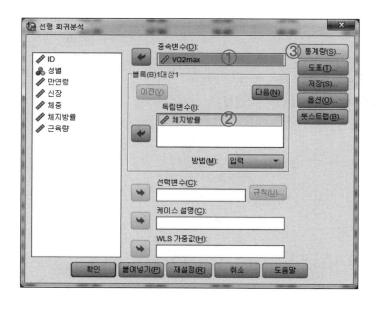

■ 단순회귀분석의 Durbin-Watson 검사 지정

① '선형 회귀분석(선형 회귀): 통계량' 대화상자가 열리면 '잔차' 항목 중 '**Durbin-Watson**'을 선택한다.

② '계속' 단추를 누른다.

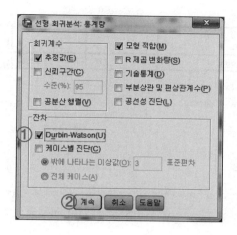

■ 잔차의 독립성 검사를 위한 단순회귀분석의 실행

① '선형 회귀분석(선형 회귀)' 대화상자로 돌아오면 '확인' 단추를 눌러 분석을 실행한다.

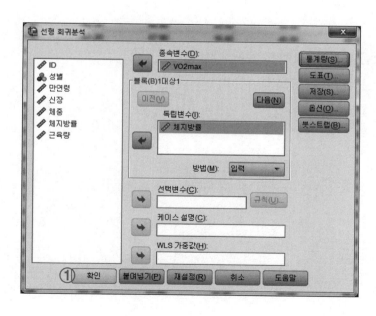

다음은 회귀분석 결과 중 '모형 요약'이다. Durbin-Watson 지수를 보면 1.743으로 2에 가까움을 알 수 있다. Durbin-Watson 지수가 2에 가까울수록 자기상관이 없다고 판단하므로 본 자료의 잔차는 자기상관이 없이 독립적인 것으로 판단된다.

모형 요약 [b]

모형	R	R 제곱	수정된 R 제곱	추정값의 표준오차	Durbin-Watson
1	.633[a]	.400	.391	5.63536	1.743

a. 예측값: (상수), 체지방률
b. 종속변수: VO2max

라. 극단값의 검토 및 처리

극단값이 없는 경우에는 본 순서가 최종적인 회귀분석에 해당된다. 하지만 극단값이 있는 경우에는 극단값의 제거 및 대체 후 다시 회귀분석을 실시해야 한다.

앞서 산점도를 통한 선형성 진단에서 극단값으로 의심되는 케이스가 있음을 확인한 바 있다. 따라서 극단값에 대한 검토 후 다음 분석에 들어간다. 회귀분석에서 극단값은 '표준화 잔차 절댓값이 3 이상'인 경우로 정의하므로 회귀분석을 통해 '표준화 잔차'를 구해서 판단한다.

■ 극단값 확인을 위한 단순회귀분석 순서

① 메뉴에서 [분석]→[회귀분석]→[선형]을 선택한다.

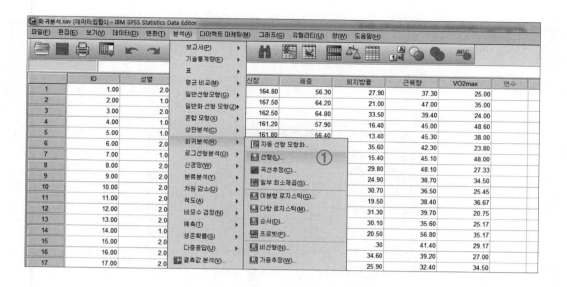

■ 단순회귀분석의 대상변수 지정

① '선형 회귀분석(선형 회귀)' 대화상자가 열리면 'VO₂max' 변수를 '종속변수' 칸으로 옮긴다.

② '체지방률' 변수를 '독립변수' 칸으로 옮긴다.

③ '저장' 단추를 누른다.

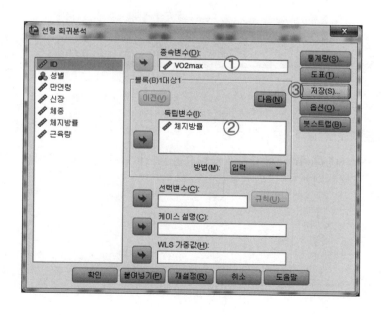

■ 단순회귀분석의 표준화 잔차 저장 설정

① '선형 회귀분석(선형 회귀): 저장' 대화상자가 열리면 '잔차' 영역의 '표준화'를 선택한다.

② '계속' 단추를 누른다.

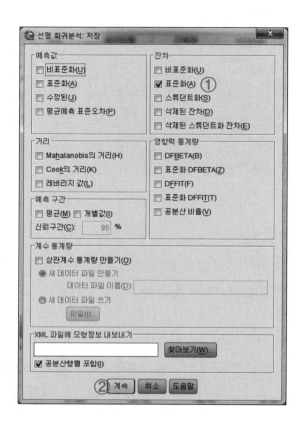

■ 극단값 확인을 위한 단순회귀분석의 실행

① '선형 회귀분석(선형 회귀)' 대화상자로 돌아오면 '확인' 단추를 눌러 분석을 실행한다.

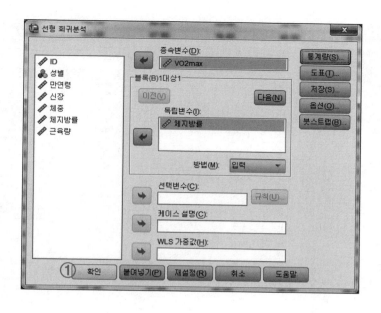

■ 단순회귀분석의 극단값 확인

데이터 시트의 맨 마지막 열을 보면 'ZRE_1' 변수가 새롭게 생겨난 것을 확인할 수 있다. 이 변수가 종속변수인 'VO₂max'에 대한 '표준화 잔차'로, 실제 'VO₂max'와 회귀모형으로 예측된 'VO₂max' 간 잔차(실제 VO₂max – 예측 VO₂max)의 표준화 값이다. 데이터 시트에서 '표준화 잔차(ZRE_1)'를 자세히 보면 '15번 케이스'의 값이 −3.62274인 것을 확인할 수 있다. 회귀분석에서 극단값은 '표준화 잔차 절댓값이 3 이상'인 경우로 정의하므로 위의 값은 극단값에 해당된다. 극단값을 찾으면 먼저 왜 극단값이 되었는지를 확인하고 수정 또는 제거 및 대체를 판단한다.

본 회귀분석은 독립변수인 '체지방률'을 이용하여 종속변수인 'VO₂max'를 예측하는 것이므로 극단값의 발생원인 또한 독립변수와 종속변수 모두에서 찾아봐야 한다. 극단값이 나타난 15번 케이스의 독립변수와 종속변수를 살펴본 결과 독립변수인 '체지방률'의 값이 0.3으로 나온 것을 확인하였다. 체지방률 0.3은 정상적인 체지방률 범위로 볼 수 없으므로 이로 인해 극단값이 발생했음을 알 수 있다. 따라서 최초 측정되었던 15번 케이스의 원 데이터(raw data)를 찾아보고 이상 여부를 확인한다.

수정이 불가능할 경우에는 삭제 및 대체를 고려한다. 만약 표본의 크기가 충분히 많을 경우 소수의 표본 삭제는 허용되지만 그렇지 않을 경우에는 별도의 대체방법을 고려해야 할 것이다. 본 분석에서는 극단값이 발생한 15번 케이스를 삭제한 후 계속 분석을 진행한다.

마. 최종 회귀분석

극단값을 보인 15번 케이스를 제거한 후 다시 회귀분석을 통해 극단값이 없는지를 확인한다. 극단값이 없으면 본 회귀분석이 최종 분석이 되며, 그렇지 않은 경우에는 반복해서 회귀분석을 진행한다.

■ 단순회귀분석 순서

① 메뉴에서 [분석]→[회귀분석]→[선형]을 선택한다.

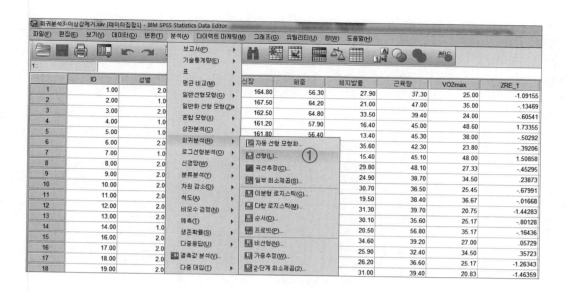

■ 단순회귀분석의 대상변수 지정

① '선형 회귀분석(선형 회귀)' 대화상자가 열리면 'VO₂max' 변수를 '종속변수' 칸으로 옮긴다.

② '체지방률' 변수를 '독립변수' 칸으로 옮긴다.

③ '통계량' 단추를 누른다.

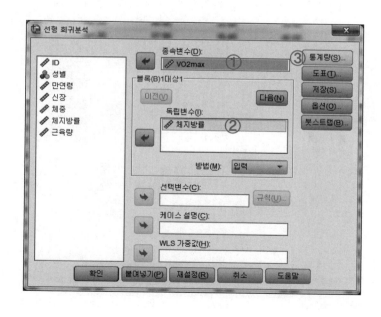

■ 단순회귀분석의 통계량 설정

① '선형 회귀분석(선형 회귀): 통계량' 대화상자가 열리면 '잔차' 영역 중 'Durbin-Watson'을 선택한다. 극단값을 처리하였으므로 Durbin-Watson 지수를 재차 확인하는 것이 바람직하다.

② '계속' 단추를 누른다.

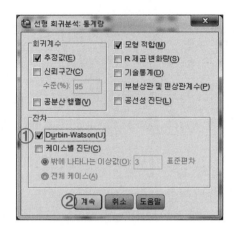

■ 단순회귀분석의 저장 선택

① '선형 회귀분석(선형 회귀)' 대화상자로 돌아오면 '저장' 단추를 누른다.

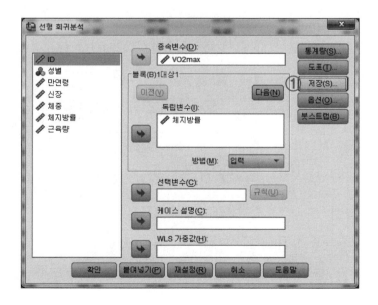

■ 단순회귀분석의 표준화 잔차 저장 설정

① '선형 회귀분석: 저장' 대화상자가 열리면 '잔차' 영역의 '표준화'를 선택한다.

② '계속' 단추를 누른다.

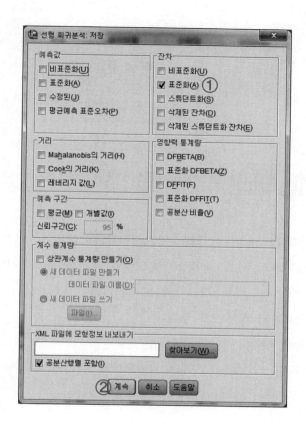

■ 단순회귀분석의 도표 선택

① '선형 회귀분석(선형 회귀)' 대화상자로 돌아오면 '도표' 단추를 누른다.

■ 단순회귀분석의 표준화 잔차 등분산 그래프 및 정규확률도표 설정

① '선형 회귀분석(선형 회귀): 도표' 대화상자가 열리면 '표준화 예측값(ZPRED)'을 'X'축으로 옮긴다.

② '표준화 잔차(ZRESID)'를 'Y'축으로 옮긴다.

③ '표준화 잔차도표' 영역에서 '정규확률도표'를 선택한다.

④ '계속' 단추를 누른다. 이 부분은 차후에 회귀모형의 적합성을 검정하기 위한 '잔차분석'에 해당된다.

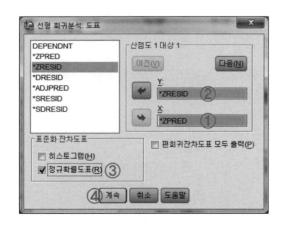

■ 단순회귀분석의 실행

① '선형 회귀분석(선형 회귀)' 대화상자로 돌아오면 '확인' 단추를 눌러 분석을 실행한다.

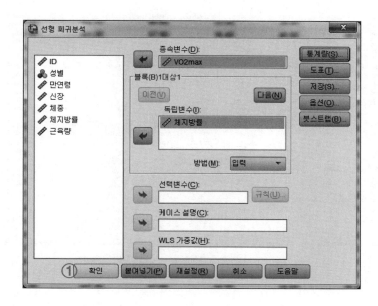

■ 단순회귀분석의 극단값 존재 여부 재확인

다시 실시한 회귀분석에서도 표준화 잔차(ZRE_2)를 산출했으므로 극단값이 있는가를 확인한다. 분석결과 데이터 시트를 보면 표준화 잔차 절댓값이 모두 3 미만으로 계산되어 극단값이 없는 것을 확인하였다. 따라서 본 순서에서 분석된 결과가 최종 회귀분석에 해당된다.

1 : ZRE_2 | -1.25378450721808

	ID	성별	만연행	신장	체중	체지방률	근육량	VO2max	ZRE_1	ZRE_2	변수
1	1.00	2.00	36.00	164.80	56.30	27.90	37.30	25.00	-1.09155	-1.25378	
2	2.00	1.00	32.00	167.50	64.20	21.00	47.00	35.00	-.13469	-.46574	
3	3.00	2.00	30.00	162.50	64.80	33.50	39.40	24.00	-.60541	-.42092	
4	4.00	1.00	43.00	161.20	57.90	16.40	45.00	48.60	1.73355	1.49427	
5	5.00	1.00	50.00	161.80	56.40	13.40	45.30	38.00	-.50292	-1.25611	
6	6.00	2.00	55.00	161.20	72.10	36.60	42.30	23.80	-.39206	-.07239	
7	7.00	1.00	67.00	168.80	57.30	15.40	45.10	48.00	1.50858	1.18444	
8	8.00	2.00	53.00	166.50	74.50	29.80	48.10	27.33	-.45295	-.41888	
9	9.00	2.00	46.00	162.80	55.80	24.90	38.70	34.50	.23873	.15493	
10	10.00	2.00	47.00	154.90	57.30	30.70	36.50	25.45	-.67991	-.64078	
11	11.00	2.00	43.00	162.70	51.40	19.50	38.40	36.67	-.01668	-.39939	
12	12.00	2.00	47.00	162.70	63.00	31.30	39.70	20.75	-1.44283	-1.50190	
13	13.00	2.00	46.00	152.70	55.50	30.10	35.60	25.17	-.80128	-.81081	
14	14.00	1.00	42.00	174.10	77.00	20.50	56.80	35.17	-.16436	-.52409	
15	16.00	2.00	47.00	153.60	65.60	34.60	39.20	27.00	.05729	.40408	
16	17.00	2.00	46.00	156.80	51.60	25.90	32.40	34.50	.35723	.34061	
17	18.00	2.00	45.00	159.90	53.80	26.20	36.60	25.17	-1.26343	-1.53495	
18	19.00	2.00	49.00	154.40	62.20	31.00	39.40	20.83	-1.46359	-1.54036	
19	20.00	2.00	42.00	165.90	67.00	29.00	43.80	25.33	-.90206	-.98057	
20	21.00	2.00	38.00	161.40	50.40	23.00	35.90	33.17	-.22302	-.47375	
21	22.00	2.00	51.00	165.90	65.80	29.30	42.80	29.33	-.15670	-.09718	
22	23.00	2.00	56.00	147.30	51.60	32.20	32.60	30.40	.37622	.66199	
23	24.00	1.00	50.00	168.80	64.70	21.50	47.10	37.00	.27946	.04094	
24	25.00	2.00	37.00	154.60	51.30	26.30	34.80	36.67	.78911	.86320	
25	26.00	2.00	39.00	163.70	61.00	26.20	41.50	26.62	-1.00553	-1.23422	
26	27.00	2.00	47.00	159.70	51.60	23.10	36.70	27.87	-1.15106	-1.55116	
27	28.00	2.00	60.00	158.70	55.90	26.30	38.00	38.20	1.06120	1.18048	
28	29.00	2.00	33.00	155.60	49.70	24.30	34.80	30.33	-.57234	-.81933	
29	30.00	2.00	50.00	161.00	57.20	28.80	37.40	31.83	.22767	.32728	

■ 단순회귀분석의 분석결과

다음 표는 회귀분석의 결과 중 '진입/제거된 변수' 부분이다. '진입된 변수'는 분석에 동원된 독립변수를 의미하며 '체지방률'이 독립변수임을 설명하고 있다. 표 하단의 '종속변수: VO_2max'는 본 회귀분석의 종속변수가 'VO_2max'임을 설명하는 것이다.

진입/제거된 변수 [a]

모형	진입된 변수	제거된 변수	방법
1	체지방률[b]	.	입력

a. 종속변수: VO2max
b. 요청된 모든 변수가 입력되었습니다.

■ '분산분석'을 이용한 회귀분석 결과의 해석순서는 다음에 따른다.

① 회귀모형의 유의미성 해석
② '회귀계수'를 이용한 개별 독립변수의 유의미성 해석
③ '회귀계수'를 이용한 개별 독립변수의 영향력 해석
④ 결정계수와 추정의 표준오차를 이용한 회귀모형의 성능 해석

⑤ 회귀모형의 적합성을 판단하는 '잔차분석' 결과 해석(잔차분석은 별도의 항목으로 설명한다.)

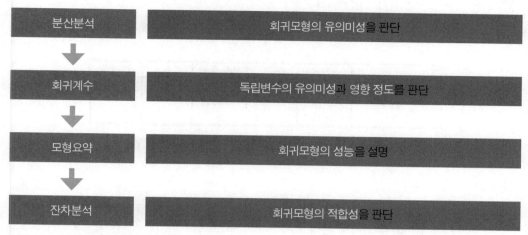

분산분석	회귀모형의 유의미성을 판단
↓	
회귀계수	독립변수의 유의미성과 영향 정도를 판단
↓	
모형요약	회귀모형의 성능을 설명
↓	
잔차분석	회귀모형의 적합성을 판단

[그림 10-22] 단순회귀분석 결과의 해석순서

① 회귀모형의 유의미성 해석

회귀분석의 해석순서 중 첫 번째는 회귀모형의 유의미성 해석이다. 여기서는 '분산분석'을 이용하여 회귀모형의 유의미성을 판단하며, '독립변수가 종속변수를 설명(예측)할 수 있는가'에 대한 다음의 가설을 검정한다.

- H_0: 모집단에서 독립변수의 회귀계수는 0이다($\beta_1 = 0$).
- H_1: 모집단에서 독립변수의 회귀계수는 0이 아니다($\beta_1 \neq 0$).

위의 가설은 다음과 같이 다양하게 표현할 수 있다.
- H_0: 모집단에서 독립변수는 종속변수에 영향을 주지 않는다.
- H_1: 모집단에서 독립변수는 종속변수에 영향을 준다.

- H_0: 회귀모형은 모집단에서 의미 있는 모형이 아니다.
- H_1: 회귀모형은 모집단에서 의미 있는 모형이다.

- H_0: 회귀모형은 적합한 회귀모형이 아니다.
- H_1: 회귀모형은 적합한 회귀모형이다.

위의 가설에 대한 분산분석 결과 유의확률이 .000(p<.05)으로 영가설(H_0)을 기각하여 독립변수가 종속변수를 설명할 수 있는 유의한 회귀모형임을 알 수 있다.

분산분석 [a]

모형		제곱합	자유도	평균 제곱	F	유의확률
1	회귀 모형	1846.712	1	1846.712	79.069	.000[b]
	잔차	1424.702	61	23.356		
	합계	3271.415	62			

a. 종속변수: VO2max
b. 예측값: (상수), 체지방률

② 독립변수(회귀계수)의 유의미성 해석

회귀분석의 해석순서 중 두 번째는 독립변수의 유의미성 해석이다. 여기서는 '회귀계수'를 이용하여 독립변수의 유의미성을 검정하며, '독립변수가 종속변수를 설명(예측)할 수 있는가'에 대한 다음의 가설을 검정한다.

- H_0: 모집단에서 독립변수 1의 회귀계수는 0이다($\beta_1 = 0$).
- H_1: 모집단에서 독립변수 1의 회귀계수는 0이 아니다($\beta_1 \neq 0$).

위의 가설은 다음과 같이 표현할 수 있다.
- H_0: 모집단에서 독립변수 1은 의미 있는 변수가 아니다.
- H_1: 모집단에서 독립변수 1은 의미 있는 변수이다.

본 분석은 단순회귀분석이므로 독립변수 하나에 대해서만 가설을 검정한다. 독립변수 '체지방률'에 대한 위의 가설을 t-검정한 결과 유의확률이 .000(p<.05)으로 영가설(H_0)을 기각하여 '체지방률'이 'VO$_2$max'에 유의한 영향을 주는 변수임을 알 수 있다. 이러한 결과는 위의 분산분석에서 살펴본 회귀모형의 유의미성과 동일한 결과로, 회귀모형에 투입된 독립변수가 하나인 단순회귀분석에서는 당연한 것이다.

계수[a]

모형		비표준화 계수		표준화 계수	t	유의확률
		B	표준오차	베타		
1	(상수)	56.095	2.702		20.760	.000
	체지방률	-.897	.101	-.751	-8.892	.000

a. 종속변수: VO2max

③ 독립변수의 영향력 해석

회귀분석의 해석순서 중 세 번째는 독립변수의 영향력 해석이다. 독립변수가 종속변수에 의미 있게 영향을 주고 있다는 것이 밝혀지면 과연 어느 정도 영향을 주는가에 대한 해석이 필요하다. 이러한 정보는 분석결과 중 '비표준화 계수(B)'를 보면 알 수 있다. '비표준화 계수(B)'는 앞서 설명한 '회귀계수'이다. 회귀계수는 회귀방정식에서 독립변수의 '기울기'를 의미한다. 체지방률의 회귀계수가 −0.897이라는 것은 다른 조건이 동일하다면 체지방률이 1% 변화할 때 VO_2max는 −0.897 mL/kg/min 변화한다는 의미이며, 이것은 VO_2max에 대한 체지방률의 영향 정도가 −0.897임을 나타낸다. 한편 '상수'의 회귀계수는 'y 절편'을 의미한다.

계수[a]

모형		비표준화 계수		표준화 계수	t	유의확률
		B	표준오차	베타		
1	(상수)	56.095	2.702		20.760	.000
	체지방률	-.897	.101	-.751	-8.892	.000

a. 종속변수: VO2max

이러한 정보를 이용하여 회귀방정식을 구성하면 다음과 같다.

$$y = -0.897x + 56.095$$

위의 식을 풀어서 자세히 설명하면 다음과 같다.

$$VO_2max = -0.897 \times 체지방률 + 56.095$$

④ 회귀모형의 성능 해석

회귀분석의 해석순서 중 네 번째는 회귀모형의 성능해석이다. 여기서는 '모형 요약' 부분의 '결정계수(R^2)'와 '추정의 표준오차(SEE)'를 이용하여 회귀모형의 성능을 설명한다. 결정계수(R^2)=0.564로 계산되어 회귀모형의 설명력(예측력)이 56.4%임을 알 수 있다. 한편 표본 크기와 독립변수의 개수를 보정한 수정된 R제곱(adj R^2)은 0.557로 계산되어 회귀모형의 수정된 설명력이 55.7%임을 알 수 있다. 추정값의 표준오차는 4.83으로 회귀모형의 실제적인 오차가 평균적으로 4.83 mL/kg/min임을 알 수 있다(종속변수인 VO$_2$max의 단위 사용).

모형 요약 [b]

모형	R	R 제곱	수정된 R 제곱	추정값의 표준오차	Durbin-Watson
1	.751[a]	.564	.557	4.83278	1.761

a. 예측값: (상수), 체지방률
b. 종속변수: VO2max

한편 Durbin-Watson 지수는 1.761로서 2에 가까우므로 종속변수인 'VO$_2$max'의 잔차가 자기상관이 없고 독립적임을 알 수 있다.

모형 요약 [b]

모형	R	R 제곱	수정된 R 제곱	추정값의 표준오차	Durbin-Watson
1	.751[a]	.564	.557	4.83278	1.761

a. 예측값: (상수), 체지방률
b. 종속변수: VO2max

바. 잔차분석: 최종적인 회귀모형의 적합성 검정

회귀분석을 통해 회귀모형이 만들어졌다면 최종적으로 그 회귀모형이 적합한가에 대해 검정한다. 회귀모형의 적합성은 기본가정인 선형성, 오차(잔차)의 독립성, 오차(잔차)의 등분산성, 오차(잔차)의 정규성이 모두 만족되는가를 살펴보는 것이다.

• 선형성은 회귀분석 초기에 x vs. y 분포의 '산점도'를 통해 확인하였다.

• 오차(잔차)의 독립성은 회귀분석의 과정과 결과에서 '잔차의 Durbin-Watson 지수'로 확인

하였다.

- 오차(잔차)의 등분산성과 오차(잔차)의 정규성은 최종 회귀분석 과정에서 진행한 '잔차분석'을 통해 확인한다.

오차(잔차)의 등분산성을 확인하기 위해 최종 회귀분석에서 '표준화 예측값(ZPRED) vs. 표준화 잔차(ZRESID)'의 분포를 이용하여 '표준화 잔차 등분산 그래프'를 지정했다. '표준화 잔차 등분산 그래프'를 보면 평균 0을 중심으로 표준화 잔차의 ±3 범위 이내(여기서는 ±2 이내로 표시되었음)에 산점도가 특정한 방향성이나 규칙 없이 분포되어 있는 것을 볼 수 있다. 따라서 최종 회귀모형은 오차(잔차)의 등분산성이 성립된다.

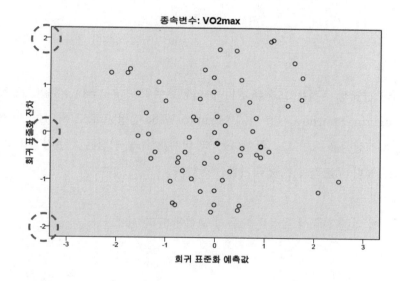

오차(잔차)의 정규성을 확인하기 위해 최종 회귀분석에서 '정규확률도표'를 선택했었다. 'P-P plot'을 보면 산점도가 직선상에 가깝게 분포되어 있는 것을 볼 수 있다. 따라서 본 회귀모형은 오차(잔차)의 정규성을 만족하는 것으로 볼 수 있다.

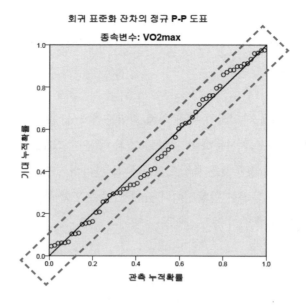

회귀 표준화 잔차의 정규 P-P 도표
종속변수: VO2max

오차(잔차)의 정규성 검정은 표준화 잔차를 이용하여 그린 P-P plot 외에도 표준화 잔차에 대한 'Kolmogorov-Smirnov 검정'이나 'Shapiro-Wilk 검정'으로도 확인이 가능하다. P-P plot은 도표의 직선성을 육안으로 확인하는 데 비해 정규성 검정은 가설검정에 대한 통계량을 제시하므로 보다 객관적인 판단 근거를 제공한다.

표준화 잔차에 대한 정규성 검정은 다음의 순서에 따라 진행한다.

■ 표준화 잔차의 정규성 검정 순서
① 메뉴에서 [분석]→[기술통계량]→[데이터 탐색]을 선택한다.

■ 정규성 검정의 대상변수 지정

① '데이터 탐색' 대화상자가 열리면 '표준화 잔차'(회귀분석 과정에서 가장 마지막에 만들어진 표준화 잔차)를 '종속변수' 칸으로 옮긴다.

② '도표' 단추를 누른다.

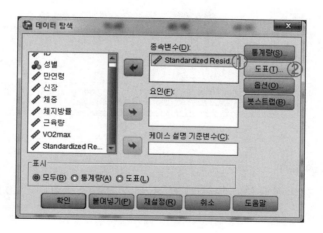

■ 정규성 검정의 선택

① '데이터 탐색: 도표' 대화상자가 열리면 '검정과 함께 정규성 도표'를 선택한다.

② '계속' 단추를 누른다.

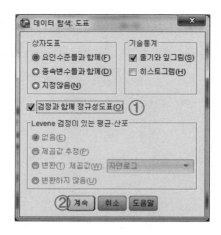

■ 정규성 검정의 실행

① '데이터 탐색' 대화상자로 돌아오면 '확인' 단추를 눌러 분석을 실행한다.

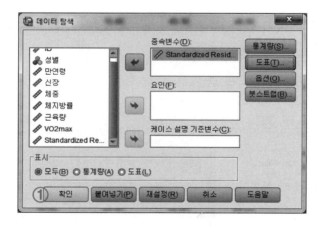

■ 정규성 검정의 분석결과

다음 표는 정규성 검정 결과 중 '케이스 처리 요약' 부분이다. 표본의 크기가 63명임을 알 수 있다.

케이스 처리 요약

	케이스					
	유효		결측		전체	
	N	퍼센트	N	퍼센트	N	퍼센트
Standardized Residual	63	100.0%	0	0.0%	63	100.0%

다음은 정규성 검정 결과 중 분포의 '기술통계량' 부분이다. '표준화 잔차'의 왜도가 0.186, 첨도가 −0.853으로 각각 −2~+2의 범위 내에 있음을 보여주어 특별히 치우침이 없는 분포임을 알 수 있다.

기술통계

			통계량	표준오차
Standardized Residual	평균		.0000000	.12496799
	평균의 95% 신뢰구간	하한	-.2498075	
		상한	.2498075	
	5% 절삭평균		-.0147458	
	중위수		-.0971850	
	분산		.984	
	표준편차		.99190270	
	최소값		-1.68553	
	최대값		1.97288	
	범위		3.65841	
	사분위수 범위		1.36327	
	왜도		.186	.302
	첨도		-.853	.595

다음은 정규성 검정 결과 중 '정규성 검정' 부분이다. 정규성 검정에서의 가설은 다음과 같다.

- H_0: 회귀모형의 오차(잔차)는 정규분포이다.
- H_1: 회귀모형의 오차(잔차)는 정규분포가 아니다.

Kolmogorov-Smirnov 검정에서는 유의확률이 .200으로 .05보다 크므로 영가설을 받아들여 오차(잔차)의 정규분포가 성립됨을 알 수 있다. Shapiro-Wilk 검정에서도 유의확률이 .122로 .05보다 크므로 영가설을 받아들여 오차(잔차)의 정규분포가 성립됨을 알 수 있다. 따라서 본 회귀모형은 기본가정을 모두 만족하는 것을 알 수 있다.

정규성 검정

	Kolmogorov-Smirnov[a]			Shapiro-Wilk		
	통계량	자유도	유의확률	통계량	자유도	유의확률
Standardized Residual	.079	63	.200	.970	63	.122

*. 이것은 참인 유의확률의 하한값입니다.

a. Lilliefors 유의확률 수정

8) 다중회귀분석

(1) 적용목적
둘 이상의 독립변수(x)를 이용하여 종속변수(y)를 예측하기 위한 목적으로 사용된다. 또한 개별 독립변수들이 갖고 있는 종속변수에 대한 영향력을 분석할 때 사용된다. 다중회귀분석은 '중회귀분석', '중다회귀분석'이라고도 부른다.

(2) 기본가정
다중회귀분석의 기본가정은 단순회귀분석에서의 기본가정이 모두 포함되며, 추가로 다중공선성이 없어야 한다는 조건이 포함된다. 다중공선성이 존재하는 경우에는 다중회귀분석을 적용할 수가 없으므로 반드시 확인해야 한다.

가. 다중공선성의 개념
다중공선성이란 투입된 독립변수 간 높은 선형관계가 있어서 종속변수에 대해 설명하는 내용이 중복되는 경우이다. 종속변수에 대해 설명하는 내용이 중복된다면 굳이 모든 독립변수를 넣을 필요가 없다.

예를 들어 'A'라는 축구선수의 성격(y, 종속변수)을 알고자 할 때 'A' 선수를 직접 경험하는 것이 가장 좋은 방법(직접 측정)이지만 그럴 수 없는 경우에는 'A' 선수 주변에서 정보를 얻어

간접적인 방법(회귀분석)으로 'A' 선수의 성격(y, 종속변수)을 예측할 수 있다. 이를 위해 'A' 선수 아버지의 설명(x_1, 독립변수 1), 어머니의 설명(x_2, 독립변수 2), 동료 선수의 설명(x_3, 독립변수 3), 지도자의 설명(x_4, 독립변수 4)을 확보(수집)하였다. 이 경우 다음과 같은 문제가 발생할 수 있다.

- 아버지의 설명(x_1, 독립변수 1)과 어머니의 설명(x_2, 독립변수 2)은 'A' 선수의 성격에 대해 많은 정보를 주겠지만 설명내용이 서로 중복될 가능성이 높다. 다중공선성이 존재하는 경우이다.

- 동료 선수의 설명(x_3, 독립변수 3)과 지도자의 설명(x_4, 독립변수 4)은 부모의 설명보다 'A' 선수의 성격을 설명하는 내용은 적겠지만 다른 관점에서 생활하며 얻은 새로운 정보이므로 서로 중복되지 않을 가능성이 높다. 다중공선성이 존재하지 않는 경우이다.

결론적으로 'A' 선수의 성격(y, 종속변수)을 잘 예측하기 위해서는 다중공선성이 존재하는 독립변수(x_1, x_2)를 가려내어 제거 또는 병합 등의 처리를 해야 한다.

나. 다중공선성의 문제점

독립변수 간 다중공선성이 존재하면 회귀계수의 분산이 커지고, 이로 인해 예측에 대한 오차가 커지므로 정확도가 떨어진다. 또한 결정계수가 실제보다 크게 나올 수 있기 때문에 다중공선성이 존재하면 다중회귀분석을 적용할 수 없다.

다. 다중공선성의 판별

다중공선성의 일차적 판별방법은 독립변수 간 상관계수의 절댓값을 확인하는 것이다.
- 독립변수 간 상관계수 절댓값이 0.8 이상이면 다중공선성이 존재하는 것으로 볼 수 있다.
- 독립변수 간 상관계수 절댓값이 0.6 이상이면 다중공선성이 존재할 수 있음을 의심한다.

하지만 상관계수는 해당 변수의 분포, 극단값, 표본 크기에 따라 달라질 수 있기 때문에 다중공선성의 존재를 확인하는 최선의 판별방법은 아니다(참고용이다).

다중공선성의 본격적인 판별방법은 분산팽창요인(Variance Inflation Factor, VIF)의 활용이다. 독립변수의 분산팽창요인(VIF)이 10 이상($VIF \geq 10$)이면 다른 독립변수와 다중공선성이 존재하는 것으로 판단한다.

$$VIF_i = \frac{1}{1-R_i^2}$$

R_i^2: i번째 독립변수와 다른 독립변수들 간의 결정계수

한편 다중공선성은 공차한계(tolerance)로도 판별이 가능하다. 공차한계는 분산팽창요인(VIF)의 역수로서 독립변수의 공차한계가 0.1 이하인 경우 다른 독립변수와 다중공선성이 존재하는 것으로 판별한다.

$$공차한계(tolerance) = \frac{1}{VIF} = \frac{1}{10} = 0.1$$

분산팽창요인(VIF)과 공차한계는 모두 SPSS 프로그램을 이용하여 손쉽게 계산할 수 있다.

상관계수 절댓값	$\lvert r \rvert \geq 0.8$(확신), $\lvert r \rvert \geq 0.6$(의심)
분산팽창요인(VIF)	$VIF \geq 10$(확신)
공차한계(tolerance)	공차 ≤ 0.1(확신)

[그림 10-23] 다중공선성의 판별방법

라. 다중공선성의 해결

다중공선성이 존재하는 독립변수들이 발견되면 해당 독립변수 중 하나를 삭제하거나 다중공선성이 발생한 독립변수들을 결합하여 새로운 변수로 만들어 다중공선성의 문제를 해결한다. 다중공선성 확인 결과 독립변수들의 VIF 값이 모두 10 이상으로 나왔다 하더라도 실제 다중공선성이 있는 변수는 적을 수 있다. 이것은 특정 독립변수에서 다중공선성이 있는 경우 다른 독립변수들의 VIF 값에도 영향을 주기 때문이다. 따라서 VIF 값이 가장 높은 독립변수를 삭제한 후 재분석을 통해 VIF 값을 확인해 본다. 만약 VIF 값이 가장 높은 독립변수가 중

요한 변수라서 삭제할 수 없다면 차선책으로 VIF 값이 두 번째로 높은 독립변수를 삭제한 후 다시 분석하여 확인한다.

삭제	다중공선성 발생 변수 중 하나 삭제
변수 결합	다중공선성 발생 변수의 결합으로 새로운 변수 생성

[그림 10-24] 다중공선성의 해결방법

(3) 변수의 선택(투입)방법

독립변수가 하나인 단순회귀분석과 달리 독립변수가 여러 개인 다중회귀분석에서는 독립변수들 중 어떠한 것을 선택(투입)하여 회귀모형을 만들어야 하는가에 대한 고려가 필요하다. 여러 개의 독립변수들 중에서 종속변수에 지배적인 영향을 주는 독립변수가 있는 반면, 특별한 영향을 주지 못하는 독립변수도 존재할 수 있다. 따라서 독립변수의 투입을 신중하게 고려해야 한다.

　다중회귀분석에서 독립변수의 선택(투입) 방법은 아래의 네 가지로 구분된다.

가. 입력방법: 모든 독립변수 투입

다중회귀분석의 변수 선택방법 중 가장 일반적으로 사용되는 방법 중 하나가 '입력방법'이다. 입력방법은 모든 독립변수를 투입하여 분석하는 방법이다. 이 방법은 독립변수의 수가 많음으로 인해 다른 변수투입 방법들에 비해 결정계수(R^2)가 가장 높게 나타나는 특징이 있다. 하지만 불필요한 독립변수가 투입될 가능성이 있어 오차가 증가할 수 있다는 단점이 있다. 만약 선행연구 등을 통해 의미 있는 독립변수들만 선택한 경우나 꼭 투입해야만 하는 독립변수들만 선택한 경우 유용하게 사용할 수 있는 방법이다.

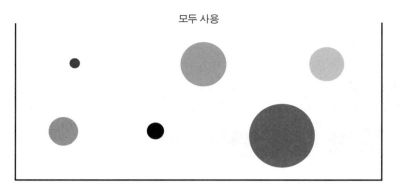

[그림 10-25] 다중회귀분석의 변수 선택방법 중 '입력방법'

나. 전진투입방법: 중요한 독립변수 순으로 투입

독립변수들 중에서 종속변수에 가장 중요한 독립변수부터 순서대로 하나씩 투입하는 방법이 '전진투입방법'이다. 이 방법은 더 이상 중요한 독립변수가 없을 때 변수의 투입을 멈춘다. 하지만 한 번 투입된 독립변수는 다음 독립변수가 투입됨에 따라 중요도가 변화되는 경우에도(중요도가 없어지는 경우에도) 제거되지 않는 단점이 있다.

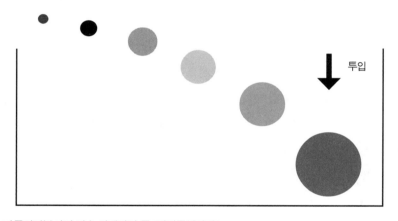

투입

[그림 10-26] 다중회귀분석의 변수 선택방법 중 '전진투입방법'

다. 후진제거방법: 중요하지 않은 독립변수순으로 제거

모든 독립변수를 투입한 후 종속변수에 가장 중요하지 않은 독립변수부터 순서대로 제거하는 방법이 '후진제거방법'이다. 이 방법은 종속변수에 중요한 독립변수만 남을 때 독립변수의 제거를 멈춘다. 하지만 한 번 제거된 독립변수는 다시 투입하지 못하는 단점이 있다.

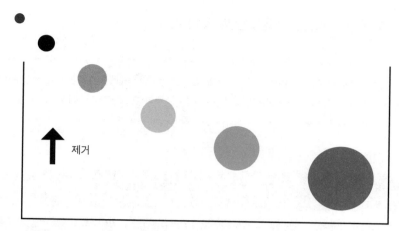

[그림 10-27] 다중회귀분석의 변수 선택방법 중 '후진제거방법'

라. 단계선택방법: 매 투입단계에서 중요도 다시 분석

다중회귀분석의 변수 선택방법 중 '입력방법'과 더불어 가장 일반적으로 사용되는 것 중 하나가 '단계선택방법'이다. 이 방법은 새로운 독립변수가 투입될 때마다 투입된 모든 독립변수의 중요도를 다시 분석하여 중요도가 있는 독립변수는 다음 단계에서 남겨 두고, 중요도가 없는(없어진) 독립변수는 다음 단계에서 제거한다.

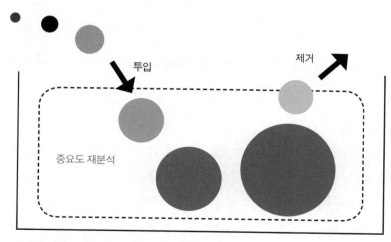

[그림 10-28] 다중회귀분석의 변수 선택방법 중 '단계선택방법'

(4) 분석 및 결과해석 Ⅰ(독립변수 투입방법: 입력)

> 64명의 신체성분 정보와 연령 정보를 이용해 최대산소섭취량(VO₂max, mL/kg/min)을 간편하게 확인할 수 있는 방법을 만들기 위해 다중회귀분석을 실시하라[예제파일: 회귀분석1(다중).sav].

가. 표본 크기의 확인

회귀분석을 안정적으로 적용하는 데 필요한 표본의 크기는 일반적으로 독립변수 개수의 10배 이상을 권장하고 있으며, 최소 5배 이상은 있어야 한다.

본 분석에서는 독립변수의 개수가 5개이므로 회귀분석을 위한 권장 표본 크기는 50명, 최소한의 표본 크기는 25명이다. 본 분석에 사용되는 표본의 크기는 64명이므로 회귀분석을 하기 위한 충분한 표본 크기가 확보되었다.

나. 선형성 확인

각 독립변수들과 종속변수 간 산점도를 통해 선형성을 확인할 수 있다.

■ 선형성 확인을 위한 산점도 순서

① 메뉴에서 [그래프]→[레거시 대화상자]→[산점도/점도표]를 선택한다.

■ 행렬 산점도의 선택

① '산점도/점도표' 대화상자에서 '행렬 산점도'를 선택한다.

② '정의' 단추를 누른다.

■ 행렬 산점도의 대상변수 지정

① '산점도 행렬' 대화상자가 열리면 'VO₂max' 변수를 '행렬변수' 칸의 맨 위로 옮긴다(종속
　변수를 가장 위로 옮기는 것이 그래프 보기에 편함).

② '만 연령', '신장', '체중', '체지방률', '근육량' 변수를 '행렬변수' 칸으로 옮긴다.

③ '확인' 단추를 누른다.

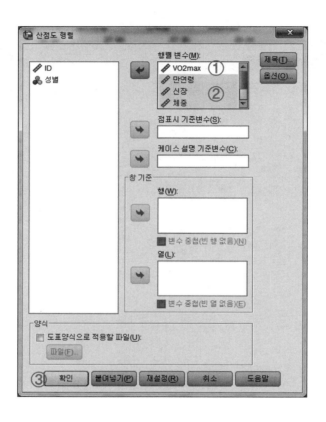

■ 종속변수와 각 독립변수 간 선형성 확인

산점도 행렬에서 맨 먼저 확인할 것은 종속변수와 각 독립변수 간의 선형성 존재 여부이다.
산점도 행렬의 맨 윗줄은 종속변수인 VO₂max와 각 독립변수 간의 산점도이다. 이를 살펴보
면 각 독립변수들과의 관계에서 선형성이 보인다. 다만 '만 연령', '체중', '근육량'의 산점도에
서는 분포가 넓어 선형성이 뚜렷하지 않다.

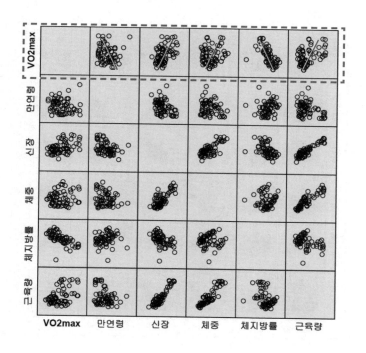

■ 독립변수 간의 선형성 확인(다중공선성 탐색용)

산점도 행렬에서 다음으로 확인할 것은 각 독립변수들 간의 선형성이다. 만약 독립변수 간 선형성이 뚜렷하면 다중공선성의 존재를 의심할 수 있다. 산점도 행렬은 분석에 포함된 모든 변수의 상호 대조 결과를 보여주므로 가운데 대각선 빈 공간을 중심으로 아래쪽 또는 위쪽 중 한 부분만 보면 된다.

아래 그림에서 점선 부분에 해당되는 영역을 보면 '체중 vs. 신장', '근육량 vs. 신장', '근육량 vs. 체중'의 분포가 선형성이 뚜렷한 것(상관관계가 높은 것)을 볼 수 있다. 이러한 경우에는 해당 독립변수 간 다중공선성이 존재할 가능성이 높다는 의미다.

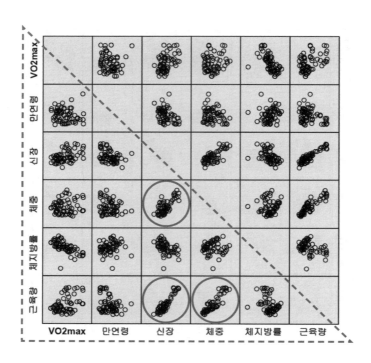

다. 다중공선성 확인

독립변수가 여러 개인 다중회귀분석에서는 독립변수 간 다중공선성이 존재하는가를 확인해야 한다. 다중공선성이 존재하는 경우에는 다중회귀분석을 적용할 수 없기 때문이다. 다중공선성은 다음과 같이 회귀분석 실시 과정에서 분산팽창요인(VIF)이나 공차한계(tolerance)를 산출하여 확인할 수 있다.

■ 다중공선성 확인을 위한 다중회귀분석 순서

① 메뉴에서 [분석]→[회귀분석]→[선형]을 선택한다.

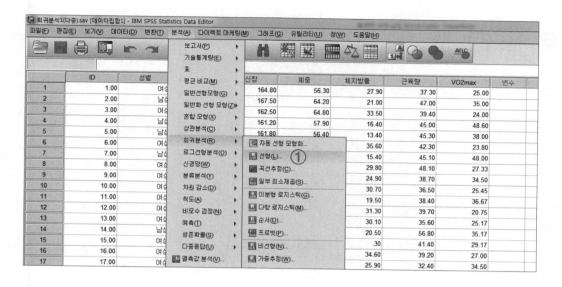

■ 다중회귀분석의 대상변수 지정

① '선형 회귀분석(선형 회귀)' 대화상자에서 '종속변수' 칸에 'VO₂max' 변수를 옮긴다.

② '독립변수' 칸에 '만 연령', '신장', '체중', '체지방률', '근육량' 변수를 옮긴다.

③ '통계량' 단추를 누른다.

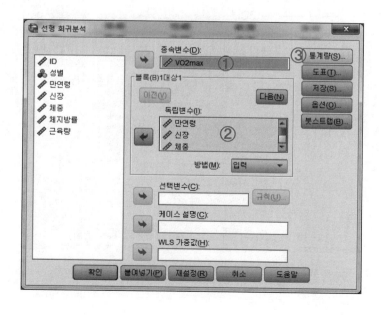

■ 다중회귀분석의 공선성 진단 선택

① '선형 회귀분석(선형 회귀): 통계량' 대화상자에서 '공선성 진단'을 선택한다.
② '계속' 단추를 누른다.

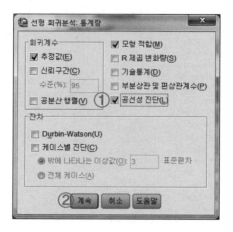

■ 다중회귀분석의 실행

① '선형 회귀분석' 대화상자로 돌아오면 '확인' 단추를 눌러 분석을 실행한다.

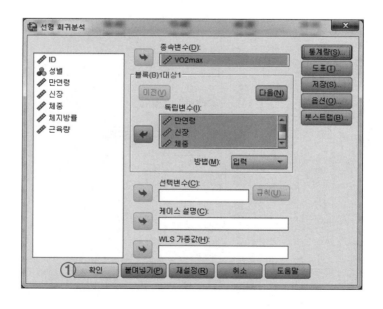

■ 다중회귀분석의 다중공선성 확인

분석결과 중 '계수' 항목에 각 독립변수들에 대한 분산팽창요인(*VIF*)이 제시되어 있다. '체중'과 '근육량' 변수의 분산팽창요인(*VIF*)이 각각 13.87과 25.85로 10 이상인 것으로 나타나 다중공선성이 존재함을 알 수 있다. 따라서 다중공선성이 가장 높은 '근육량' 변수를 제거한 후 다중회귀분석을 다시 실행한다.

계수ª

모형		비표준화 계수		표준화 계수	t	유의확률	공선성 통계량	
		B	표준오차	베타			공차	VIF
1	(상수)	67.639	29.042		2.329	.023		
	만연령	.086	.085	.093	1.009	.317	.835	1.198
	신장	-.310	.206	-.363	-1.506	.137	.123	8.155
	체중	-.775	.189	-1.292	-4.109	.000	.072	13.872
	체지방률	-.130	.155	-.124	-.844	.402	.332	3.011
	근육량	1.495	.335	1.918	4.467	.000	.039	25.852

a. 종속변수: VO2max

■ 다중회귀분석의 다중공선성 변수 제거 결과 확인

'근육량' 변수를 제거한 후 다시 다중회귀분석을 실시한 결과를 보면 남은 독립변수들의 분산팽창요인(*VIF*)이 모두 10 미만으로 나타나 독립변수 간 다중공선성이 해결되었음을 알 수 있다. 따라서 이후 분석에서는 '근육량' 변수를 제외하고 분석을 실행한다.

계수ª

모형		비표준화 계수		표준화 계수	t	유의확률	공선성 통계량	
		B	표준오차	베타			공차	VIF
1	(상수)	.009	28.489		.000	1.000		
	만연령	.085	.098	.092	.868	.389	.835	1.198
	신장	.278	.182	.325	1.526	.132	.207	4.824
	체중	-.047	.109	-.078	-.430	.668	.285	3.514
	체지방률	-.523	.146	-.495	-3.572	.001	.490	2.041

a. 종속변수: VO2max

라. 잔차의 독립성 검사: 잔차의 자기상관성 검사

다중회귀분석에서도 잔차의 자기상관성을 검사하기 위해 Durbin-Watson 지수를 산출한다.

■ 잔차의 독립성 검사를 위한 다중회귀분석 순서

① 메뉴에서 [분석]→[회귀분석]→[선형]을 선택한다.

■ 다중회귀분석의 대상변수 지정

① '선형 회귀분석(선형 회귀)' 대화상자가 열리면 'VO$_2$max' 변수를 '종속변수' 칸으로 옮긴다.

② 다중공선성이 나타난 '근육량' 변수를 제외한 모든 독립변수를 '독립변수' 칸으로 옮긴다.

③ '통계량' 단추를 누른다.

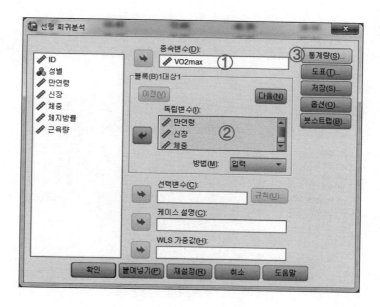

■ 다중회귀분석의 Durbin-Watson 검사 지정

① '선형 회귀분석(선형 회귀): 통계량' 대화상자가 열리면 '잔차' 영역에서 'Durbin-Watson'을
   선택한다.

② '계속' 단추를 누른다.

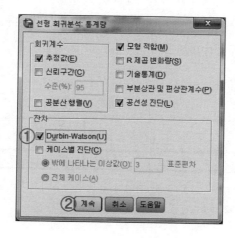

■ 다중회귀분석의 실행

① '선형 회귀분석(선형 회귀)' 대화상자로 돌아오면 '확인' 단추를 눌러 분석을 실행한다.

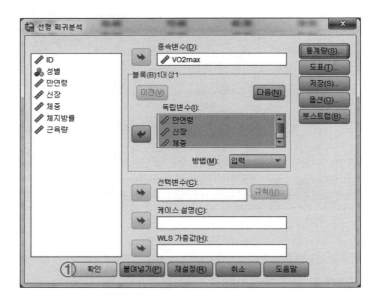

■ 잔차의 독립성 분석결과

회귀분석 결과 중 '모형 요약'의 'Durbin-Watson' 지수를 보면 1.990으로 2에 근접함을 알 수 있다. Durbin-Watson 지수가 2에 가까울수록 자기상관이 없다고 판단되므로 본 자료의 잔차는 자기상관이 없이 독립적임을 알 수 있다.

모형 요약 [b]

모형	R	R 제곱	수정된 R 제곱	추정값의 표준오차	Durbin-Watson
1	.667[a]	.444	.407	5.56143	1.990

a. 예측값: (상수), 체지방률, 체중, 만연령, 신장

b. 종속변수: VO2max

마. 극단값의 검토 및 처리

다중회귀분석을 실행하여 극단값의 존재를 확인한다. 만약 극단값이 존재하는 경우에는 회귀계수가 영향을 받아 예측에 대한 오차가 커지므로 극단값을 제거한 후 다시 회귀분석을 적용하는 것이 바람직하다.

회귀분석에서 극단값은 '표준화 잔차 절댓값이 3 이상'인 경우로 정의하므로 회귀분석을 통해 '표준화 잔차'를 구해서 판단한다. 회귀분석을 통해 '표준화 잔차'를 구하기 위해서는 다음의 절차를 따른다.

■ 극단값을 확인하기 위한 다중회귀분석 순서

① 메뉴에서 [분석]→[회귀분석]→[선형]을 선택한다.

■ 다중회귀분석의 대상변수 지정

① '선형 회귀분석(선형 회귀)' 대화상자가 열리면 'VO₂max' 변수를 '종속변수' 칸으로 옮긴다.

② 다중공선성이 나타난 '근육량' 변수를 제외하고 모든 독립변수를 '독립변수' 칸으로 옮긴다.

③ '저장' 단추를 누른다.

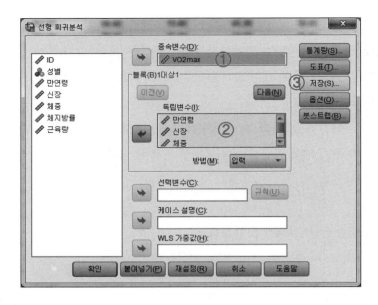

■ 다중회귀분석의 표준화 잔차 저장 지정

① '선형 회귀분석(선형 회귀): 저장' 대화상자가 열리면 '잔차' 영역에서 '표준화'를 선택한다.

② '계속' 단추를 누른다.

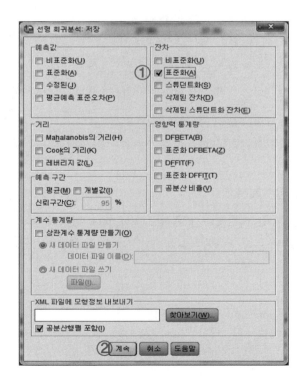

■ 다중회귀분석의 실행

① '선형 회귀분석(선형 회귀)' 대화상자로 돌아오면 '확인' 단추를 눌러 분석을 실행한다.

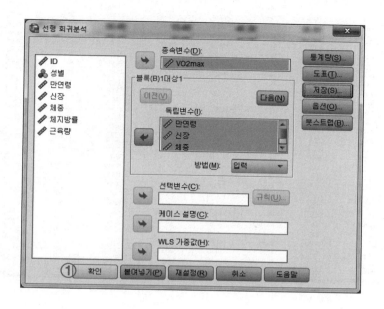

■ 다중회귀분석의 극단값 확인

데이터 시트의 맨 마지막을 보면 'ZRE_1' 변수가 새로 생성된 것을 확인할 수 있다. 이 변수는 종속변수 'VO$_2$max'에 대한 '표준화 잔차'이다. 이것은 실제 'VO$_2$max'와 회귀모형으로 예측된 'VO$_2$max' 간 잔차(실제 VO$_2$max–예측 VO$_2$max)의 표준화 값을 의미한다. 데이터 시트에서 '표준화 잔차(ZRE_1)'를 자세히 보면 '15번 케이스'의 값이 –2.929인 것을 확인할 수 있다.

회귀분석에서 극단값은 '표준화 잔차 절댓값이 3 이상'인 경우로 정의한다. 따라서 위의 값은 거의 극단값에 해당된다. 본 분석에서는 15번 케이스를 극단값으로 간주하고 이를 삭제한 후 분석을 계속 진행한다.

	ID	성별	만연령	신장	체중	체지방률	근육량	VO2max	ZRE_1
1	1.00	여성	36.00	164.80	56.30	27.90	37.30	25.00	-1.18355
2	2.00	남성	32.00	167.50	64.20	21.00	47.00	35.00	-.04100
3	3.00	여성	30.00	162.50	64.80	33.50	39.40	24.00	-.55921
4	4.00	남성	43.00	161.20	57.90	16.40	45.00	48.60	2.06599
5	5.00	남성	50.00	161.80	56.40	13.40	45.30	38.00	-.27107
6	6.00	여성	55.00	161.20	72.10	35.60	42.30	23.80	-.65182
7	7.00	남성	67.00	168.80	57.30	15.40	45.10	48.00	1.11439
8	8.00	여성	53.00	166.50	74.50	29.80	48.10	27.33	-.77596
9	9.00	여성	46.00	162.80	55.80	24.90	38.70	34.50	.18614
10	10.00	여성	47.00	154.90	57.30	30.70	36.50	25.45	-.50432
11	11.00	여성	43.00	162.70	51.40	19.50	38.40	36.67	.08179
12	12.00	여성	47.00	162.70	63.00	31.30	39.70	20.75	-1.63427
13	13.00	여성	46.00	152.70	55.50	30.10	35.60	25.17	-.50181
14	14.00	남성	42.00	174.10	77.00	20.50	56.80	35.17	-.43158
15	15.00	여성	45.00	161.70	65.90	.30	41.40	29.17	-2.92904
16	16.00	여성	47.00	153.60	65.60	34.60	39.20	27.00	.27585
17	17.00	여성	46.00	156.80	51.60	25.90	32.40	34.50	.54414
18	18.00	여성	45.00	159.90	53.80	26.20	36.60	25.17	-1.22684
19	19.00	여성	49.00	154.40	62.20	31.00	39.40	20.83	-1.27035
20	20.00	여성	42.00	165.90	67.00	29.00	43.80	25.33	-1.07611
21	21.00	여성	38.00	161.40	50.40	23.00	35.90	33.17	-.08610
22	22.00	여성	51.00	165.90	65.80	29.30	42.80	29.33	-.47581
23	23.00	여성	56.00	147.30	51.60	32.20	32.60	30.40	.72093
24	24.00	남성	50.00	168.80	64.70	21.50	47.10	37.00	.03095
25	25.00	여성	37.00	154.60	51.30	26.30	34.80	36.67	1.21559
26	26.00	여성	39.00	163.70	61.00	26.20	41.50	26.62	-1.00306
27	27.00	여성	47.00	159.70	51.60	23.10	36.70	27.87	-1.07109
28	28.00	여성	60.00	158.70	55.90	26.30	38.00	38.20	.97540
29	29.00	여성	33.00	155.60	49.70	24.30	34.80	30.33	-.11429

바. 최종 회귀분석(독립변수 투입방법: 입력)

극단값을 보인 15번 케이스를 제거한 후 다시 회귀분석을 통해 극단값이 없는지를 확인한다. 극단값이 없으면 본 회귀분석이 최종 회귀분석이 되며, 그렇지 않은 경우에는 반복해서 회귀분석을 진행한다.

■ 다중회귀분석 순서

① 메뉴에서 [분석]→[회귀분석]→[선형]을 선택한다.

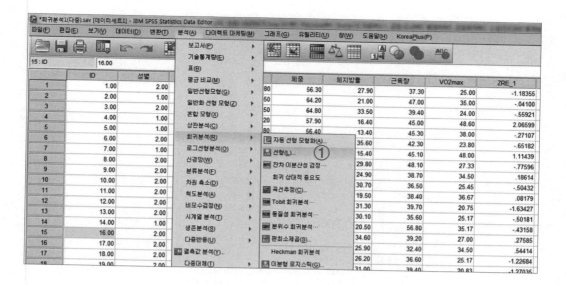

■ 다중회귀분석의 대상변수 및 분석방법 지정

① '선형 회귀분석(선형 회귀)' 대화상자가 열리면 'VO₂max' 변수를 '종속변수' 칸으로 옮긴다.

② '근육량' 변수를 제외한 모든 독립변수를 '독립변수' 칸으로 옮긴다.

③ '방법'은 '입력(기본설정)'으로 선택한다.

④ '통계량' 단추를 누른다.

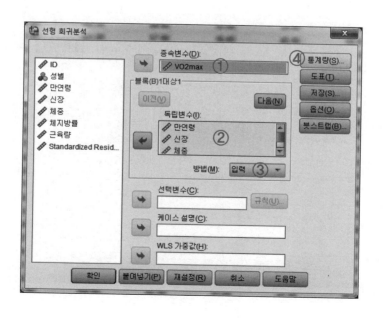

■ 다중회귀분석의 공선성 진단 및 Durbin-Watson 검사 지정

① '선형 회귀분석(선형 회귀): 통계량' 대화상자가 열리면 '공선성 진단' 항목을 선택한다.

② '잔차' 영역 중 'Durbin-Watson' 항목을 선택한다.

③ '계속' 단추를 누른다.

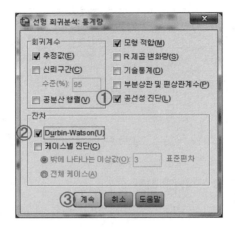

■ 다중회귀분석의 저장 선택

① '선형 회귀분석(선형 회귀)' 대화상자로 돌아오면 '저장' 단추를 누른다.

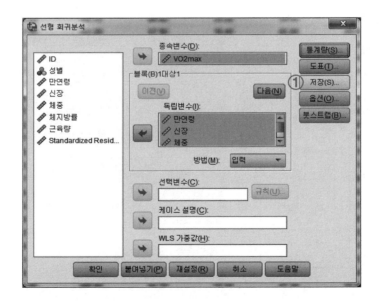

■ 다중회귀분석의 표준화 잔차 저장 지정

① '선형 회귀분석(선형 회귀): 저장' 대화상자가 열리면 '잔차' 영역의 '표준화'를 선택한다.

② '계속' 단추를 누른다.

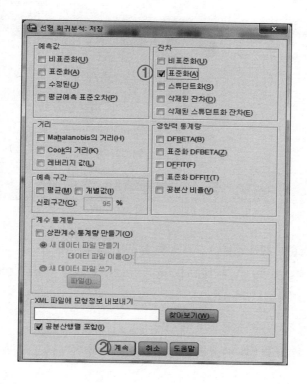

■ 다중회귀분석의 도표 선택

① '선형 회귀분석(선형 회귀)' 대화상자로 돌아오면 '도표' 단추를 누른다.

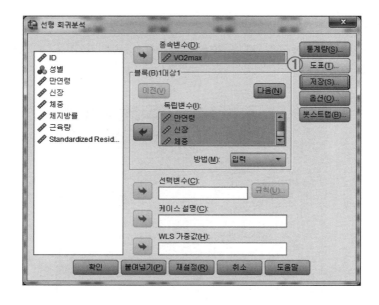

■ 다중회귀분석의 표준화 잔차 등분산 그래프 및 정규확률도표 설정

① '선형 회귀분석(선형 회귀): 도표' 대화상자가 열리면 '표준화 예측값(ZPRED)'을 'X'축으로 옮긴다.

② '표준화 잔차(ZRESID)'를 'Y'축으로 옮긴다.

③ '표준화 잔차도표' 영역에서 '정규확률도표'를 선택한다.

④ '계속' 단추를 누른다(이 부분은 차후에 회귀모형의 적합성을 검정하기 위한 '잔차분석'에 해당된다.).

■ 다중회귀분석의 실행

① '선형 회귀분석(선형 회귀)' 대화상자로 돌아오면 '확인' 단추를 눌러 분석을 실행한다.

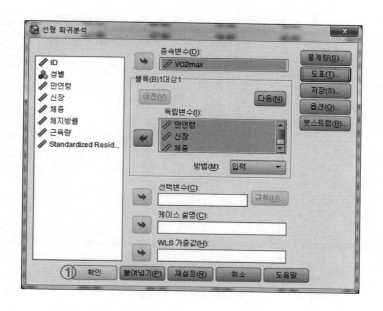

■ 다중회귀분석(입력)의 최종 분석결과

다시 실시한 회귀분석에서도 표준화 잔차(ZRE_2)를 산출했으므로 극단값이 있는가를 재차
확인한다. 분석결과 데이터 시트를 보면 표준화 잔차 절댓값이 모두 3 미만으로 계산되어 극
단값이 없는 것을 확인하였다. 따라서 본 순서에서 분석된 결과가 최종 회귀분석에 해당된다.

	ID	성별	만연령	신장	체중	체지방률	근육량	VO2max	ZRE_1	ZRE_2
1	1.00	2.00	36.00	164.80	56.30	27.90	37.30	25.00	-1.18355	-.47826
2	2.00	1.00	32.00	167.50	64.20	21.00	47.00	35.00	-.04100	-.39439
3	3.00	2.00	30.00	162.50	64.80	33.50	39.40	24.00	-.55921	.13409
4	4.00	1.00	43.00	161.20	57.90	16.40	45.00	48.60	2.06599	1.05732
5	5.00	1.00	50.00	161.80	56.40	13.40	45.30	38.00	-.27107	-2.00968
6	6.00	2.00	55.00	161.20	72.10	35.60	42.30	23.80	-.65182	-.32800
7	7.00	1.00	67.00	168.80	57.30	15.40	45.10	48.00	1.11439	.96918
8	8.00	2.00	53.00	166.50	74.50	29.80	48.10	27.33	-.77596	-.80054
9	9.00	2.00	46.00	162.80	55.80	24.90	38.70	34.50	.18614	.49725
10	10.00	2.00	47.00	154.90	57.30	30.70	36.50	25.45	-.50432	-.69585
11	11.00	2.00	43.00	162.70	51.40	19.50	38.40	36.67	.08179	-.14628
12	12.00	2.00	47.00	162.70	63.00	31.30	39.70	20.75	-1.63427	-1.28563
13	13.00	2.00	46.00	152.70	55.50	30.10	35.60	25.17	-.50181	-.96688
14	14.00	1.00	42.00	174.10	77.00	20.50	56.80	35.17	-.43158	-.95023
15	16.00	2.00	47.00	153.60	65.60	34.60	39.20	27.00	.27585	.02108
16	17.00	2.00	46.00	156.80	51.60	25.90	32.40	34.50	.54414	.54368
17	18.00	2.00	45.00	159.90	53.80	26.20	36.60	25.17	-1.22684	-1.27897
18	19.00	2.00	49.00	154.40	62.20	31.00	39.40	20.83	-1.27035	-2.02130
19	20.00	2.00	42.00	165.90	67.00	29.00	43.80	25.33	-1.07611	-.82625
20	21.00	2.00	38.00	161.40	50.40	23.00	35.90	33.17	-.08610	.06503
21	22.00	2.00	51.00	165.90	65.80	29.30	42.80	29.33	-.47581	.06529
22	23.00	2.00	56.00	147.30	51.60	32.20	32.60	30.40	.72093	.39033
23	24.00	1.00	50.00	168.80	64.70	21.50	47.10	37.00	.03095	-.02519
24	25.00	2.00	37.00	154.60	51.30	26.30	34.80	36.67	1.21559	1.09569
25	26.00	2.00	39.00	163.70	61.00	26.20	41.50	26.62	-1.00306	-1.03507
26	27.00	2.00	47.00	159.70	51.60	23.10	36.70	27.87	-1.07109	-1.42163
27	28.00	2.00	60.00	158.70	55.90	26.30	38.00	38.20	.97540	1.11263
28	29.00	2.00	33.00	155.60	49.70	24.30	34.80	30.33	-.11429	-.56685
29	30.00	2.00	50.00	161.00	57.20	28.80	37.40	31.83	.11392	.65637

다음은 회귀분석의 결과 중 '진입/제거된 변수' 부분이다. 독립변수 투입방법은 '입력'으로 설정하였음을 보여주고 있다.

'진입된 변수'는 분석에 동원된 독립변수를 의미하는 것으로 '체지방률', '체중', '만 연령', '신장' 변수들이 투입되었음을 설명하고 있다. 표 하단의 '종속변수: VO$_2$max'는 본 회귀분석의 종속변수가 'VO$_2$max'임을 설명하는 것이다.

진입/제거된 변수 [a]

모형	진입된 변수	제거된 변수	방법
1	체지방률, 체중, 만연령, 신장[b]	.	입력

a. 종속변수: VO2max
b. 요청된 모든 변수가 입력되었습니다.

다중회귀분석 결과의 해석순서는 단순회귀분석에서와 마찬가지다.

① '분산분석'을 이용한 회귀모형의 유의미성 해석

② '회귀계수'를 이용한 개별 독립변수의 유의미성 해석

③ '회귀계수'를 이용한 개별 독립변수의 영향력 해석

④ '결정계수'와 '추정의 표준오차'를 이용한 회귀모형의 성능 해석

⑤ 회귀모형의 적합성을 판단하는 '잔차분석' 결과를 해석(잔차분석은 별도의 항목으로 설명한다.)

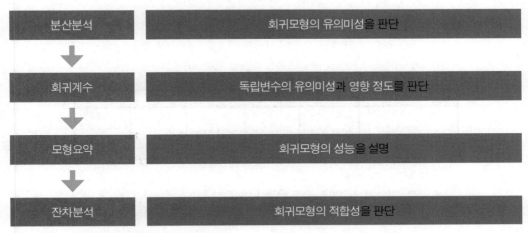

[그림 10-29] 다중회귀분석 결과의 해석순서

① 회귀모형의 유의미성 해석

회귀분석의 해석순서 중 첫 번째는 회귀모형의 유의미성 해석이다. 여기서는 '분산분석'을 이용하여 회귀모형의 유의미성을 판단하며, '독립변수들이 종속변수를 설명(예측)할 수 있는가'에 대한 다음의 가설을 검정한다.

- H_0: 모집단에서 모든 독립변수의 회귀계수는 0이다($\beta_1 = \beta_2 = \cdots = \beta_p = 0$).
- H_1: 모집단에서 독립변수의 회귀계수가 0이 아닌 것이 하나 이상 있다.

위의 가설은 다음과 같이 다양하게 표현할 수 있다.
- H_0: 모집단에서 모든 독립변수는 종속변수에 영향을 주지 않는다.
- H_1: 모집단에서 하나 이상의 독립변수는 종속변수에 영향을 준다.

- H_0: 회귀모형은 모집단에서 의미 있는 모형이 아니다.
- H_1: 회귀모형은 모집단에서 의미 있는 모형이다.

- H_0: 회귀모형은 적합한 회귀모형이 아니다.
- H_1: 회귀모형은 적합한 회귀모형이다.

위의 가설에 대해 분산분석으로 검정한 결과 유의확률이 .000($p<.05$)으로 영가설(H_0)을 기각하여 독립변수 중 적어도 하나 이상은 종속변수에 유의한 영향을 주는 것으로 나타나 의미 있는 회귀모형임을 알 수 있다.

분산분석 [a]

모형		제곱합	자유도	평균 제곱	F	유의확률
1	회귀 모형	2046.444	4	511.611	24.224	.000[b]
	잔차	1224.971	58	21.120		
	합계	3271.415	62			

a. 종속변수: VO2max

b. 예측값: (상수), 체지방률, 체중, 만연령, 신장

② 독립변수(회귀계수)의 유의미성 해석

회귀분석의 해석순서 중 두 번째는 독립변수들의 유의미성 해석이다. 여기서는 '회귀계수'를 이용하여 개별 독립변수들의 유의미성을 검정하며, '각각의 독립변수가 종속변수를 설명(예측)할 수 있는가'에 대한 다음의 가설을 검정한다.

- H_0: 모집단에서 독립변수 1(또는 2, 또는 3, …)의 회귀계수는 0이다($\beta_1 = 0$).
- H_1: 모집단에서 독립변수 1(또는 2, 또는 3, …)의 회귀계수는 0이 아니다($\beta_1 \neq 0$).

위의 가설은 다음과 같이 다양하게 표현할 수 있다.
- H_0: 모집단에서 독립변수 1(또는 2, 또는 3, …)은 의미 있는 변수가 아니다.
- H_1: 모집단에서 독립변수 1(또는 2, 또는 3, …)은 의미 있는 변수이다.

- H_0: 모집단에서 독립변수 1(또는 2, 또는 3, …)은 종속변수에 영향을 주지 않는다.
- H_1: 모집단에서 독립변수 1(또는 2, 또는 3, …)은 종속변수에 영향을 준다.

위와 같은 가설을 투입한 모든 독립변수에 대해 검정한다.

- 독립변수 '만 연령'에 대한 위의 가설을 t-검정한 결과 유의확률이 .386으로 영가설을 기각하지 못하여 '만 연령'은 'VO₂max'에 유의한 영향을 주지 못하는 변수임을 알 수 있다.

- 독립변수 '신장'에 대한 위의 가설을 t-검정한 결과 유의확률이 .053으로 영가설을 기각하지 못하여 '신장'은 'VO₂max'에 유의한 영향을 주지 못하는 변수임을 알 수 있다.

- 독립변수 '체중'에 대한 위의 가설을 t-검정한 결과 유의확률이 .008로 영가설을 기각하여 '체중'은 'VO₂max'에 유의한 영향을 주는 변수임을 알 수 있다.

- 독립변수 '체지방률'에 대한 위의 가설을 t-검정한 결과 유의확률이 .000($p<.05$)으로 영가설을 기각하여 '체지방률'은 'VO₂max'에 유의한 영향을 주는 변수임을 알 수 있다.

이러한 결과를 보면 투입된 독립변수들 중 '체중'과 '체지방률'이 종속변수인 'VO₂max'에 유의미한 영향을 줌으로써 위의 분산분석에서 유의미한 회귀모형으로 판정된 것임을 알 수 있다.

계수ᵃ

모형		비표준화 계수		표준화 계수	t	유의확률	공선성 통계량	
		B	표준오차	베타			공차	VIF
1	(상수)	105.230	30.725		3.425	.001		
	만연령	.070	.081	.077	.873	.386	.836	1.196
	신장	-.386	.195	-.452	-1.976	.053	.123	8.119
	체중	.308	.112	.515	2.749	.008	.184	5.433
	체지방률	-1.232	.180	-1.032	-6.851	.000	.285	3.512

a. 종속변수: VO2max

③ 독립변수의 영향력 해석

회귀분석의 해석순서 중 세 번째는 각 독립변수의 영향력 해석이다. 개별 독립변수가 종속변수에 의미 있게 영향을 주고 있다는 것이 밝혀지면 과연 어느 정도 영향을 주는가에 대한 해석이 필요하다. 이러한 정보는 분석결과 중 '비표준화 계수(B)'를 보면 알 수 있다. '비표준화 계수(B)'는 바로 앞서 설명했던 '회귀계수'이며, 회귀계수는 회귀방정식에서 독립변수의 '기울기'를 의미한다.

독립변수 '체중'의 회귀계수가 0.308이라는 것은 다른 조건이 동일하다면 '체중'이 1 kg 변화할 때 'VO₂max'는 0.308 mL/kg/min 변화한다는 의미다. 이것은 'VO₂max'에 대한 체중의 영향 정도가 0.308이라는 의미다.

독립변수 '체지방률'의 회귀계수가 –1.232라는 것은 다른 조건이 동일하다면 '체지방률'이 1% 변화할 때 'VO₂max'는 –1.232 mL/kg/min 변화한다는 의미다. 이것은 'VO₂max'에 대한 체지방률의 영향 정도가 –1.232라는 의미다.

한편 '상수'의 회귀계수는 'y 절편'을 의미한다. 이러한 정보를 이용하여 회귀방정식을 구성하면 다음과 같다.

$$y = 0.070x_1 - 0.386x_2 + 0.308x_3 - 1.232x_4 + 105.230$$

위의 식을 풀어서 설명하면 다음과 같다.

VO₂max = 0.070 × 만 연령 – 0.386 × 신장 + 0.308 × 체중 – 1.232 × 체지방률 + 105.230

계수ª

모형		비표준화 계수		표준화 계수	t	유의확률	공선성 통계량	
		B	표준오차	베타			공차	VIF
1	(상수)	105.230	30.725		3.425	.001		
	만연령	.070	.081	.077	.873	.386	.836	1.196
	신장	-.386	.195	-.452	-1.976	.053	.123	8.119
	체중	.308	.112	.515	2.749	.008	.184	5.433
	체지방률	-1.232	.180	-1.032	-6.851	.000	.285	3.512

a. 종속변수: VO2max

또한 회귀모형에서 독립변수들의 상대적 중요도 확인은 '표준화 계수(베타)'를 이용하여 판단한다. 베타의 절댓값이 높을수록 종속변수에 대한 상대적 중요도가 높은 변수이다.

계수[a]

모형		비표준화 계수		표준화 계수	t	유의확률	공선성 통계량	
		B	표준오차	베타			공차	VIF
1	(상수)	105.230	30.725		3.425	.001		
	만연령	.070	.081	.077	.873	.386	.836	1.196
	신장	-.386	.195	-.452	-1.976	.053	.123	8.119
	체중	.308	.112	.515	2.749	.008	.184	5.433
	체지방률	-1.232	.180	-1.032	-6.851	.000	.285	3.512

a. 종속변수: VO2max

한편 최종 회귀모형에서 독립변수 간 다중공선성이 있는가를 재차 확인한 결과 모든 독립변수의 분산팽창요인(*VIF*)이 10 미만으로 나타나 다중공선성이 없음을 알 수 있다.

계수[a]

모형		비표준화 계수		표준화 계수	t	유의확률	공선성 통계량	
		B	표준오차	베타			공차	VIF
1	(상수)	105.230	30.725		3.425	.001		
	만연령	.070	.081	.077	.873	.386	.836	1.196
	신장	-.386	.195	-.452	-1.976	.053	.123	8.119
	체중	.308	.112	.515	2.749	.008	.184	5.433
	체지방률	-1.232	.180	-1.032	-6.851	.000	.285	3.512

a. 종속변수: VO2max

④ 회귀모형의 성능 해석

회귀분석의 해석순서 중 네 번째는 회귀모형의 성능 해석이다. 여기서는 '모형 요약' 부분의 '결정계수(R^2)'와 '추정의 표준오차(*SEE*)'를 이용하여 회귀모형의 성능을 설명한다. 분석결과 '결정계수(R^2)는 0.626으로 계산되어 회귀모형의 설명력(예측력)이 62.6%로 나타났다. 표본 크기와 독립변수의 개수를 보정한 수정된 R 제곱(adj R^2)은 0.600으로 계산되어 회귀모형의 수정된 설명력이 60.0%로 나타났다. 추정값의 표준오차는 4.60으로 계산되어 회귀모형의 실제적인 오차는 평균적으로 4.60 mL/kg/min임을 알 수 있다(종속변수인 VO₂max의 단위 사용).

모형 요약 [b]

모형	R	R 제곱	수정된 R 제곱	추정값의 표준오차	Durbin- Watson
1	.791[a]	.626	.600	4.59567	2.017

a. 예측값: (상수), 체지방률, 체중, 만연령, 신장

b. 종속변수: VO2max

한편 Durbin-Watson 지수는 2.017로서 2에 가까우므로 종속변수인 'VO$_2$max'의 잔차는 자기상관이 없고 독립적임을 알 수 있다.

모형 요약 [b]

모형	R	R 제곱	수정된 R 제곱	추정값의 표준오차	Durbin- Watson
1	.791[a]	.626	.600	4.59567	2.017

a. 예측값: (상수), 체지방률, 체중, 만연령, 신장

b. 종속변수: VO2max

사. 잔차분석: 최종적인 회귀모형의 적합성 검정

다중회귀분석을 통해 회귀모형이 만들어졌다면 최종적으로 그 회귀모형이 적합한가에 대해 검정한다. 다중회귀모형의 적합성은 기본가정인 선형성, 다중공선성 없음, 오차(잔차)의 독립성, 오차(잔차)의 등분산성, 오차(잔차)의 정규성이 모두 만족되는가를 살펴보는 것이다.

- 선형성은 회귀분석 초기에 독립변수마다 x vs. y 분포의 '산점도'를 통해 확인하였다.
- 다중공선성은 회귀분석 과정에서 '분산팽창요인(VIF)'으로 확인하였다.
- 오차(잔차)의 독립성은 회귀분석 과정에서 '잔차의 **Durbin-Watson** 지수'로 확인하였다.
- 오차(잔차)의 등분산성과 오차(잔차)의 정규성은 최종 회귀분석 과정에서 진행한 '잔차분석'을 통해 확인할 수 있다.

오차(잔차)의 등분산성을 확인하기 위해 최종 회귀분석에서 '표준화 예측값(ZPRED) vs. 표준화 잔차(ZRESID)'의 분포를 이용하여 '표준화 등분산 그래프'를 지정했었다. '표준화 등분산 그래프'를 보면 평균 0을 중심으로 표준화 잔차의 ±3 범위 내에서 산점도가 특정한 방향

성이나 규칙 없이 분포되어 있는 것을 볼 수 있다. 따라서 최종 회귀모형은 오차(잔차)의 등분산성이 성립된다.

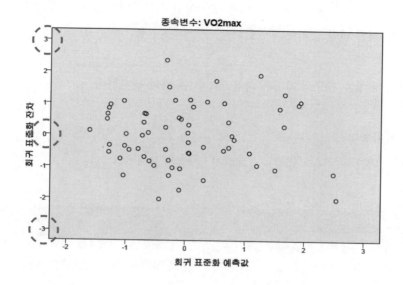

오차(잔차)의 정규성을 확인하기 위해 최종 회귀분석에서 '정규확률도표'를 선택했었다. 'P-P plot'을 보면 산점도가 직선상에 가깝게 분포되어 있는 것을 볼 수 있다. 따라서 본 회귀모형은 오차(잔차)의 정규성을 만족하는 것으로 볼 수 있다.

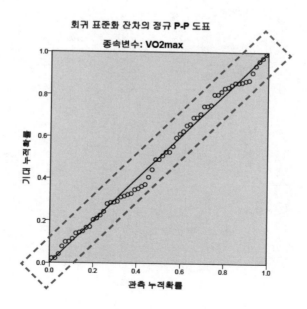

오차(잔차)의 정규성 검정은 표준화 잔차를 이용하여 그린 P-P plot 외에도 표준화 잔차에 대한 'Kolmogorov-Smirnov 검정'이나 'Shapiro-Wilk 검정'으로도 가능하다. P-P plot은 육안으로 도표의 직선성을 확인하는 데 비해 정규성 검정은 가설검정에 대한 통계량을 제시하므로 보다 객관적인 판단 근거를 제공한다.

표준화 잔차에 대한 정규성 검정은 다음의 순서에 따라 진행한다.

■ 표준화 잔차의 정규성 검정 순서
① 메뉴에서 [분석]→[기술통계량]→[데이터 탐색]을 선택한다.

■ 정규성 검정의 대상변수 지정

① '데이터 탐색' 대화상자가 열리면 '표준화 잔차'(회귀분석 과정 중에서 가장 마지막에 만들어진 표준화 잔차)를 '종속변수' 칸으로 옮긴다.

② '도표' 단추를 누른다.

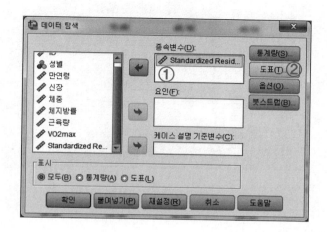

■ 정규성 검정의 선택

① '데이터 탐색: 도표' 대화상자가 열리면 '검정과 함께 정규성 도표'를 선택한다.

② '계속' 단추를 누른다.

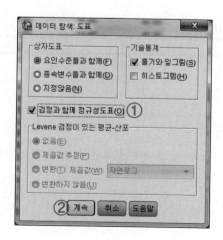

■ 정규성 검정의 실행

① '데이터 탐색' 대화상자로 돌아오면 '확인' 단추를 눌러 분석을 실행한다.

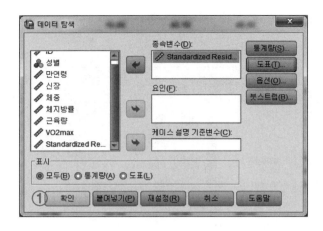

■ 정규성 검정의 분석결과

다음 표는 정규성 검정 결과 중 '케이스 처리 요약' 부분이다. 표본의 크기가 63명임을 알 수 있다.

케이스 처리 요약

	케이스					
	유효		결측		전체	
	N	퍼센트	N	퍼센트	N	퍼센트
Standardized Residual	63	100.0%	0	0.0%	63	100.0%

다음은 정규성 검정 결과 중 분포의 '기술통계' 부분이다. '표준화 잔차'의 왜도가 0.080, 첨도가 –0.418로 각각 –2~+2의 범위 내에 있음을 보여주어 특별히 치우침이 없는 분포임을 알 수 있다.

기술통계

			통계량	표준오차
Standardized Residual	평균		.0000000	.12185627
	평균의 95% 신뢰구간	하한	-.2435872	
		상한	.2435872	
	5% 절삭평균		-.0040714	
	중위수		-.0241462	
	분산		.935	
	표준편차		.96720415	
	최소값		-2.02130	
	최대값		2.36755	
	범위		4.38885	
	사분위수 범위		1.53859	
	왜도		.080	.302
	첨도		-.418	.595

다음은 정규성 검정 결과 중 '정규성 검정' 부분이다. 정규성 검정에서의 가설은 다음과 같다.

- H_0: 회귀모형의 오차(잔차)는 정규분포이다.
- H_1: 회귀모형의 오차(잔차)는 정규분포가 아니다.

Kolmogorov-Smirnov 검정에서는 유의확률이 .200으로 .05보다 크므로 영가설을 받아들여 오차(잔차)의 정규분포가 성립됨을 알 수 있다. Shapiro-Wilk 검정에서도 유의확률이 .826으로 .05보다 크므로 영가설을 받아들여 오차(잔차)의 정규분포가 성립됨을 알 수 있다. 따라서 본 회귀모형은 기본가정을 모두 만족하는 것을 알 수 있다.

정규성 검정

	Kolmogorov-Smirnov[a]			Shapiro-Wilk		
	통계량	자유도	유의확률	통계량	자유도	유의확률
Standardized Residual	.077	63	.200	.989	63	.826

*. 이것은 참인 유의확률의 하한값입니다.

a. Lilliefors 유의확률 수정

(5) 분석 및 결과해석 II(독립변수 투입방법: 단계 선택)

'단계 선택'법에 의한 분석절차는 '입력'법에서의 분석절차 중 표본 수의 확인, 선형성 확인까지는 동일하다. 따라서 다중공선성의 확인부터는 독립변수의 투입방법을 '단계 선택'으로 지정한 후 동일한 절차로 분석한다.

가. 표본 크기의 확인
'입력'법과 동일하다.

나. 선형성 확인
'입력'법과 동일하다.

다. 다중공선성 확인
'단계 선택'법에 의한 다중회귀분석에서는 각 단계마다 투입되는 독립변수가 달라질 수 있으므로 독립변수 간 다중공선성의 문제도 함께 달라진다.

■ 다중공선성 확인을 위한 다중회귀분석 순서

① 메뉴에서 [분석]→[회귀분석]→[선형]을 선택한다.

■ 다중회귀분석의 대상변수 및 분석방법 지정

① '선형 회귀분석(선형 회귀)' 대화상자가 열리면 'VO₂max' 변수를 '종속변수' 칸으로 옮긴다.

② '만 연령', '신장', '체중', '체지방률', '근육량' 변수 모두를 '독립변수' 칸으로 옮긴다.

③ '방법'을 '단계 선택'으로 선택한다.

④ '통계량' 단추를 누른다.

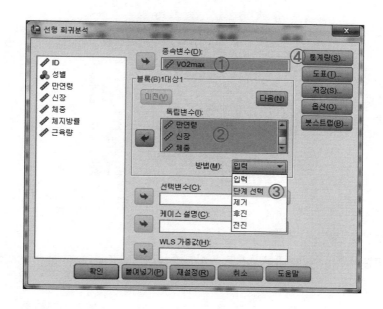

■ 다중회귀분석의 공선성 진단 지정

① '선형 회귀분석(선형 회귀): 통계량' 대화상자가 열리면 '공선성 진단'을 선택한다.

② '계속' 단추를 누른다.

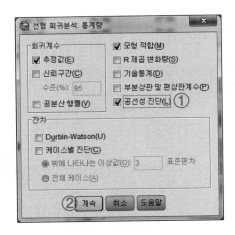

■ 다중회귀분석의 실행

① '선형 회귀분석(선형 회귀)' 대화상자로 돌아오면 '확인' 단추를 눌러 분석을 실행한다.

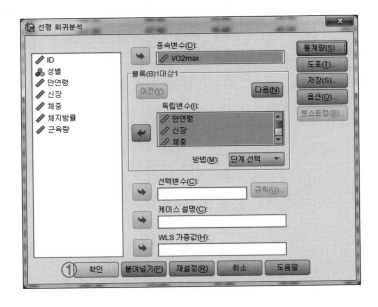

■ 다중공선성 분석결과

분석결과 중 '계수' 항목을 보면 단계 선택법에 의해 4개의 회귀모형이 만들어진 것을 알 수 있다.

- 1번 모형은 '체지방률'만 투입된 모형
- 2번 모형은 '체지방률'과 '근육량'이 투입된 모형
- 3번 모형은 '체지방률'과 '근육량', '체중'이 투입된 모형
- 4번 모형은 '근육량'과 '체중'이 투입된 모형

다중공선성은 1, 2, 3, 4 각 모형에서의 분산팽창요인(VIF)을 보고 판단한다.
- 1, 2, 4번 모형의 분산팽창요인(VIF)을 보면 모두 10 미만으로 나타나 해당 모형들에서는 독립변수 간 다중공선성이 존재하지 않음을 알 수 있다.
- 3번 모형의 분산팽창요인(VIF)을 보면 '근육량'은 14.747, '체중'은 12.985로서 10 이상의 값을 갖는 것으로 나타나 다중공선성이 존재함을 알 수 있다.

만약 3번 모형을 선택하게 될 경우에는 분산팽창요인(VIF)이 더 높게 나타난 '근육량'을 제거하여 다중공선성 문제를 해결한 뒤에 사용해야 한다. '근육량'이 주요한 변수라서 제거하지 못하는 상황이라면 차선책으로 '체중'을 제거하여 다중공선성의 문제를 해결한다. 다중공선성이 존재하는 경우에는 다중회귀분석을 실시할 수가 없다.

계수^a

모형		비표준화 계수		표준화 계수	t	유의확률	공선성 통계량	
		B	표준오차	베타			공차	VIF
1	(상수)	49.782	2.757		18.055	.000		
	체지방률	-.668	.104	-.633	-6.434	.000	1.000	1.000
2	(상수)	38.685	5.123		7.551	.000		
	체지방률	-.575	.106	-.545	-5.417	.000	.880	1.136
	근육량	.198	.078	.254	2.529	.014	.880	1.136
3	(상수)	31.260	5.086		6.146	.000		
	체지방률	-.122	.157	-.116	-.779	.439	.335	2.983
	근육량	1.106	.257	1.419	4.301	.000	.068	14.747
	체중	-.683	.186	-1.138	-3.675	.001	.077	12.985
4	(상수)	28.307	3.378		8.381	.000		
	근육량	1.269	.148	1.629	8.550	.000	.202	4.946
	체중	-.796	.114	-1.328	-6.969	.000	.202	4.946

a. 종속변수: VO2max

라. 잔차의 독립성 검사: 잔차의 자기상관성 검사

'단계 선택'법에 의한 다중회귀분석에서는 각 단계마다 투입된 독립변수가 달라질 수 있으므로 잔차의 자기상관성도 함께 달라진다. SPSS로 다중회귀분석을 하는 경우, 독립변수 투입방법을 '입력' 이외의 방법으로 선택하면 'Durbin-Watson' 지수는 맨 마지막 모형에 대해 값을 제시한다.

■ 잔차의 독립성 검사를 위한 다중회귀분석 순서

① 메뉴에서 [분석]→[회귀분석]→[선형]을 선택한다.

■ 다중회귀분석의 대상변수 및 분석방법 지정

① '선형 회귀분석(선형 회귀)' 대화상자가 열리면 'VO₂max' 변수를 '종속변수' 칸으로 옮긴다.

② '만 연령', '신장', '체중', '체지방률', '근육량' 변수 모두를 '독립변수' 칸으로 옮긴다.

③ '방법'을 '단계 선택'으로 선택한다.

④ '통계량' 단추를 누른다.

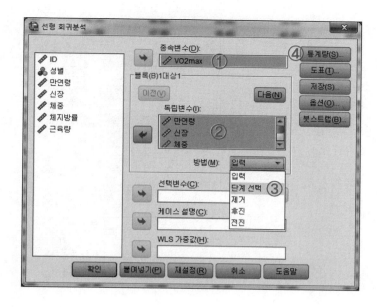

■ 다중회귀분석의 Durbin-Watson 검사 지정

① '선형 회귀분석(선형 회귀): 통계량' 대화상자가 열리면 'Durbin-Watson'을 선택한다.

② '계속' 단추를 누른다.

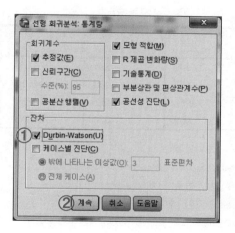

■ 다중회귀분석의 실행

① '선형 회귀분석(선형 회귀)' 대화상자로 돌아오면 '확인' 단추를 눌러 분석을 실행한다.

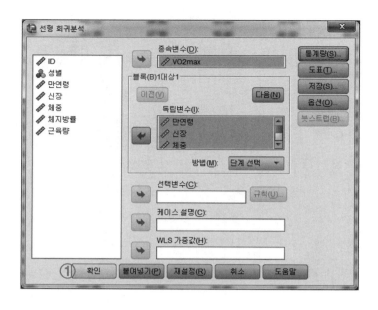

■ 잔차의 독립성 분석결과

분석결과 중 '모형 요약'을 보면 Durbin-Watson 지수는 2.115로 2에 근접하므로 잔차의 자기
상관성이 없어 독립성이 만족됨을 알 수 있다.

모형 요약 [e]

모형	R	R 제곱	수정된 R 제곱	추정값의 표준오차	Durbin- Watson
1	.633[a]	.400	.391	5.63536	
2	.676[b]	.457	.439	5.40507	
3	.746[c]	.557	.535	4.92396	
4	.743[d]	.552	.538	4.90803	2.115

a. 예측값: (상수), 체지방률
b. 예측값: (상수), 체지방률, 근육량
c. 예측값: (상수), 체지방률, 근육량, 체중
d. 예측값: (상수), 근육량, 체중
e. 종속변수: VO2max

마. 극단값의 검토 및 처리

회귀분석에서 극단값은 '표준화 잔차 절댓값이 3 이상'인 경우이다. 따라서 회귀분석을 통해
'표준화 잔차'를 산출해야 한다. 한편 SPSS로 다중회귀분석을 통해 '표준화 잔차(또는 비표준

화 잔차)'를 산출하는 경우 독립변수 투입방법을 '입력' 이외의 방법으로 선택하면 맨 마지막 모형에 대해서만 '표준화 잔차(또는 비표준화 잔차)'를 계산해준다. 따라서 극단값의 검토는 맨 마지막 모형에 대한 극단값의 검토이다.

■ 극단값 확인을 위한 다중회귀분석 순서

① 메뉴에서 [분석]→[회귀분석]→[선형]을 선택한다.

■ 다중회귀분석의 대상변수 및 분석방법 지정

① '선형 회귀분석(선형 회귀)' 대화상자가 열리면 'VO₂max' 변수를 '종속변수' 칸으로 옮긴다.

② '만 연령', '신장', '체중', '체지방률', '근육량' 변수 모두를 '독립변수' 칸으로 옮긴다.

③ '방법'을 '단계 선택'으로 선택한다.

④ '저장' 단추를 누른다.

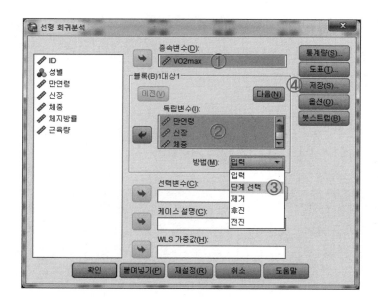

■ 다중회귀분석의 표준화 잔차 저장 지정

① '선형 회귀분석(선형 회귀): 저장' 대화상자가 열리면 '잔차' 영역의 '표준화'를 선택한다.

② '계속' 단추를 누른다.

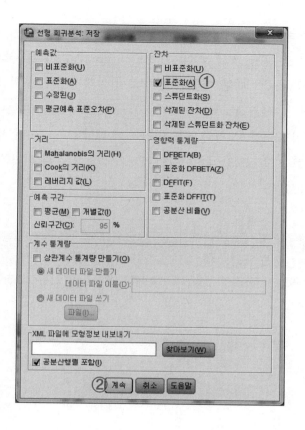

■ 다중회귀분석의 실행

① '선형 회귀분석(선형 회귀)' 대화상자로 돌아오면 '확인' 단추를 눌러 분석을 실행한다.

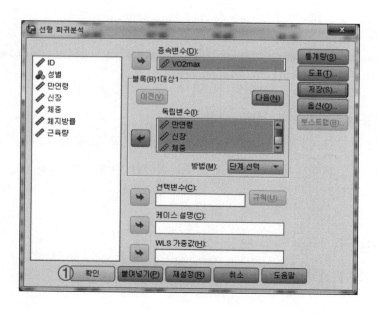

■ 다중회귀분석의 극단값 여부 확인

데이터 시트의 맨 마지막 칸을 보면 'ZRE_1' 변수가 새로 생성된 것을 확인할 수 있다. 이 변수는 종속변수 'VO₂max'에 대한 '표준화 잔차'로서 실제 'VO₂max'와 회귀모형으로 예측된 'VO₂max' 간 잔차(실제 VO₂max−예측 VO₂max)의 표준화 값을 의미한다. 이 '표준화 잔차(ZRE_1)'는 맨 마지막 모형인 4모형의 '표준화 잔차'에 해당된다. 데이터 시트의 '표준화 잔차(ZRE_1)'를 자세히 보면 그 절댓값이 3 이상인 경우가 없으므로 본 회귀분석에서 4모형은 극단값이 없음을 알 수 있다.

	ID	성별	만연령	신장	체중	체지방률	근육량	VO2max	ZRE_1
1	1.00	2.00	36.00	164.80	56.30	27.90	37.30	25.00	-1.18710
2	2.00	1.00	32.00	167.50	64.20	21.00	47.00	35.00	-.37680
3	3.00	2.00	30.00	162.50	64.80	33.50	39.40	24.00	-.55495
4	4.00	1.00	43.00	161.20	57.90	16.40	45.00	48.60	1.88934
5	5.00	1.00	50.00	161.80	56.40	13.40	45.30	38.00	-.59135
6	6.00	2.00	55.00	161.20	72.10	35.60	42.30	23.80	-.16140
7	7.00	1.00	67.00	168.80	57.30	15.40	45.10	48.00	1.64388
8	8.00	2.00	53.00	166.50	74.50	29.80	48.10	27.33	-.55295
9	9.00	2.00	46.00	162.80	55.80	24.90	38.70	34.50	.30527
10	10.00	2.00	47.00	154.90	57.30	30.70	36.50	25.45	-.72625
11	11.00	2.00	43.00	162.70	51.40	19.50	38.40	36.67	.11045
12	12.00	2.00	47.00	162.70	63.00	31.30	39.70	20.75	-1.58676
13	13.00	2.00	46.00	152.70	55.50	30.10	35.60	25.17	-.84323
14	14.00	1.00	42.00	174.10	77.00	20.50	56.80	35.17	-.80089
15	15.00	2.00	45.00	161.70	65.90	.30	41.40	29.17	.15892
16	16.00	2.00	47.00	153.60	65.60	34.60	39.20	27.00	.23782
17	17.00	2.00	46.00	156.80	51.60	25.90	32.40	34.50	1.25334
18	18.00	2.00	45.00	159.90	53.80	26.20	36.60	25.17	-1.37769
19	19.00	2.00	49.00	154.40	62.20	31.00	39.40	20.83	-1.62198
20	20.00	2.00	42.00	165.90	67.00	29.00	43.80	25.33	-1.06440
21	21.00	2.00	38.00	161.40	50.40	23.00	35.90	33.17	-.11829
22	22.00	2.00	51.00	165.90	65.80	29.30	42.80	29.33	-.18545
23	23.00	2.00	56.00	147.30	51.60	32.20	32.60	30.40	.36624
24	24.00	1.00	50.00	168.80	64.70	21.50	47.10	37.00	.08595
25	25.00	2.00	37.00	154.60	51.30	26.30	34.80	36.67	1.02536
26	26.00	2.00	39.00	163.70	61.00	26.20	41.50	26.62	-1.18081
27	27.00	2.00	47.00	159.70	51.60	23.10	36.70	27.87	-1.20970
28	28.00	2.00	60.00	158.70	55.90	26.30	38.00	38.20	1.25642
29	29.00	2.00	33.00	155.60	49.70	24.30	34.80	30.33	-.52531

바. 최종 회귀분석(독립변수 투입방법: 단계 선택)

선형성, 다중공선성, 독립성, 극단값을 모두 검토하였으므로 최종 회귀분석을 실시한다. 이 과정에서는 나머지 가정인 등분산성과 정규성을 확인할 수 있는 '잔차분석'을 함께 지정한다.

■ 다중회귀분석 순서

① 메뉴에서 [분석]→[회귀분석]→[선형]을 선택한다.

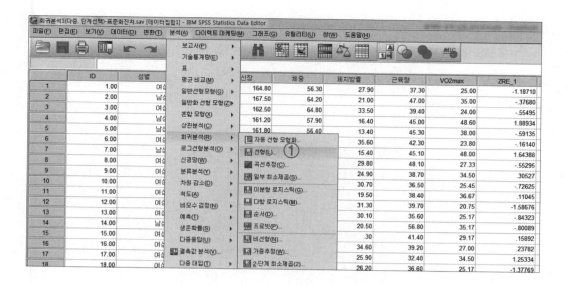

■ 다중회귀분석의 대상변수 및 분석방법 지정

① '선형 회귀분석(선형 회귀)' 대화상자가 열리면 'VO₂max' 변수를 '종속변수' 칸으로 옮긴다.

② '만 연령', '신장', '체중', '체지방률', '근육량' 변수 모두를 '독립변수' 칸으로 옮긴다.

③ '방법'을 '단계 선택'으로 선택한다.

④ '통계량' 단추를 누른다.

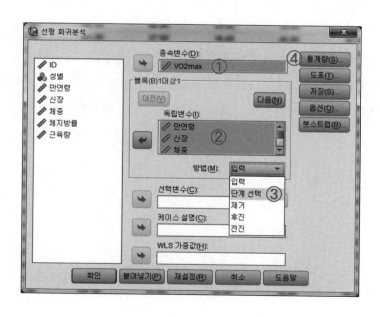

■ 다중회귀분석의 공선성 진단 및 Durbin-Watson 검사 지정

① '선형 회귀분석(선형 회귀): 통계량' 대화상자가 열리면 '공선성 진단'을 선택한다.

② 잔차 영역에서 'Durbin-Watson'을 선택한다.

③ '계속' 단추를 누른다.

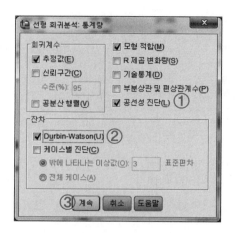

■ 다중회귀분석의 도표 선택

① '선형 회귀분석(선형 회귀)' 대화상자로 돌아오면 '도표' 단추를 누른다.

만약 앞의 극단값 확인단계에서 극단값이 있는 것으로 나왔으면 그 극단값을 제거한 후 이번 단계에서 '저장' 단추를 눌러 '표준화 잔차'를 다시 확인하면 된다. 지금은 극단값이 없는 것으로 나왔으므로 '저장' 메뉴에서 '표준화 잔차'를 구하는 과정을 생략한다.

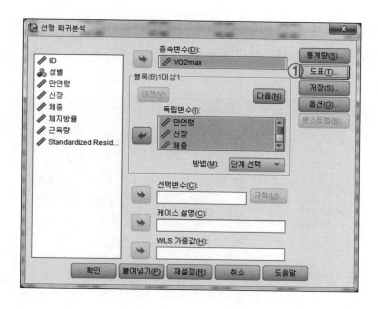

■ 다중회귀분석의 표준화 잔차 등분산 그래프 및 정규확률도표 설정

① '선형 회귀분석(선형 회귀): 도표' 대화상자가 열리면 '표준화 예측값(ZPRED)'을 'X'축으로
옮긴다.

② '표준화 잔차(ZRESID)'를 'Y'축으로 옮긴다.

③ '표준화 잔차도표' 영역에서 '정규확률도표'를 선택한다.

④ '계속' 단추를 누른다(이 부분은 차후에 진행하는 회귀모형의 적합성을 검정하기 위한 '잔차분석'에
해당된다).

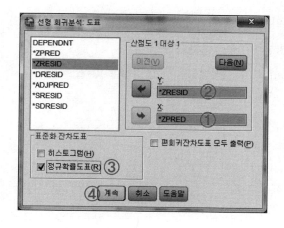

■ 다중회귀분석의 실행

① '선형 회귀분석(선형 회귀)' 대화상자로 돌아오면 '확인' 단추를 눌러 분석을 실행한다.

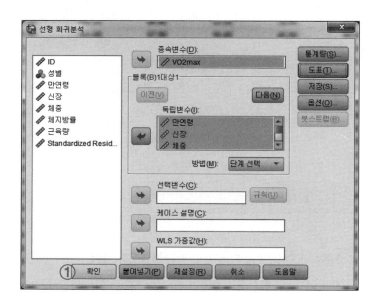

■ 다중회귀분석(단계 선택)의 최종 분석결과

회귀분석의 결과 중 '진입/제거된 변수' 부분이다. 독립변수 투입방법은 '단계 선택'으로 설정
하였음을 보여준다.

- 1단계에서는 '체지방률'이 진입되었다.
- 2단계에서는 '근육량'이 진입되었다.
- 3단계에서는 '체중'이 진입되었다.
- 4단계에서는 '체지방률'이 제거되었다.
- 종속변수로는 'VO₂max'가 지정되었음을 설명하고 있다.

진입/제거된 변수 [a]

모형	진입된 변수	제거된 변수	방법
1	체지방률		단계선택 (기준: 입력할 F의 확률 <= .050, 제거할 F의 확률 >= .100).
2	근육량		단계선택 (기준: 입력할 F의 확률 <= .050, 제거할 F의 확률 >= .100).
3	체중		단계선택 (기준: 입력할 F의 확률 <= .050, 제거할 F의 확률 >= .100).
4		체지방률	단계선택 (기준: 입력할 F의 확률 <= .050, 제거할 F의 확률 >= .100).

a. 종속변수: VO2max

■ 단계선택 방법에 의한 다중회귀분석 결과의 해석순서는 다음과 같다.

① '분산분석'을 이용한 회귀모형의 유의미성 해석

② '회귀계수'를 이용한 개별 독립변수의 유의미성 해석

③ '회귀계수'를 이용한 개별 독립변수의 영향력 해석

④ 회귀모형의 최종 선택

⑤ '결정계수'와 '추정의 표준오차'를 이용한 회귀모형의 성능 해석

⑥ 회귀모형의 적합성을 판단하는 '잔차분석' 결과를 해석(잔차분석은 별도의 항목으로 설명한다.)

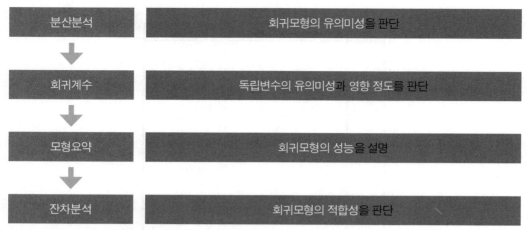

분산분석	회귀모형의 유의미성을 판단
회귀계수	독립변수의 유의미성과 영향 정도를 판단
모형요약	회귀모형의 성능을 설명
잔차분석	회귀모형의 적합성을 판단

[그림 10-30] 다중회귀분석 결과의 해석순서

① 회귀모형의 유의미성 검정

회귀분석의 해석순서 중 첫 번째는 회귀모형의 유의미성 해석이다. 여기서는 '분산분석'을 이용하여 회귀모형의 유의미성을 판단하며, '독립변수들이 종속변수를 설명(예측)할 수 있는가'에 대한 다음의 가설을 각각의 모형에 대해 검정한다.

- H_0: 회귀모형 1(또는 2, 또는 3, …)의 모집단에서 모든 독립변수의 회귀계수는 0이다($\beta_1 = \beta_2 = \cdots = \beta_p = 0$).
- H_1: 회귀모형 1(또는 2, 또는 3, …)의 모집단에서 독립변수의 회귀계수가 0이 아닌 것이 하나 이상 있다.

위의 가설은 다음과 같이 다양하게 표현할 수 있다.

- H_0: 회귀모형 1(또는 2, 또는 3, …)의 모집단에서 모든 독립변수는 종속변수에 영향을 주지 않는다.
- H_1: 회귀모형 1(또는 2, 또는 3, …)의 모집단에서 하나 이상의 독립변수는 종속변수에 영향을 준다.

- H_0: 회귀모형 1(또는 2, 또는 3, …)은 모집단에서 의미 있는 모형이 아니다.
- H_1: 회귀모형 1(또는 2, 또는 3, …)은 모집단에서 의미 있는 모형이다.

- H_0: 회귀모형 1(또는 2, 또는 3, …)은 적합한 회귀모형이 아니다.
- H_1: 회귀모형 1(또는 2, 또는 3, …)은 적합한 회귀모형이다.

각 모형에 대해 위의 가설을 분산분석으로 검정한 결과 1, 2, 3, 4모형 모두 유의확률이 .000(p<.05)으로 영가설을 기각하여 독립변수 중 적어도 하나 이상은 종속변수에 유의한 영향을 주는 의미 있는 회귀모형들임을 알 수 있다.

분산분석 [a]

모형		제곱합	자유도	평균 제곱	F	유의확률
1	회귀 모형	1314.651	1	1314.651	41.397	.000[b]
	잔차	1968.955	62	31.757		
	합계	3283.606	63			
2	회귀 모형	1501.503	2	750.752	25.698	.000[c]
	잔차	1782.103	61	29.215		
	합계	3283.606	63			
3	회귀 모형	1828.884	3	609.628	25.144	.000[d]
	잔차	1454.722	60	24.245		
	합계	3283.606	63			
4	회귀 모형	1814.190	2	907.095	37.656	.000[e]
	잔차	1469.416	61	24.089		
	합계	3283.606	63			

a. 종속변수: VO2max
b. 예측값: (상수), 체지방률
c. 예측값: (상수), 체지방률, 근육량
d. 예측값: (상수), 체지방률, 근육량, 체중
e. 예측값: (상수), 근육량, 체중

② 독립변수(회귀계수)의 유의미성 검정

회귀분석의 해석순서 중 두 번째는 독립변수들의 유의미성 해석이다. 여기서는 각 모형별로 개별 독립변수들의 유의미성을 판단하는데 '각각의 독립변수가 종속변수를 설명(예측)할 수 있는가'에 대한 다음의 가설을 모형별로 검정한다.

- H_0: 회귀모형 1(또는 2, 또는 3, …)의 모집단에서 독립변수 1(또는 2, 또는 3, …)의 회귀계수 는 0이다($\beta_1 = 0$).

- H_1: 회귀모형 1(또는 2, 또는 3, …)의 모집단에서 독립변수 1(또는 2, 또는 3, …)의 회귀계수는 0이 아니다($\beta_1 \neq 0$).

위의 가설은 다음과 같이 다양하게 표현할 수 있다.

- H_0: 회귀모형 1(또는 2, 또는 3, …)의 모집단에서 독립변수 1(또는 2, 또는 3, …)은 의미 있는 변수가 아니다.
- H_1: 회귀모형 1(또는 2, 또는 3, …)의 모집단에서 독립변수 1(또는 2, 또는 3, …)은 의미 있는 변수이다.

- H_0: 회귀모형 1(또는 2, 또는 3, …)의 모집단에서 독립변수 1(또는 2, 또는 3, …)은 종속변수에 영향을 주지 않는다.
- H_1: 회귀모형 1(또는 2, 또는 3, …)의 모집단에서 독립변수 1(또는 2, 또는 3, …)은 종속변수에 영향을 준다.

위와 같은 가설을 1, 2, 3, 4모형별로 투입된 모든 독립변수에 대해 검정한다.
- 1모형에서 독립변수인 '체지방률'에 대한 위의 가설을 t-검정한 결과 유의확률이 .000($p<.05$)으로 영가설(H_0)을 기각하여 '체지방률'은 'VO$_2$max'에 유의한 영향을 주는 변수임을 알 수 있다.
- 2모형에서 독립변수인 '체지방률'과 '근육량'에 대한 위의 가설을 t-검정한 결과 유의확률이 각각 .000($p<.05$)과 .014로서 영가설(H_0)을 기각하여 '체지방률'과 '근육량'은 'VO$_2$max'에 유의한 영향을 주는 변수임을 알 수 있다.
- 3모형에서 독립변수인 '체지방률', '근육량', '체중'에 대한 위의 가설을 t-검정한 결과 유의확률이 각각 .439, .000($p<.05$), .001로서 '체지방률'은 영가설(H_0)을 기각하지 못하여 'VO$_2$max'에 유의한 영향을 주지 못하는 변수로 나타났으며, '근육량'과 '체중'은 영가설(H_0)을 기각하여 'VO$_2$max'에 유의한 영향을 주는 변수임을 알 수 있다.
- 4모형에서 독립변수인 '근육량'과 '체중'에 대한 위의 가설을 t-검정한 결과 유의확률이 모두 .000($p<.05$)으로 영가설(H_0)을 기각하여 '근육량'과 '체중'은 각각 'VO$_2$max'에 유의한 영향을 주는 변수임을 알 수 있다.

계수^a

모형		비표준화 계수		표준화 계수	t	유의확률	공선성 통계량	
		B	표준오차	베타			공차	VIF
1	(상수)	49.782	2.757		18.055	.000		
	체지방률	-.668	.104	-.633	-6.434	.000	1.000	1.000
2	(상수)	38.685	5.123		7.551	.000		
	체지방률	-.575	.106	-.545	-5.417	.000	.880	1.136
	근육량	.198	.078	.254	2.529	.014	.880	1.136
3	(상수)	31.260	5.086		6.146	.000		
	체지방률	-.122	.157	-.116	-.779	.439	.335	2.983
	근육량	1.106	.257	1.419	4.301	.000	.068	14.747
	체중	-.683	.186	-1.138	-3.675	.001	.077	12.985
4	(상수)	28.307	3.378		8.381	.000		
	근육량	1.269	.148	1.629	8.550	.000	.202	4.946
	체중	-.796	.114	-1.328	-6.969	.000	.202	4.946

a. 종속변수: VO2max

③ 독립변수의 영향력 확인

회귀분석의 해석순서 중 세 번째는 각 독립변수의 영향력 해석이다. 각 모형에서 개별 독립변수가 종속변수에 의미 있게 영향을 주고 있다는 것이 밝혀지면 과연 어느 정도 영향을 주는가에 대한 해석이 필요하다. 이러한 정보는 분석결과 중 '비표준화 계수(B)'를 보면 알 수 있다. '비표준화 계수(B)'는 바로 앞서 설명했던 '회귀계수'이며, 회귀계수는 회귀방정식에서 독립변수의 '기울기'를 의미한다.

4모형의 경우(1, 2, 3모형 설명 생략) 독립변수 '근육량'의 회귀계수가 1.269라는 것은 다른 조건이 동일하다면 '근육량'이 1 kg 변화할 때 'VO₂max'는 1.269 mL/kg/min 변화한다는 의미다. 이것은 'VO₂max'에 대한 '근육량'의 영향 정도가 1.269라는 의미다.

독립변수 '체중'의 회귀계수가 −0.796이라는 것은 다른 조건이 동일하다면 '체중'이 1 kg 변화할 때 'VO₂max'는 −0.796 mL/kg/min 변화한다는 의미다. 이것은 'VO₂max'에 대한 '체지방률'의 영향 정도가 −0.796이라는 의미다.

한편 '상수'의 회귀계수는 'y 절편'을 의미한다. 이러한 정보를 이용하여 4모형의 회귀방정식을 구성하면 다음과 같다.

$$y = 1.269x_1 - 0.796x_2 + 28.307$$

위의 식을 풀어서 설명하면 다음과 같다.

$$\text{VO}_2\text{max} = 1.269 \times \text{근육량} - 0.796 \times \text{체중} + 28.307$$

계수[a]

모형		비표준화 계수		표준화 계수	t	유의확률	공선성 통계량	
		B	표준오차	베타			공차	VIF
1	(상수)	49.782	2.757		18.055	.000		
	체지방률	-.668	.104	-.633	-6.434	.000	1.000	1.000
2	(상수)	38.685	5.123		7.551	.000		
	체지방률	-.575	.106	-.545	-5.417	.000	.880	1.136
	근육량	.198	.078	.254	2.529	.014	.880	1.136
3	(상수)	31.260	5.086		6.146	.000		
	체지방률	-.122	.157	-.116	-.779	.439	.335	2.983
	근육량	1.106	.257	1.419	4.301	.000	.068	14.747
	체중	-.683	.186	-1.138	-3.675	.001	.077	12.985
4	(상수)	28.307	3.378		8.381	.000		
	근육량	1.269	.148	1.629	8.550	.000	.202	4.946
	체중	-.796	.114	-1.328	-6.969	.000	.202	4.946

a. 종속변수: VO2max

회귀모형에서 독립변수들의 상대적 중요도에 대한 확인은 '표준화 계수(베타)'를 이용하여 판단한다. 베타의 절댓값이 높을수록 종속변수에 대한 상대적 중요도가 높은 변수이다.

계수[a]

모형		비표준화 계수		표준화 계수	t	유의확률	공선성 통계량	
		B	표준오차	베타			공차	VIF
1	(상수)	49.782	2.757		18.055	.000		
	체지방률	-.668	.104	-.633	-6.434	.000	1.000	1.000
2	(상수)	38.685	5.123		7.551	.000		
	체지방률	-.575	.106	-.545	-5.417	.000	.880	1.136
	근육량	.198	.078	.254	2.529	.014	.880	1.136
3	(상수)	31.260	5.086		6.146	.000		
	체지방률	-.122	.157	-.116	-.779	.439	.335	2.983
	근육량	1.106	.257	1.419	4.301	.000	.068	14.747
	체중	-.683	.186	-1.138	-3.675	.001	.077	12.985
4	(상수)	28.307	3.378		8.381	.000		
	근육량	1.269	.148	1.629	8.550	.000	.202	4.946
	체중	-.796	.114	-1.328	-6.969	.000	.202	4.946

a. 종속변수: VO2max

한편 4개의 최종 회귀모형에서 독립변수 간 다중공선성이 있는가를 재차 확인하였다.

- 1, 2, 4모형에서는 독립변수의 분산팽창요인(VIF)이 모두 10 미만으로 나타나 다중공선성이 없음을 알 수 있다.
- 3모형에서는 '근육량'과 '체중' 간 다중공선성이 존재함을 알 수 있다.
- 마지막 모형인 4모형에서는 '체지방률'이 제거됨에 따라 남은 독립변수 간 다중공선성 문제가 해결되었다.

일반적으로 '단계 선택'에 의한 다중회귀분석을 실시하는 경우 특별한 문제가 없다면 최종 회귀모형을 선택하게 되는데 위의 4모형에서도 다중공선성이 해결되어 모형 선택에 문제가 없음을 알 수 있다.

계수[a]

모형		비표준화 계수		표준화 계수	t	유의확률	공선성 통계량	
		B	표준오차	베타			공차	VIF
1	(상수)	49.782	2.757		18.055	.000		
	체지방률	-.668	.104	-.633	-6.434	.000	1.000	1.000
2	(상수)	38.685	5.123		7.551	.000		
	체지방률	-.575	.106	-.545	-5.417	.000	.880	1.136
	근육량	.198	.078	.254	2.529	.014	.880	1.136
3	(상수)	31.260	5.086		6.146	.000		
	체지방률	-.122	.157	-.116	-.779	.439	.335	2.983
	근육량	1.106	.257	1.419	4.301	.000	.068	14.747
	체중	-.683	.186	-1.138	-3.675	.001	.077	12.985
4	(상수)	28.307	3.378		8.381	.000		
	근육량	1.269	.148	1.629	8.550	.000	.202	4.946
	체중	-.796	.114	-1.328	-6.969	.000	.202	4.946

a. 종속변수: VO2max

④ 회귀모형의 선택

회귀분석의 해석순서 중 네 번째는 회귀모형의 선택이다. 4개의 회귀모형 중 수정된 결정계수(adj R^2)가 가장 높은 모형은 4모형(0.538, 53.8%)과 3모형(0.535, 53.5%)이다. 따라서 회귀모형의 최종 선택을 위해 4모형과 3모형을 고려한다.

3모형은 다중공선성의 문제가 해결되지 않았고, 4모형은 3모형보다 독립변수의 개수가 하나 적은 데도 불구하고 설명력이 가장 높게 나타났다. 따라서 종합적으로 4모형을 최종 회귀모형으로 선택하는 것이 바람직하다.

최종 회귀모형을 선택하는 기준에는 회귀분석의 기본가정 만족 여부, 회귀모형의 성능, 그리고 자료수집의 간편성 등이 포함된다.

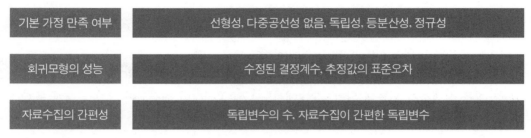

기본 가정 만족 여부	선형성, 다중공선성 없음, 독립성, 등분산성, 정규성
회귀모형의 성능	수정된 결정계수, 추정값의 표준오차
자료수집의 간편성	독립변수의 수, 자료수집이 간편한 독립변수

[그림 10-31] 다중회귀분석에서 회귀모형의 선택 기준

⑤ 회귀모형의 성능확인

회귀분석의 해석순서 중 다섯 번째는 성능 해석이다. 최종 회귀모형으로 4모형이 선택되었으므로 이를 중심으로 회귀모형의 성능을 확인한다. 수정된 R 제곱(adj R^2)은 0.538로 4모형의 설명력(예측력)은 53.8%인 것으로 나타났다. 추정값의 표준오차는 4.91로 본 회귀모형의 실제적 오차는 평균적으로 4.91 mL/kg/min인 것을 알 수 있다(종속변수인 VO_2max의 단위 사용).

모형 요약 [e]

모형	R	R 제곱	수정된 R 제곱	추정값의 표준오차	Durbin-Watson
1	.633[a]	.400	.391	5.63536	
2	.676[b]	.457	.439	5.40507	
3	.746[c]	.557	.535	4.92396	
4	.743[d]	.552	.538	4.90803	2.115

a. 예측값: (상수), 체지방률
b. 예측값: (상수), 체지방률, 근육량
c. 예측값: (상수), 체지방률, 근육량, 체중
d. 예측값: (상수), 근육량, 체중
e. 종속변수: VO2max

한편 'Durbin-Watson 지수'는 오차(잔차)의 독립성을 확인할 수 있는 지표로서 독립변수의 투입방법이 '입력' 이외인 경우에는 마지막 모형에 대해서만 제시된다. 4모형의 'Durbin-Watson' 지수는 2.115로 2에 가까우므로 종속변수인 'VO$_2$max'의 잔차는 자기상관이 없고 독립적임을 보여주고 있다.

모형 요약 [e]

모형	R	R 제곱	수정된 R 제곱	추정값의 표준오차	Durbin-Watson
1	.633[a]	.400	.391	5.63536	
2	.676[b]	.457	.439	5.40507	
3	.746[c]	.557	.535	4.92396	
4	.743[d]	.552	.538	4.90803	2.115

a. 예측값: (상수), 체지방률
b. 예측값: (상수), 체지방률, 근육량
c. 예측값: (상수), 체지방률, 근육량, 체중
d. 예측값: (상수), 근육량, 체중
e. 종속변수: VO2max

사. 잔차분석: 최종적인 회귀모형의 적합성 검정

회귀분석을 통해 회귀모형이 만들어졌다면 최종적으로 선택된 회귀모형(여기서는 4모형)이 적합한가에 대해 검정을 한다. 회귀모형의 적합성은 기본가정인 선형성, 다중공선성 없음, 오차(잔차)의 독립성, 오차(잔차)의 등분산성, 오차(잔차)의 정규성이 모두 만족되는가를 살펴보는 것이다.

- 선형성은 회귀분석 초기에 '산점도'를 통해 확인하였다.
- 다중공선성은 회귀분석 과정에서 '분산팽창요인(*VIF*)'으로 확인하였다.
- 오차(잔차)의 독립성은 회귀분석 과정에서 '잔차의 **Durbin-Watson** 지수'로 확인하였다.
- 오차(잔차)의 등분산성과 오차(잔차)의 정규성은 최종 회귀분석 과정에서 진행한 '잔차분석'을 통해 확인할 수 있다.

오차(잔차)의 등분산성을 확인하기 위해 최종 회귀분석에서 '표준화 예측값(ZPRED) vs. 표준화 잔차(ZRESID)'의 분포를 이용하여 '표준화 등분산 그래프'를 지정했었다. '표준화 등분산 그래프'를 보면 평균 0을 중심으로 표준화 잔차의 ±3 범위 이내(여기서는 ±2 이내로 표시되었음)에 산점도가 특정한 방향성이나 규칙 없이 분포되어 있는 것을 볼 수 있다. 따라서 최종 회귀모형은 오차(잔차)의 등분산성이 성립된다.

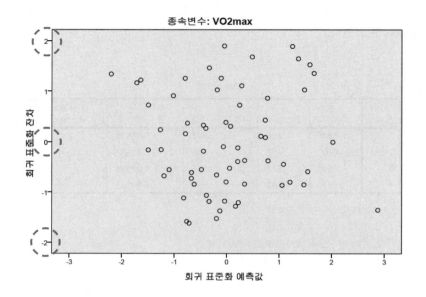

오차(잔차)의 정규성을 확인하기 위해 최종 회귀분석에서 '정규확률도표'를 선택했다. 'P-P plot'을 보면 산점도가 직선상에 가깝게 분포되어 있는 것을 볼 수 있다. 따라서 본 회귀모형 은 오차(잔차)의 정규성을 만족하는 것으로 볼 수 있다.

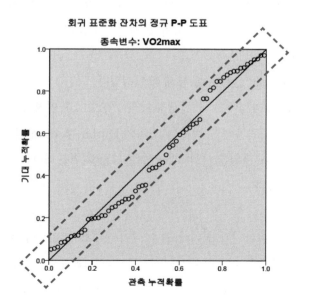

오차(잔차)의 정규성 검정은 표준화 잔차를 이용하여 그린 P-P plot 외에도 표준화 잔차에 대한 'Kolmogorov-Smirnov 검정'이나 'Shapiro-Wilk 검정'으로도 가능하다. P-P plot은 육안으로 도표의 직선성을 확인하는 데 비해 정규성 검정은 가설검정에 대한 통계량을 제시하므로 보다 객관적인 판단 근거를 제공한다.

표준화 잔차에 대한 정규성 검정은 다음의 순서에 따라 진행한다.

■ 표준화 잔차의 정규성 검정 순서

① 메뉴에서 [분석]→[기술통계량]→[데이터 탐색]을 선택한다.

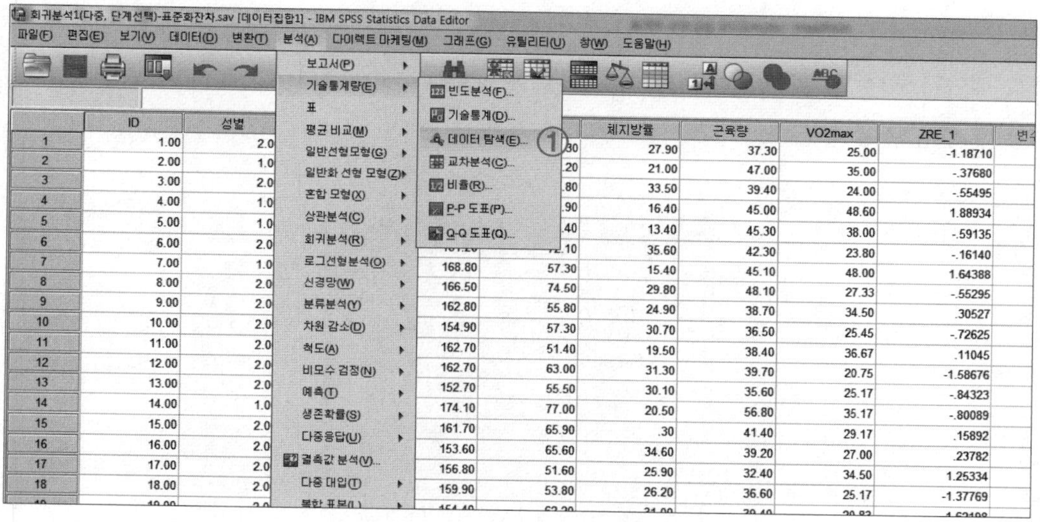

■ 정규성 검정의 대상변수 지정

① '데이터 탐색' 대화상자가 열리면 '표준화 잔차'(극단값 확인을 위해 표준화 잔차를 여러 번 계산한 경우에는 가장 마지막에 만들어진 표준화 잔차를 사용)를 '종속변수' 칸으로 옮긴다.
② '도표' 단추를 누른다.

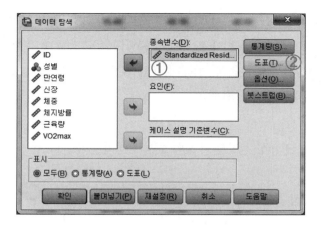

■ 정규성 검정의 선택

① '데이터 탐색: 도표' 대화상자가 열리면 '검정과 함께 정규성 도표'를 선택한다.
② '계속' 단추를 누른다.

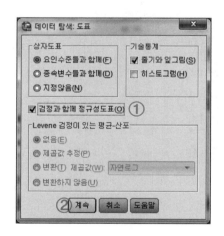

■ 정규성 검정의 실행

① '데이터 탐색' 대화상자로 돌아오면 '확인' 단추를 눌러 분석을 실행한다.

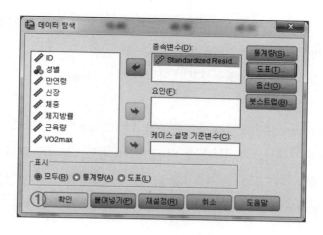

■ 정규성 검정의 분석결과

다음 표는 정규성 검정 결과 중 '케이스 처리 요약' 부분이다. 표본의 크기가 64명임을 알 수
있다.

케이스 처리 요약

	케이스					
	유효		결측		전체	
	N	퍼센트	N	퍼센트	N	퍼센트
Standardized Residual	64	100.0%	0	0.0%	64	100.0%

다음은 정규성 검정 결과 중 분포의 '기술통계' 부분이다. '표준화 잔차'의 왜도가 0.261, 첨
도가 −1.032로 각각 −2~+2의 범위 내에 있음을 보여주어 특별히 치우침이 없는 분포임을 알
수 있다.

기술통계

		통계량	표준오차
Standardized Residual	평균	.0000000	.12299987
	평균의 95% 신뢰구간 하한	-.2457956	
	상한	.2457956	
	5% 절삭평균	-.0135481	
	중위수	-.1366945	
	분산	.968	
	표준편차	.98399897	
	최소값	-1.62198	
	최대값	1.89657	
	범위	3.51854	
	사분위수 범위	1.69671	
	왜도	.261	.299
	첨도	-1.032	.590

다음은 정규성 검정 결과 중 '정규성 검정' 부분이다. 정규성 검정에서의 가설은 다음과 같다.

- H_0: 회귀모형의 오차(잔차)는 정규분포이다.
- H_1: 회귀모형의 오차(잔차)는 정규분포가 아니다.

Kolmogorov-Smirnov 검정에서는 유의확률이 .190으로 .05보다 크므로 영가설(H_0)을 받아들여 오차(잔차)의 정규분포가 성립됨을 알 수 있다. 한편 Shapiro-Wilk 검정에서는 유의확률이 .025로 .05보다 작으므로 영가설(H_0)을 기각하여 오차(잔차)의 정규분포가 성립되지 않음을 나타내 Kolmogorov-Smirnov 검정의 결과와 서로 상반된 결과를 보이고 있다.

정규성 검정

	Kolmogorov-Smirnov[a]			Shapiro-Wilk		
	통계량	자유도	유의확률	통계량	자유도	유의확률
Standardized Residual	.099	64	.190	.957	64	.025

a. Lilliefors 유의확률 수정

이러한 경우에는 앞서 살펴본 정규성 검정 결과들을 살펴볼 필요가 있다.
- 잔차분석 중 'P-P plot'에서는 산점도가 직선에 근접하게 분포되어 잔차의 정규성이 확보된 것으로 판단하였다.
- 표준화 잔차의 왜도와 첨도도 –2~+2의 범위 내에 있음을 보여주어 정규분포에서 특별히 치우침이 없는 것으로 판단되었다.
- 이러한 점들을 종합해볼 때 오차(잔차)의 정규성은 확보된 것으로 볼 수 있다.

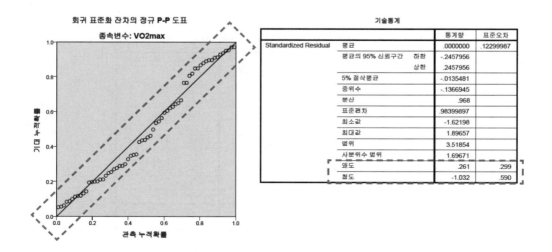

또 다른 방법으로는 '모수지정 Kolmogorov-Smirnov 검정[모수지정 K-S 검정]'을 통해 정규성을 확인하는 것이다. '모수지정 K-S 검정'은 표준화된 분포에 대해 적용할 수 있는 정규성 검정방법이다. 본 회귀분석에서는 '표준화 잔차'를 산출하였으므로 '모수지정 K-S 검정'을 적용할 수 있다. '모수지정 K-S 검정'은 'Shapiro-Wilk 검정'이나 'Kolmogorov-Smirnov 검정'보다 유의확률이 크게 나타나는 경향이 있어서 정규성 만족의 유의수준을 5% 이상 ($p>.05$)이 아닌 10% 이상($p>.10$)으로 설정한다.

'모수지정 K-S 검정'을 위해서는 다음의 순서에 따른다.

■ 모수지정 K-S 검정 순서

① 메뉴에서 [분석]→[비모수 검정]→[레거시 대화상자]→[일표본 K-S(1-표본 K-S)]를 선택한다.

■ 일표본 K-S 검정의 대상변수 지정 및 실행

① '일표본 Kolmogorov-Smirnov 검정' 대화상자가 열리면 '표준화 잔차'를 '검정변수' 칸으로 옮긴다.

② '확인' 단추를 누른다.

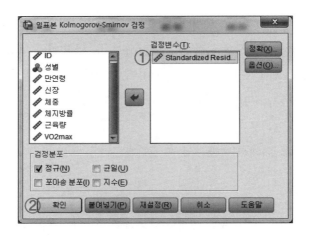

■ 일표본 K-S 검정의 분석결과

　분석결과 일표본 Kolmogorov-Smirnov 검정의 유의확률이 .551로 나타나 유의성 기준인 10%($p>.10$)를 넘었으므로 영가설(H_0: 표준화 잔차는 정규분포이다.)을 인정하여 정규분포가 만족됨을 알 수 있다. 따라서 정규성 검정에 대한 기존의 분석결과나 추가적인 모수지정 K-S 검정의 결과를 종합해볼 때 본 회귀모형은 기본가정을 모두 만족하는 것으로 확인되었다.

일표본 **Kolmogorov-Smirnov** 검정

		Standardized Residual
N		64
정규 모수[a,b]	평균	.0000000
	표준편차	.98399897
최대극단차	절대값	.099
	양수	.099
	음수	-.086
Kolmogorov-Smirnov의 Z		.796
근사 유의확률(양측)		.551

a. 검정 분포가 정규입니다.
b. 데이터로부터 계산.

11장

범주형 자료의
관계성 분석하기

'오즈(odds)'는 어떤 일(이벤트)이 일어날 '승산' 또는 '공산'으로서 '오즈비', '승산비', '교차비' 등으로 불리며 다음과 같이 설명할 수 있다.

- '이벤트가 발생하지 않을 확률'에 대한 '이벤트 발생확률'의 비율
- '범주에 소속되지 않을 확률'에 대한 '범주에 소속될 확률'의 비율

이것을 수식으로 표현하면 다음과 같다.

$$\text{odds} = \frac{p}{1-p} = \frac{\text{이벤트 발생 확률}}{\text{이벤트 미발생 확률}}$$

p = 이벤트 발생 확률

이 내용을 다음 예와 같은 2×2 범주형 변수의 교차분할표에 적용하여 생각해보자. 아래는 실측 HRmax와 예측 HRmax(220-연령)를 비교한 분할표이다. 체지방률이 30% 이상인 사람은 '비만'으로 분류하고, 체지방률이 30% 미만인 사람은 '정상'으로 분류하였다. 그리고 실측 HRmax가 예측 HRmax보다 낮은 사람은 '미만'으로 분류하고, 실측 HRmax가 예측 HRmax보다 높은 사람을 '이상'으로 분류하였다. 비만인 사람이 정상인 사람에 비해 실측 HRmax가 '미만'으로 분류될 비율이 높을 것이라는 가정의 교차분할표이다.

[표 11-1] 두 범주형 변수의 교차분할표

구분	실측 HRmax < 예측 HRmax (미만)		실측 HRmax ≥ 예측 HRmax (이상)		전체
비만	12(38.7%)	가정에 부합함	3(12%)	가정에 부합하지 않음	15(26.8%)
정상	19(61.3%)	가정에 부합하지 않음	22(88%)	가정에 부합함	41(73.2%)
전체	31(100%)		25(100%)		56(100%)

교차분할표에서 '비만 vs. 미만' 범주와 '정상 vs. 이상' 범주는 가정에 부합된다(이벤트 발생). 하지만 '비만 vs. 이상' 범주와 '정상 vs. 미만' 범주는 가정에 부합되지 않는다(이벤트 미발

생). 이것을 이용하여 오즈(odds)를 계산하면 다음과 같다.

$$odds = \frac{\text{이벤트 발생 확률}}{\text{이벤트 미발생 확률}} = \frac{12 \times 22}{19 \times 3} = 4.63$$

오즈(odds)의 계산결과는 다음과 같이 해석한다.

- 오즈의 값이 1인 경우는 두 변수 간 아무런 관계가 없다는 의미다.
- 오즈의 값이 1보다 크면 이벤트 발생비율이 높다는 의미다. 즉, 비만인 사람의 실측 HRmax가 '미만'으로 분류될 비율이 높다는 것이다.
- 오즈의 값이 1보다 작으면 이벤트 발생비율이 낮다는 것이다. 즉, 비만인 사람의 실측 HRmax가 '미만'으로 분류될 비율이 낮다는 것이다.

위의 계산결과 오즈가 4.63이므로 비만인 사람의 실측 HRmax가 '미만'으로 분류될 비율이 정상인 사람보다 4.63배 많다는 의미다. 한편 오즈의 값이 1이면 두 변수 간 아무런 관계가 없는 것이므로 계산된 오즈의 값이 통계적으로 의미를 가지려면 오즈의 95% 신뢰구간에 1이 포함되지 않아야 한다. 따라서 오즈의 계산결과와 95% 신뢰구간을 함께 제시한다. SPSS 프로그램에서는 오즈 및 오즈의 95% 신뢰구간을 쉽게 계산할 수 있다. 오즈의 계산은 2×2의 분할표에만 적용한다.

11-2 카이제곱(χ^2) 검정

1) 개념 및 적용목적

두 범주형 변수 간에 관계성이 있는가를 검정할 때 카이제곱 검정을 사용할 수 있다. 예를 들어 실측 최대심박수가 예측 최대심박수보다 낮은 현상이 비만 여부와 관계성이 있는가를 검정할 때 카이제곱 검정을 사용할 수 있다.

[표 11-2] 비만 여부와 실측 HRmax의 미만 여부에 대한 교차분할표

구분	실측 HRmax 〈 예측 HRmax (미만)	실측 HRmax ≥ 예측 HRmax (이상)	전체
비만	12(38.7%)	3(12%)	15(26.8%)
정상	19(61.3%)	22(88%)	41(73.2%)
전체	31(100%)	25(100%)	56(100%)

2) 기본조건

카이제곱 검정은 두 개의 독립된 범주형 변수 간 관계성 분석에 사용할 수 있으며, 기대빈도가 5 미만인 셀(cell)이 전체의 20% 미만이어야 한다. 기대빈도가 5 미만인 셀이 전체의 20% 이상이면 카이제곱 검정을 적용할 수 없다. 이때는 Fisher의 정확한 검정(Fisher's exact test)을 적용하는 것이 바람직하다. Fisher의 정확한 검정은 각 칸의 기대빈도가 5 이상이어야 한다는 전제조건이 필요 없다. 또한 Fisher의 정확한 검정은 분석과정 중 옵션으로 선택이 가능하므로 카이제곱 검정과 동시에 분석한 후 기대빈도 경향에 따라 선택하여 해석할 수 있다.

3) 분석방법 및 결과해석

실측 최대심박수가 예측 최대심박수보다 낮은 현상이 비만 여부와 관계성이 있는가를 검정하고자 한다. 유의수준 .05 이내로 검정하라(예제파일: 카이제곱 검정.sav).

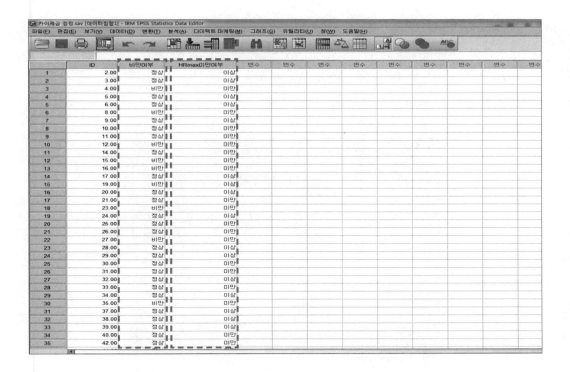

■ 카이제곱 검정 순서

① 메뉴에서 [분석]→[기술통계량]→[교차분석]을 선택한다.

■ 카이제곱 검정의 대상변수 지정

① '교차분석' 대화상자가 열리면 '비만여부' 변수를 '행' 칸으로 옮긴다.

② 'HRmax미만여부' 변수를 '열' 칸으로 옮긴다.

③ '통계량' 단추를 누른다.

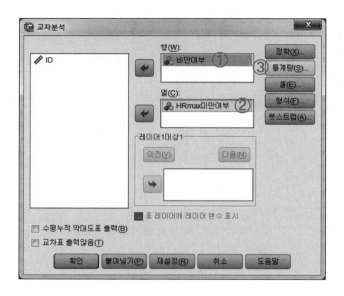

■ 카이제곱 검정 및 오즈비 지정

① '교차분석: 통계량' 대화상자가 열리면 '카이제곱' 항목을 선택한다.

② '위험도' 항목을 선택한다(오즈비의 계산결과를 확인할 수 있다).

③ '계속' 단추를 누른다.

■ 카이제곱 검정의 셀 선택

① '교차분석' 대화상자로 돌아오면 '셀' 단추를 누른다.

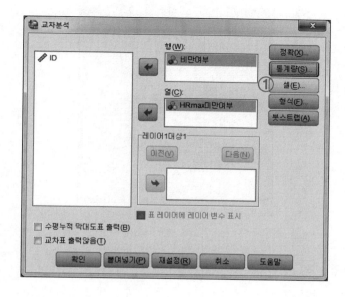

■ 카이제곱 검정의 셀 지정

① '교차분석: 셀 출력' 대화상자가 열리면 '빈도' 항목에서 '관측빈도'를 선택한다.

② '기대빈도'를 선택한다.

③ '퍼센트' 항목에서 '열'을 선택한다(필요에 따라 '행'을 선택할 수도 있다).

④ '전체'를 선택한다.

⑤ '계속' 단추를 누른다.

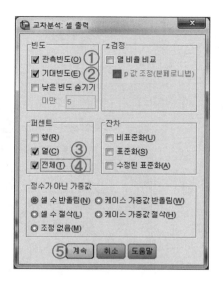

■ 카이제곱 검정의 실행

① '교차분석' 대화상자로 돌아오면 '확인' 단추를 눌러 분석을 실행한다.

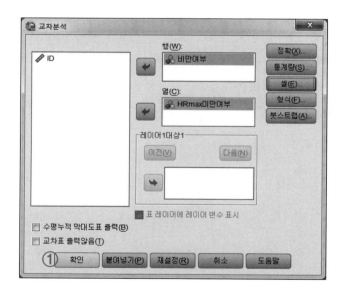

■ 카이제곱 검정의 분석결과

다음 표는 분석결과 중 '케이스 처리 요약' 부분이다. 전체 표본의 크기가 56명인 것을 알 수 있다.

케이스 처리 요약

	케이스					
	유효		결측		전체	
	N	퍼센트	N	퍼센트	N	퍼센트
비만여부 * HRmax미만여부	56	100.0%	0	0.0%	56	100.0%

다음은 분석결과 중 '교차표' 부분이다. 비만 여부와 HRmax 미만 여부의 교차된 빈도, 기대빈도, 퍼센트 등이 출력된 것을 볼 수 있다.

비만여부 * HRmax미만여부 교차표

			HRmax미만여부		전체
			미만	이상	
비만여부	비만	빈도	12	3	15
		기대빈도	8.3	6.7	15.0
		HRmax미만여부 중 %	38.7%	12.0%	26.8%
		전체 %	21.4%	5.4%	26.8%
	정상	빈도	19	22	41
		기대빈도	22.7	18.3	41.0
		HRmax미만여부 중 %	61.3%	88.0%	73.2%
		전체 %	33.9%	39.3%	73.2%
전체		빈도	31	25	56
		기대빈도	31.0	25.0	56.0
		HRmax미만여부 중 %	100.0%	100.0%	100.0%
		전체 %	55.4%	44.6%	100.0%

다음은 분석결과 중 '카이제곱 검정' 부분이다. 카이제곱 검정에서의 가설은 다음과 같다.

- H_0: 두 변수 간 관계성이 없다.
- H_1: 두 변수 간 관계성이 있다.

카이제곱 검정결과 유의확률이 .025로 .05보다 작으므로 영가설을 기각하여 두 변수 간 관계성이 있다고 결론 내린다. 즉, 실측 HRmax 미만 현상은 비만도에 따라 영향을 받는다. 한편 기대빈도가 5 미만인 셀이 하나도 없으므로 카이제곱 검정의 결과를 그대로 수용한다. 만약 기대빈도가 5 미만인 셀이 전체의 20%를 넘으면 Fisher의 정확한 검정 결과를 해석한다.

	값	자유도	점근 유의확률 (양측검정)	정확한 유의확률 (양측검정)	정확한 유의확률 (단측검정)
Pearson 카이제곱	5.034[a]	1	.025		
연속수정[b]	3.765	1	.052		
우도비	5.358	1	.021		
Fisher의 정확한 검정				.034	.024
선형 대 선형결합	4.945	1	.026		
유효 케이스 수	56				

a. 0 셀 (0.0%)은(는) 5보다 작은 기대 빈도를 가지는 셀입니다. 최소 기대빈도는 6.70입니다.

b. 2x2 표에 대해서만 계산됨

다음은 분석결과 중 '위험도 추정값' 부분이다. 앞서 오즈비에서 설명한 부분으로, 교차분석 과정에서 '통계량' 단추로 들어가 '위험도'를 선택하여 출력된 결과이다. '비만 여부에 대한 승산비(오즈비) 값이 4.632로 나타났다. 오즈비(=승산비=교차비)의 95% 신뢰구간이 1.135~18.899로 나타나 1을 포함하지 않으므로 계산된 오즈비 4.632는 통계적으로 의미 있는 값임을 알 수 있다. 따라서 비만인 사람이 정상인에 비해 실측 HRmax가 예측 HRmax보다 낮을 확률이 4.63배 높은 것으로 나타났다.

위험도 추정값

	값	95% 신뢰구간	
		하한	상한
비만여부 (비만 / 정상)에 대한 승산비	4.632	1.135	18.899
코호트 HRmax미만여부 = 미만	1.726	1.140	2.615
코호트 HRmax미만여부 = 이상	.373	.130	1.067
유효 케이스 수	56		

1) 적용목적

회귀분석에서 종속변수가 연속형 변수인 경우에는 선형 회귀분석을 사용하지만 종속변수가 '정상 vs. 비정상'과 같은 범주형 변수인 경우에는 로지스틱 회귀분석(logistic regression analysis)을 사용한다.

로지스틱 회귀분석은 독립변수를 이용하여 종속변수의 '범주'를 예측하는 목적으로 사용된다. 예를 들어 고지 환경 운동반응을 '감소', '증가'로 구분하는 경우, '연령', '신장', '체중', '해수면운동검사'를 가지고 고지환경 운동반응이 '증가' 또는 '감소'하는가를 예측할 때 로지스틱 회귀분석을 사용한다.

회귀모형 구분	선형 회귀분석	로지스틱 회귀분석
종족변수 형태	연속형	범주형
선형성 여부	선형성 있음	선형성 없음
예측 대상	'계산된 종속변수의 값'	'범주 구분'

[그림 11-1] 선형 회귀분석과 로지스틱 회귀분석의 비교

로지스틱 회귀분석은 범주의 수준이 두 개인 '이분형'과 범주의 수준이 세 개 이상인 '다분형'으로 구분된다. 여기에서는 이분형 로지스틱 회귀분석에 대해서만 다룬다.

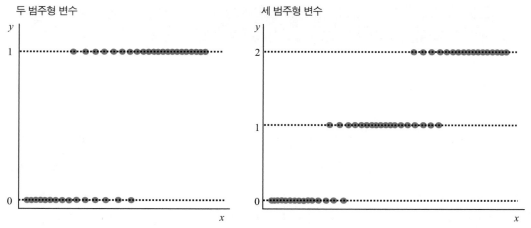

[그림 11-2] 범주 개수에 따른 로지스틱 회귀분석의 구분

2) 기본개념

(1) 로지스틱 회귀분석의 원리

종속변수가 범주형이므로 독립변수와 선형성이 없어서 선형방정식을 사용하지 못한다. 하지만 다음과 같이 변환하면 선형방정식을 사용할 수 있으므로 독립변수를 이용한 종속변수의 예측이 가능해진다.

- '범주의 구분'을 '범주에 소속될 확률(p)'로 변환한다. 하지만 확률(p)의 범위는 $0 \leq p \leq 1$이므로 예측값의 범위가 제한된다.
- 확률을 '오즈(odds)'로 변환하면 상한계가 없어진다(확장된다).
- 오즈(odds)에 자연로그를 취하면 '로짓(logit)'이 되며 하한계가 없어진다(확장된다).
- 로짓(logit)은 독립변수와 선형관계를 갖게 된다.

　범주형인 종속변수를 로짓(logit)으로 변환하여 상·하 한계 범위가 없어지고(확장되고), 독립변수와 선형성이 만들어지므로 선형 회귀분석을 적용할 수 있다.

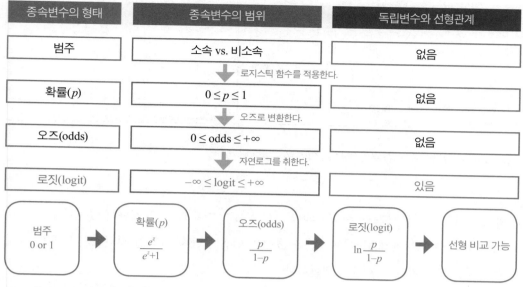

종속변수의 형태	종속변수의 범위	독립변수와 선형관계
범주	소속 vs. 비소속	없음
확률(p)	$0 \leq p \leq 1$	없음
오즈(odds)	$0 \leq \text{odds} \leq +\infty$	없음
로짓(logit)	$-\infty \leq \text{logit} \leq +\infty$	있음

로지스틱 함수를 적용한다.
오즈로 변환한다.
자연로그를 취한다.

범주 0 or 1 → 확률(p) $\dfrac{e^z}{e^z+1}$ → 오즈(odds) $\dfrac{p}{1-p}$ → 로짓(logit) $\ln\dfrac{p}{1-p}$ → 선형 비교 가능

[그림 11-3] 로지스틱 회귀분석의 원리

범주형 종속변수를 로짓(logit)으로 변환하는 과정을 단계별로 살펴보자. 이 과정의 설명은 다소 복잡할 수 있다. 하지만 변환과정의 개념과 절차를 이해하는 수준이면 충분할 것 같다.

가. 로지스틱 함수의 적용

로지스틱 함수를 적용하여 이분형 범주를 확률로 변환한다. 0과 1밖에 없는 이분형 범주에 로지스틱 함수를 적용하여 확률로 변환하면 $0 \leq p \leq 1$의 범위에서 다양한 값을 갖게 된다.

$$p = \frac{e^z}{e^z+1} = \frac{1}{1+e^{-z}}$$

$$z = b_0 + b_1 x, \ e = 2.71828$$

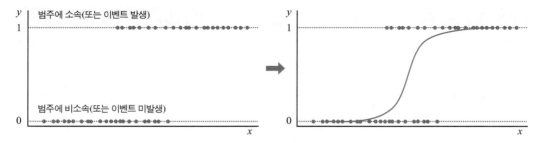

[그림 11-4] 이분형 범주에 대한 로지스틱 함수의 적용(확률로 변환)

하지만 선형 회귀분석을 적용하는 데 있어서 확률은 다음과 같은 제한이 있다.

- 로지스틱 함수(S자 형태)를 이용하면 $0 \leq p \leq 1$의 범위 안에서 다양한 확률값의 형태를 가질 수 있지만 그 범위는 $0 \leq p \leq 1$로 제한된다.
- 독립변수와 종속변수의 관계가 'S'자 형태이므로 독립변수(x)의 구간 위치가 다르면 종속변수(y)의 변화폭이 다르다(독립변수에 따른 종속변수의 효과가 일정하지 않다). 독립변수의 효과가 일정하지 않다는 것은 예측이 어렵다는 것이다.

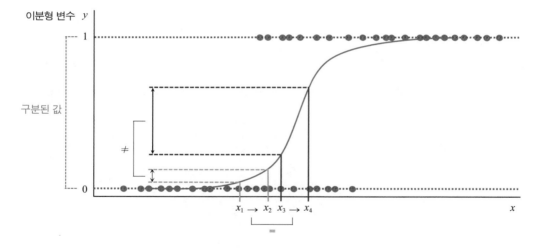

[그림 11-5] 독립변수(x)의 구간 위치에 따른 종속변수(y)의 변화폭 모식도

따라서 선형 회귀분석을 사용할 수 있도록 확률로 변환되어 있는 종속변수에 대해 '로짓 변환'을 적용한다.

- '로짓 변환'을 하면 종속변수의 상·하 한계범위가 없어진다.
- '로짓 변환'을 하면 독립변수와 로짓으로 변환된 종속변수가 선형성을 갖게 된다.

로짓 변환은 다음의 두 단계에 걸쳐 진행된다.
- 오즈(odds)로 변환하기
- 자연로그 취하기

나. 오즈(odds)로 변환하기

앞에서 $0 \leq p \leq 1$의 범위를 갖는 확률로 변환된 종속변수를 다음 공식에 따라 오즈(odds)로 변환하면 상한계가 없어진다.
- 확률의 범위: $0 \leq p \leq 1$
- 오즈의 범위: $0 \leq odds < +\infty$

$$odds = \frac{p}{1-p} = \frac{\text{이벤트 발생 확률}}{\text{이벤트 미발생 확률}}$$

p = 이벤트 발생 확률

확률을 오즈(odds)로 변환하여 상한계를 없앴지만 선형 회귀분석을 적용하기 위해서는 하한계도 없애고 선형성도 갖추어야 한다.

다. 자연로그 취하기

앞에서 먼저 제시한 용어인 '로짓(logit)'은 오즈에 자연로그($\log_e a$)를 취한 값이다. 특정 값에 로그를 취하면 그 값이 작아지므로 이에 따라 하한계를 없앨 수 있다. 오즈(odds)를 다음의 수식에 따라 로짓(logit)으로 변환하여 하한계가 없어졌다.
- 확률의 범위: $0 \leq p \leq 1$
- 오즈의 범위: $0 \leq odds < +\infty$
- 로짓의 범위: $-\infty < \ln(odds) < +\infty$

$$\text{logit} = \ln(\text{odds}) = \ln \frac{p}{1-p}$$

$$\ln a = \log_e a, \text{ 자연로그}$$
$$p = \text{이벤트 발생 확률}$$

이해를 돕기 위해 이분형인 범주형 종속변수를 변환해서 만든 '로지스틱 확률', '오즈', '로짓'의 관계를 다음과 같이 가상의 수치를 이용하여 정리하였다.

[표 11-3] 로지스틱 확률, 오즈, 로짓의 관계

p	0.007	0.060	0.162	0.254	0.373	0.510	0.646	0.761	0.907	0.994
$1-p$	0.99331	0.94048	0.84	0.75	0.63	0.49	0.35	0.24	0.09	0.01
								상한계가 없어짐!		
odds	0.007	0.063	0.194	0.340	0.595	1.041	1.822	3.190	9.777	160.774
		하한계가 없어짐!								
logit	−5.00	−2.76	−1.64	−1.08	−0.52	0.04	0.60	1.16	2.28	5.08

$\text{odds} = \dfrac{p}{1-p}$, $\text{logit} = \ln(\text{odds}) = \ln \dfrac{p}{1-p}$

결과적으로 '로지스틱 확률$\left(p = \dfrac{e^z}{e^z + 1} \right)$', '오즈$\left(\dfrac{p}{1-p} = e^z \right)$', '로짓$\left(\ln \dfrac{p}{1-p} = z \right)$'은 상호 변환 가능한 개념으로서 이 관계를 정리하면 다음과 같다.

$$p = \frac{e^z}{e^z + 1} \quad \text{로지스틱 확률}$$
$$p(e^z + 1) = e^z$$
$$pe^z + p = e^z$$
$$p = e^z - pe^z = (1-p)e^z$$
$$\frac{p}{1-p} = e^z \quad \text{오즈(odds)}$$
$$\ln \frac{p}{1-p} = \ln e^z = z \quad \text{로짓(logit)}$$

라. 선형성 확인

위의 공식에서 보면 '로짓'과 'z'는 같은 개념이고 '$z = b_0 + b_1 x$'의 선형방정식이므로 '$\ln \dfrac{y}{1-y} = b_0 + b_1 x$'의 관계가 성립된다. 즉, '독립변수'에 대해 '로짓(logit)'은 선형관계가 된다.

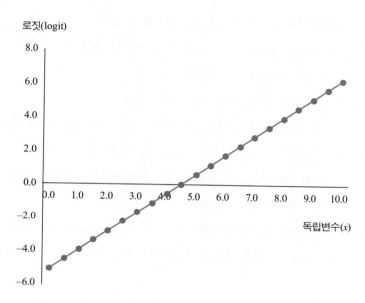

로짓(logit)

독립변수(x)

[그림 11-6] 독립변수(x)와 로짓(logit)의 선형관계

종합적으로 요약하면 확률로 표현한 이분형 종속변수를 로짓(logit)으로 변환시킴에 따라 종속변수의 범위가 $0 \leq p \leq 1$에서 $-\infty <$로짓(logit)$< +\infty$로 확장되었으며, 독립변수와 로짓(logit) 의 관계가 선형화되었다. 따라서 독립변수로 로짓(logit) 변환된 종속변수를 예측하는 선형회귀분석이 가능하다.

(2) 로지스틱 회귀모형의 추정방법

연속형 종속변수를 가진 선형 회귀모형은 '$y = b_1 x_1 + b_2 x_2 + b_3 x_3 + \cdots b_p x_p + b_0 + e$'의 형태로 표현된다. 여기에서 '$b_1 \sim b_p$' 및 '$b_0$'는 회귀계수로서 미지수이다. 이러한 미지수인 회귀계수는 다음과 같이 추정된다.

- 오차인 'e'를 최소화하는 값으로 추정된다.
- 'e'를 최소화하는 방법으로 최소제곱법(least square method)이 사용된다.
- 최소제곱법은 잔차의 제곱합[$\sum (Y_i - \hat{Y_i})^2$]을 최소화하는 방법이다.
- 즉, 선형 회귀분석에서는 오차가 가장 작도록 미지수를 추정한다.

한편 이분형 종속변수를 가진 로지스틱 회귀모형은 '$y = \dfrac{1}{1+e^{-(b_1x+b_0)}}$' 또는 '$y = \dfrac{e^{(b_1x+b_0)}}{1+e^{(b_1x+b_0)}}$'의 형태로 표현된다. 여기에서 '$b_1$' 및 '$b_0$'는 회귀계수로서 미지수이다. 이러한 미지수인 회귀계수는 다음과 같이 추정된다.

- 종속변수의 관찰 가능성을 최대화하는 값으로 추정된다.
- 종속변수의 관찰 가능성을 최대화하는 방법으로 '최대우도법(maximum likelihood method)'이 사용된다. '최대우도법'은 '가장 적당한 방법'이란 의미이다.
- '최대우도법'은 '우도함수(likelihood function, L)'를 이용한다. '우도함수(L)'는 미지수에 따른 관찰 자료의 가능성을 함수로 표현한 것이다.
- '최대우도법'은 우도함수의 값($L = \prod [\, p_i^{y_i} (1-p_i)^{1-y_i} \,]$)을 최대화하는 방법이다.
- 즉, 로지스틱 회귀분석에서는 종속변수의 관찰 가능성이 최대가 되도록 미지수를 추정한다.

(3) 로지스틱 회귀모형의 유의성 검정

선형 회귀모형에서 유의성 검정에는 분산분석을 이용하였다. 로지스틱 회귀모형의 유의성 검정은 '-2로그 우도함수'를 이용한다. 우도함수의 값은 범위가 작기 때문에 계산의 편의를 위해 자연로그를 취한 로그 우도함수를 주로 사용한다.

-2로그 우도함수는 분석모형(L_M)과 포화모형(L_S)을 비교한 것이다. 분석모형(L_M)은 유의성을 검정할 로지스틱 회귀모형을 말하며, 포화모형(L_S)은 데이터의 개수만큼 미지수가 있는 모형을 말하는데 자료를 완벽하게 설명하는 모형을 의미한다. 즉, 포화모형(L_S)을 기준으로 분석모형(L_M)의 유의성을 검정하는 것이다.

$$-2\text{로그 우도} = -2 \ln \frac{L_M}{L_S}$$

L_M: 분석모형, L_S: 포화모형

SPSS 프로그램을 이용하여 로지스틱 회귀분석을 실행하는 경우 분석결과 중 '모형 계수 전체 테스트' 항목이 모형의 유의성 검정결과에 해당되는 부분이다. 로지스틱 회귀모형의 유의성 검정에서 가설은 다음과 같다.

- H_0: 모집단의 회귀계수들은 모두 0이다.
- H_1: 모집단의 회귀계수 중 하나 이상은 0이 아니다.

위의 가설은 다음과 같이 표현할 수 있다.
- H_0: 회귀모형은 모집단에서 유의하지 않다.
- H_1: 회귀모형은 모집단에서 유의하다.

[표 11-4] 선형 회귀모형과 로지스틱 회귀모형의 유의성 검정방법 비교

선형 회귀모형	로지스틱 회귀모형
F-검정 사용	−2로그 우도함수 사용

(4) 로지스틱 회귀모형의 설명력 확인

가. 결정계수(R^2)

선형 회귀분석에서는 회귀모형의 설명력을 결정계수(R^2)로 확인하였다. 로지스틱 회귀모형에서는 로그 우도함수를 이용하는 '유사한 결정계수'로 회귀모형의 설명력을 확인한다.
- Cox와 Snell이 개발한 결정계수
- Nagelkerke가 개발한 결정계수

로지스틱 회귀모형에서는 선형 회귀모형에서와 달리 결정계수에 크게 의존하지 않고 참고자료로만 사용한다. 그 이유는 다음과 같다.
- 결정계수는 선형 회귀모형의 기본 가정 중 '오차분산의 동질성'이 만족될 때 의미가 크다.
- 로지스틱 회귀모형은 종속변수가 범주형이므로 오차분산의 동질성 가정을 만족하지 못한다.
- 로지스틱 회귀모형의 결정계수는 선형 회귀모형보다 낮게 나오는 경향이 있다.

[표 11-5] 선형 회귀모형과 로지스틱 회귀모형의 결정계수 비교

선형 회귀모형	로지스틱 회귀모형
결정계수 사용	Cox와 Snell의 결정계수 사용 or Nagelkerke의 결정계수 사용

※ 로지스틱 회귀분석에서는 결정계수에 크게 의존하지 않는다.

나. 분류표

로지스틱 회귀모형의 설명력을 확인하는 방법 중 하나가 분류표이다. 로지스틱 회귀모형에 의해 예측된 범주와 실제 범주를 비교하여 분류정확도를 표시한 것이다. 분류정확도가 높으면 회귀모형의 설명력이 높은 것으로 판단할 수 있다.

[표 11-6] 로지스틱 회귀모형의 분류표 예시

분류표 a,b

			예측		
감시됨			이천감소여부		분류정확 %
			감소	증가	
0 단계	이천감소여부	감소	77	0	100.0
		증가	47	0	.0
	전체 퍼센트				62.1

a. 모형에 상수항이 있습니다.
b. 절단값은 .500입니다.

(5) 회귀계수의 유의미성 검토

선형 회귀모형에서는 독립변수의 회귀계수에 대한 유의미성 검정에 t-검정을 사용하였다. 로지스틱 회귀분석에서는 독립변수의 회귀계수에 대한 유의미성 검정에 'Wald 검정'을 사용한다. 'Wald 검정'에서의 가설은 다음과 같다.

- H_0: 모집단에서의 독립변수 1(또는 2, 또는 3, …)의 회귀계수는 0이다.
- H_1: 모집단에서의 독립변수 1(또는 2, 또는 3, …)의 회귀계수는 0이 아니다.

위의 가설은 다음과 같이 표현할 수 있다.

- H_0: 모집단에서 독립변수 1(또는 2, 또는 3, …)은 의미 있는 변수가 아니다.
- H_1: 모집단에서 독립변수 2(또는 2, 또는 3, …)는 의미 있는 변수이다.

독립변수의 영향력을 설명하는 데 있어서 단순회귀분석은 회귀계수 자체를 이용하였다. 한편 로지스틱 회귀분석에서는 회귀계수를 이용하는 경우 해석이 다소 어렵다. 그 이유는 로지스틱 회귀모형이 로짓을 이용하기 때문이다.

예를 들어 로지스틱 회귀분석에서 종속변수가 '고지환경에서의 운동능력 감소 여부'이고 독립변수가 '체중(kg)'일 때 체중의 회귀계수가 0.071이라고 가정하자. 이것은 다른 조건이 동일할 때 체중을 1 kg을 증가시키면 운동능력 감소 여부가 0.071 로짓 증가한다는 의미다. 여기서 '0.071 로짓'은 해석이 쉽지 않다.

따라서 로지스틱 회귀분석에서 독립변수의 영향력을 해석할 때에는 오즈(odds)를 이용한다. 위의 예에서 체중의 오즈(odds)가 1.074이고 95% 신뢰구간이 1.008~1.143이라고 가정하자. 이것은 다른 조건이 동일할 때 체중을 1 kg을 증가시키면 운동능력 감소확률이 1.074배 증가한다는 의미다. 즉, 로지스틱 회귀모형에서 독립변수의 회귀계수 해석에 오즈(odds)를 이용하면 해석이 용이하다.

3) 분석순서 및 결과해석

124명의 '연령', '신장', '체중', '해수면에서의 운동능력'을 독립변수로 사용하여 '2,000 m 고지환경에서 유산소성 운동능력이 감소하는가'를 예측할 수 있는지 로지스틱 회귀분석으로 검정하라.
(예제파일: 로지스틱회귀분석.sav)

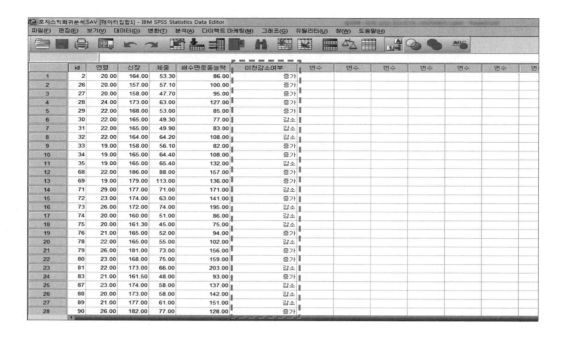

■ 이분형 로지스틱 회귀분석의 순서

① 메뉴에서 [분석]→[회귀분석]→[이분형 로지스틱]을 선택한다.

■ 이분형 로지스틱 회귀분석의 대상변수 지정

① '로지스틱 회귀모형(이분형 로지스틱)' 대화상자가 열리면 이분형 변수인 '이천감소여부'를 '종속변수' 칸으로 옮긴다.

② 독립변수인 '연령', '신장', '체중', '해수면운동능력'을 '공변량' 칸으로 옮긴다.

③ '옵션' 단추를 누른다.

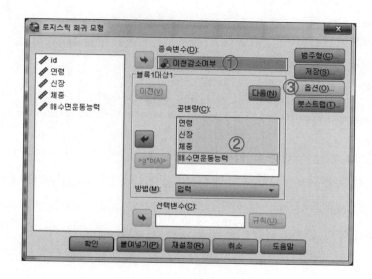

■ 이분형 로지스틱 회귀분석의 옵션 설정

① '로지스틱 회귀분석(로지스틱 회귀): 옵션' 대화상자가 열리면 '통계량 및 도표' 항목에서 '분류도표'를 선택한다(로지스틱 회귀모형의 설명력을 확인할 수 있는 부분이다).

② 'exp(B)에 대한 신뢰구간'을 선택한다(독립변수의 오즈비에 대한 신뢰구간을 보여주는 부분이다).

③ '계속' 단추를 누른다.

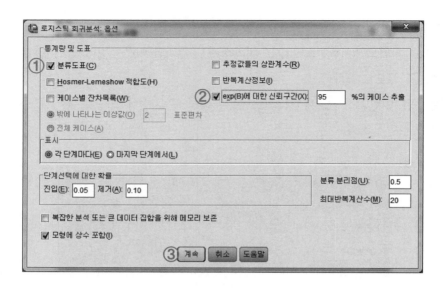

■ 이분형 로지스틱 회귀분석의 분석방법 선택 및 실행

① '로지스틱 회귀모형(이분형 로지스틱)' 대화상자로 돌아오면 '방법' 항목에서 '입력'을 선택
한다(기본설정, 선형 회귀분석과 마찬가지로 독립변수의 투입방법을 결정하는 부분이다).

② '확인' 단추를 눌러 분석을 실행한다.

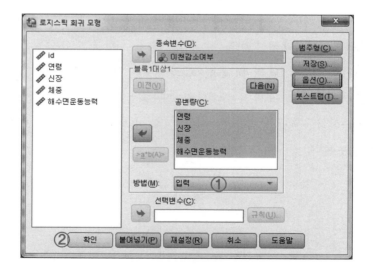

■ 이분형 로지스틱 회귀분석의 분석결과

다음 표는 분석결과 중 '케이스 처리 요약' 부분이다. 분석에 포함된 케이스가 총 124명임을

보여주고 있다.

케이스 처리 요약

가중되지 않은 케이스[a]		N	퍼센트
선택 케이스	분석에 포함	124	100.0
	결측 케이스	0	.0
	합계	124	100.0
비선택 케이스		0	.0
합계		124	100.0

a. 가중값을 사용하는 경우에는 전체 케이스 수의 분류표를 참조하십시오.

다음은 분석결과 중 종속변수에 대한 부분이다. 종속변수가 이분형으로 '감소'와 '증가'의 두 범주로 되어 있음을 보여주고 있다.

종속변수 코딩

원래 값	내부 값
감소	0
증가	1

다음은 분석결과 중 '블록 0'에 대한 부분이다. '블록 0'은 포화모형에 대한 설명으로서 포화모형은 분석모형의 평가에서 기준이 되는 모형을 의미한다.

블록 0: 시작 블록

아래는 분석결과 중 '포화모형의 분류표'이다. 포화모형의 분류 정확도가 62.1%인 것으로 나타났다.

분류표 [a,b]

			예측		
			이천감소여부		
감시됨			감소	증가	분류정확 %
0 단계	이천감소여부	감소	77	0	100.0
		증가	47	0	.0
	전체 퍼센트				62.1

a. 모형에 상수항이 있습니다.

b. 절단값은 .500입니다.

다음은 분석결과 중 방정식에 포함된 변수와 포함되지 않은 변수를 구분한 결과이다. 포화모형에는 상수항만 포함되어 있으며 독립변수들은 하나도 포함되지 않는다.

방정식에 포함된 변수

		B	S.E,	Wals	자유도	유의확률	Exp(B)
0 단계	상수항	-.494	.185	7.112	1	.008	.610

방정식에 포함되지 않은 변수

			점수	자유도	유의확률
0 단계	변수	연령	.995	1	.319
		신장	.208	1	.648
		체중	1.568	1	.211
		해수면운동능력	2.312	1	.128
	전체 통계량		10.965	4	.027

다음은 분석결과 중 '블록 1'에 대한 부분이다. '블록 1'은 분석모형에 대한 설명으로서 분석모형은 투입한 독립변수들이 지정된 방식에 따라 입력된 모형을 의미한다(여기에서는 '입력' 방법을 선택하였다).

블록 1: 방법 = 진입

아래는 분석결과 중 '모형 계수 전체 테스트' 부분이다. 이 부분은 로지스틱 회귀모형의 유의성을 검정하는 부분이다. 여기에서의 가설은 다음과 같다.

- H_0: 모집단의 회귀계수들은 모두 0이다.
- H_1: 모집단의 회귀계수 중 하나 이상은 0이 아니다.

위의 가설은 다음과 같이 표현할 수 있다.

- H_0: 회귀모형은 모집단에서 유의하지 않다.
- H_1: 회귀모형은 모집단에서 유의하다.

유의성 검정결과 유의확률이 .011로 .05보다 작으므로 영가설(H_0)을 기각하여 로지스틱 회귀모형은 의미 있는 것임을 알 수 있다.

모형 계수 전체 테스트

		카이제곱	자유도	유의확률
1 단계	단계	13.067	4	.011
	블록	13.067	4	.011
	모형	13.067	4	.011

다음은 분석결과 중 로지스틱 회귀모형의 결정계수 부분이다. 주로 사용하는 Nagelkerke 의 결정계수(R^2)를 보면 13.6%로 나타나 회귀모형의 설명력이 13.6%인 것으로 설명된다. 하 지만 로지스틱 회귀모형은 결정계수에 의존하지 않으며 참고만 하거나 생략도 가능하다.

모형 요약

단계	-2 Log 우도	Cox와 Snell의 R-제곱	Nagelkerke R-제곱
1	151.503[a]	.100	.136

a. 모수 추정값이 .001보다 작게 변경되어 계산반복수 5에서 추정을 종료하였습니다.

다음은 분석결과 중 '분석모형의 분류표' 부분이다. 이것은 상수항만 넣었던 포화모형과 달 리 실제 독립변수를 투입하였을 때의 결과이다. 독립변수를 투입하였을 경우 로지스틱 회귀 모형에 의해 예측된 결과의 정확도가 66.9%인 것으로 나타났다. 독립변수가 투입되지 않은 포화모형의 분류 정확도 62.1%와 비교할 때 4.8% 향상된 것임을 알 수 있다.

분류표 [a]

			예측		
			이천감소여부		
감시됨			감소	증가	분류정확 %
1 단계	이천감소여부	감소	68	9	88.3
		증가	32	15	31.9
	전체 퍼센트				66.9

a. 절단값은 .500입니다.

다음은 분석결과 중 '독립변수의 회귀계수' 부분이다. 독립변수의 회귀계수에 대한 Wald 검정의 가설은 다음과 같다.

- H_0: 모집단에서 독립변수의 회귀계수는 0이다.
- H_1: 모집단에서 독립변수의 회귀계수는 0이 아니다.

위 가설은 다음과 같이 표현할 수 있다.
- H_0: 모집단에서 의미 있는 독립변수가 아니다.
- H_1: 모집단에서 의미 있는 독립변수이다.

검정결과 독립변수 중 '체중'과 '해수면운동능력'의 유의확률이 각각 .026과 .009로 .05보다 작으므로 영가설(H_0)을 기각하여 '체중'과 '해수면운동능력'의 회귀계수가 의미 있는 것으로 나타났다.

방정식에 포함된 변수

| | | B | S.E. | Wals | 자유도 | 유의확률 | Exp(B) | EXP(B)에 대한 95% 신뢰구간 | |
								하한	상한
1 단계[a]	연령	-.064	.083	.601	1	.438	.938	.797	1.103
	신장	.009	.041	.045	1	.832	1.009	.930	1.094
	체중	.071	.032	4.950	1	.026	1.074	1.008	1.143
	해수면운동능력	-.025	.010	6.831	1	.009	.975	.957	.994
	상수항	-1.924	5.620	.117	1	.732	.146		

a. 변수가 1: 단계에 진입했습니다 연령, 신장, 체중, 해수면운동능력. 연령, 신장, 체중, 해수면운동능력.

다음은 유의한 독립변수인 '체중'과 '해수면운동능력'의 영향력을 분석한 결과이다. 표에서 'Exp(B)'는 오즈(odds)를 의미한다. 오즈(odds)는 1이면 '상관없음', 1 이상이면 '증가', 1 미만이면 '감소'를 의미한다고 앞서 설명하였다. 또한 오즈(odds)의 95% 신뢰구간에 1이 포함되면 통계적 의미성이 상실된다는 것도 설명하였다.

위의 기준에 따라 독립변수의 영향력을 분석한 결과는 다음과 같다.

'체중'의 오즈[Exp(B)]는 1.074로서 이것은 다른 조건이 동일할 경우 '체중'이 1 kg 증가할 때 고지환경에서의 운동능력 감소는 1.074배 증가하는 것을 의미한다. 한편 오즈의 95% 신뢰구간은 1.008~1.143으로 1을 포함하지 않으므로 오즈의 값은 통계적으로 의미 있는 결과이다.

　'해수면운동능력'의 오즈[Exp(B)]는 0.975로서 이것은 다른 조건이 동일할 경우 '해수면운동능력'이 1 watt 증가할 때 고지환경에서의 운동능력 감소는 0.975배 감소하는 것을 의미한다. 한편 오즈의 95% 신뢰구간은 0.957~0.994로서 1을 포함하지 않으므로 오즈의 값은 통계적으로 의미 있는 결과이다.

IBM SPSS Statistics

Package 구성

Premium

IBM SPSS Statistics를 이용하여 할 수 있는 모든 분석을 지원하고 Amos가 포함된 패키지입니다. 데이터 준비부터 분석, 전개까지 분석의 전 과정을 수행할 수 있으며 기초통계분석에서 고급분석으로 심층적이고 정교화된 분석을 수행할 수 있습니다.

Professional

Standard의 기능과 더불어 예측분석과 관련한 고급통계분석을 지원합니다. 또한 시계열 분석과 의사결정나무모형분석을 통하여 예측과 분류의 의사 결정에 필요한 정보를 위한 분석을 지원합니다.

Standard

SPSS Statistics의 기본 패키지로 기술통계, T-Test, ANOVA, 요인 분석 등 기본적인 통계분석 외에 고급회귀분석과 다변량분석, 고급 선형모형분석 등 필수통계분석을 지원합니다.

소프트웨어 구매 문의

㈜데이타솔루션 소프트웨어사업부

대표전화:02.3467.7200   이메일:sales@datasolution.kr
홈페이지:http://www.datasolution.kr

데이타솔루션
Formerly SPSS Korea